U0126640

孙郁 著

鲁迅遗风录 （修订版）

稷下文库

中国教育出版传媒集团
高等教育出版社·北京

作者简介

孙郁

1957年生，本名孙毅，中国人民大学文学院教授。

主要从事鲁迅及中国现代文学研究和博物馆学研究。

曾任《北京日报》文艺周刊主编、北京鲁迅博物馆馆长、中国人民大学文学院院长。

兼任国家文物鉴定委员会委员、中国作家协会全国委员会委员、北京作家协会副主席。

著有《鲁迅与周作人》《新旧之变》《民国文学十五讲》等。

曾获高等学校科学研究优秀成果奖（人文社会科学）一等奖、华语文学传媒大奖年度批评家奖、朱自清散文奖、孙犁散文奖、汪曾祺文学奖等。

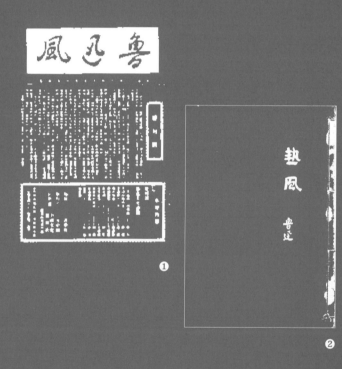

佛壽堂

北平闢內北中衛
女子大理學院

許季黻先生山之故口

上海商業儲蓄銀行64院
許迺慶室之
洛寿山日

⑦

⑧

⑨

"稷下文库"总序

学术史的传承有绪、守正创新，建基于今人对前贤大家学术思想的意义生发，离不开学术成果的甄别、整理和出版。高等教育出版社作为新中国最早设立的专业教育出版机构，始终以"植根教育、弘扬学术、繁荣文化、服务社会"为使命，与我国教育文化事业同发展、共成长，以教材出版为主业，并致力于基础性学术出版工作。为了更为系统地呈现当代中国人文社会科学领域的经典学术成果，我们特推出"稷下文库"丛书。

"稷下"之名取自战国时期齐国的稷下学宫。稷下学宫顺应时代变革而生，是世界上最早的官办高等学府，倡导求实务治、经世致用和学术自由、百家争鸣的学风，有力地促成了先秦学术文化繁荣的局面，更对后世思想、学术、文化的发展和交流传播产生了深远影响。我们希望延续这一传统，以学术经典启迪当下、创造未来，打造让学界和读者广受裨益的新时代精品学术出版品牌。

"稷下文库"将以"荟萃当代优秀成果，彰显盛世学术繁荣"为宗旨，注重历史与现实相结合、理论与实践相结合，涵盖人文社会科学各个门类，收录当代知名学者的代表作，展现当代学术群像，助力学术发展繁荣。

习近平总书记在哲学社会科学工作座谈会上指出，当代中国正经历着我国历史上最为广泛而深刻的社会变革，也正在进行着人类历史上最为宏大而独特的实践创新，这必将给理论创造、学术繁荣提供强大动力和广阔空间。加快构建中国特色哲学社会科学学科体系、学术体系、话语体系，是新时代的战略任务，也是中华民族的期盼。我们愿与广大学人和读者一道，为展示中国学术风貌、传播中国声音贡献一份力量。

高等教育出版社

2022 年 10 月

目录

私人语境里的鲁迅

一

怀疑论者曾说，文字对历史的记载，总不及历史的遗物能说明问题。考古学兴，让史家的一些叙述大打折扣，那里有文字说不清楚的另外的真实。但生命的留存，一般也不得不靠文字来完成，几千年的文明，就是这样的载体的传递。而有时候人们也想，那些陈述都可靠吗？也许有着盲区也未可知。民国初期的文人就发出疑古的声音，对野史与乡邦文献的关注，不能不感到用心良苦，那也许是对正史不信任的缘故。于是人们感到，时光若是可以倒流，前人对昨日的一些描述，大多该放到角落里了。

人物的历史面貌，尤其难以还原。我常常想起鲁迅的样子，对比一下民国文人的感觉和我们今人的视觉，就很是不同。先前鲁迅的面孔颇有人气，不像后来那么严肃的样子。陈丹青说鲁迅的样子好看和好玩，是有眼力的夫子之道。鲁迅的形象被正襟危坐化，大概是他死后的事。那些过多的陈述，是与心性疏离的，与鲁迅生命的热度也是远的。我们看鲁迅文章与学者研究鲁迅的文章，有时候就觉得彼此隔膜，似乎此鲁迅非彼鲁迅。这个感觉使我对鲁迅最初的传播抱有好奇心。我看过许多民国文人议论鲁迅的片段，总是与我们今天有别。一旦接触到那些材料，这个看法就强烈起来。

待到我翻阅了大量资料后，才隐隐地觉出，我们今人对先生的描

鲁迅遗风录

述出现了话语的暴力，给他强加了许多符号。鲁迅最初是在民间被广泛叙述的，在批评家还没有关注他的文本的时候，文人的私下通信已经有了关于其形象的塑造。我一直觉得这个最初被关注的鲁迅，是被学术史遗漏的领域。比如北大学生的日记和短文，涉及鲁迅的均很有意思。那些话语，都是直觉的显示，不是宏论，亦非党派之见，其情感的纯度，在后来的学术论著里，却都蒸发了。

坦率说，对鲁迅的言说最初是自发的事情，没有先验的理论预设。是作者的文本深深刺激了读者，于是各类反应纷至沓来。注意民间对他最初的反应，可以看出世态人心，文人的存在如何刺激了周围的人群，那些民众怎样理解和走进其文本里，都是有趣的。

大致说来，最先被刺激的乃是青年读者。那些喜欢鲁迅文本者，惊奇的感叹为多。比如顾随1925年11月20日前后致友人信说：

> 鲁迅新出版其六年以来之杂感集，名曰《热风》。弟已购得一本，极佳。兄可令季弟购寄一本也。①

1927年11月22日致友人信说：

> 季弟能写东西，大好！佳与不佳，自是另一问题，契霍甫有云：人，谁也不是托尔斯泰呀！若在中国，则又当云：人才一作文，谁也不能立刻成为鲁迅先生也！②

① 顾随：《致卢伯屏》，见《顾随全集》第4卷，河北教育出版社2000年版，第240页。
② 顾随：《致卢伯屏》，见《顾随全集》第4卷，河北教育出版社2000年版，第338页。

顾随同年9月的日记，谈鲁迅的地方很多，既有对鲁迅译文的心得，也有思想的感悟，沿着鲁迅的思路谈论的问题很多。一些意象也化为己句。15日的日记说：

> 上午又不知干了一些什么。不过"复辟"的空气日益浓厚了。我正如阿Q不着夹袄而回到土谷祠，觉得有些"古怪"。也并不牢骚，也并不伤感。只觉得略略有些"古怪"。①

关于顾随，张中行、史树青、叶嘉莹曾有很感人的描述。他博学、敏感，有智者的慧眼。其诗文颇佳，文章的鉴赏力与王国维比亦不逊色，甚至还有超出王国维的地方。他后来写过关于鲁迅的研究文章，几乎篇篇都好，对鲁迅的印象都是本色的。后来的学者言及类似的话题时，似乎没有那样的语境了，不知道是什么原因。

在20世纪20年代，私下议论鲁迅是读书界常见的情况。北大的学生不用说了，在一般社会层面，议论者殊多，不是研究的话语，都是些观点、印象。白薇在回忆中说：

> 当民国十五年，中国腾起革命的洪涛，我表弟从北京把《呐喊》寄到东京去，我读了才惊知中国有一位文才鲁迅，在我的幻想中，以为他是极为矫健俏皮的青年。不久我回到

---

① 　顾随：《寻梦词》，见《顾随全集》第4卷，河北教育出版社2000年版，第558页。

鲁迅遗风录

广州，郁达夫先生对我说："鲁迅是中国惟一的美少年。" ①

白薇的话，有几成的真，大学生看到了鲁迅艺术的魅力，女青年则觉得他是个很美的男子汉。国内的文学青年在生命的直觉里的感觉，真的鲜活得很。在私人阅读里，鲁迅的形象是超越政治的。我们不妨把他叫作原始的感受，这是鲁迅在民间流行的开始。

鲁迅最初给人的印象是文字的犀利，有深切的内觉。认识论层面的东西多为读书人所接受，而审美方面的惊异、深切，也是让青年读者所喜爱的。漂泊在各地的一些青年的文字，记录了许多鲁迅的印象。在学院派文人还没有论述鲁迅之前，民间读者心里的鲁迅，已经很有色彩了。

关于鲁迅最初给人的印象，差不多都是那些听课的学生留下来的。那些回忆都有声有色，不像50年代后的回忆录那么道学化。鲁彦回忆在北大旁听鲁迅课时这样写道：

> 他的身材并不高大，常穿着一件黑色的短短的旧长袍，不常修理的粗长的头发下露出方正的前额和长厚的耳朵，两条粗浓方长的眉毛平躺在高出的眉棱骨上，眼窝是下陷着的，眼角微朝下垂着，并不十分高大的鼻子给两边深刻的皱纹映衬着这才显出了一点高大的模样，浓密的上唇上的短须掩着他的阔的上唇——这种种看不出来有什么奇特，既不威严也似乎不慈和。说起话来，声音是平缓的，既不抑扬顿

① 白薇：《我对鲁迅先生的回忆和感想》，见萧红、俞芳等《我记忆中的鲁迅先生——女性笔下的鲁迅》，河北教育出版社2001年版，第10页。

挫，也无慷慨激昂的音调，他那拿着粉笔和讲义的两手从来没有表情的姿势帮助着他的语言，他的脸上也老是那样的冷静，薄薄的肌肉完全是凝定着的。

他叙述着极平常的中国小说史实，用着极平常的语句，既不赞誉，也不贬毁。

然而，教室里却突然爆发笑声了。他的每句极平常的话几乎都须被迫地停顿下来，中断下来。[①]

上述的回忆是在1936年，保留了真的气息。我们从这些只鳞片爪里，可以嗅出场景里的氛围。这是最原始的鲁迅塑像，颜料也是普通的，没有经过过滤。鲁彦的文章是感受的成分居多，稍早一点的北大学生的文字，也提到过类似的感受。

从这样的感性的资料出发，我们或许能够看出鲁迅的本来面目，或者说是文字留给人的印记。那些词语里有先生纯真的信息呢。在诸多关于鲁迅的描述文字里，我们能看出他怎样的真挚，怎样的多疑，又怎样的刻苦。印象是深夜里的篝火，照着周围的惨淡。那么多青年围聚过去，人们环绕着，依偎着。那个光源里疏散的热力，让无聊的夜的世界有了几许暖人的温度。

[①]　　鲁彦：《活在人类的心里》，见钟敬文、林语堂等《永在的温情——文化名人忆鲁迅》，河北教育出版社2001年版，第88～89页。

鲁迅遗风录

1　私人语境里的鲁迅

二

私下议论别人，与写在文章里的态度不同。有时未必可以放到学术思想里来思考。但那些文字对文学史的价值而言，也是不少的。民国初期人们对鲁迅的印象多样，看法有别。即便与他很近的朋友，观点也并不一致。许多人在信件和私下谈话里，描述了不同的鲁迅的形象，都颇有参考价值。

带有匪气的陈独秀，很少夸奖同时代的人，他致周作人的信涉及这位老友：

> 鲁迅兄做的小说，我实在五体投地的佩服。[①]

另一封致周作人的信也谈及鲁迅的小说，他写道：

> 你尚有一篇小说在这里，大概另外没有文章了，不晓得豫才兄怎么样？"随感录"本来是一个很有生气的东西，现在为我一人独占了，不好不好，我希望你和豫才玄同二位有功夫都写点来。豫才兄做的小说实在有集拢来重印的价值，请你问他，倘若以为然，就可《新潮》《新青年》剪下自加订正，寄来付印。[②]

[①] 周作人：《实庵的尺牍》，见钟叔河编《周作人文类编》第10卷，湖南文艺出版社1998年版，第515页。

[②] 周作人：《实庵的尺牍》，见钟叔河编《周作人文类编》第10卷，湖南文艺出版社1998年版，第516页。

这可以看出鲁迅的劳作给人的深深的印记。陈独秀眼里可敬之人不多，能如此佩服鲁迅，也看出他的真诚。那时候他和许多人争论过，独不涉及鲁迅的言论，或者是因小说者流过于感性，或者实在没有冲突的地方。鲁迅的内心感受，陈独秀何尝没有？而令陈氏惊异的是，小说在这位同人的笔下，竟如此斑斓多姿，将智性的天空展示得那么辽阔。

和陈独秀不同的是，钱玄同眼里的鲁迅，有一点怪癖。这既能让人亲近，又易疏远。钱玄同和鲁迅疏远的原因，与周作人有关。那也是鲁迅离开北京后的事情。据说钱玄同私下说过鲁迅的一些坏话，或是玩笑，或是误解，而鲁迅是含有不满的。不过，钱玄同对鲁迅的文章颇为赞扬，总体是肯定其成绩的。这里也可看出鲁迅的复杂性。比如说鲁迅多疑，迁怒于人，也并非不对。但鲁迅的敏感多疑背后的幽默和创造性写作，不能不佩服。他概括鲁迅的特点是：

> 至于我对于豫才的批评，却也有可说的：（1）他治学最为谨严，无论校勘古书或翻译外籍，都以求真为职志，他辑《会稽郡故书杂集》与《古小说钩沉》，他校订《嵇康集》与《唐宋传奇集》，他著《中国小说史略》，他翻译外国小说，都同样的认真。这种精神，极可钦佩，青年们是应该效法他的。（2）日前启明对我说，豫才治学，只是他自己的兴趣，绝无好名之心，所以总不大肯用自己的名字发表，如《会稽郡故书杂集》，实是豫才辑的，序也是他做的，但是他不写"周树人"而写"周作人"，即是一例；因为如此，所以他所辑校著译的书，都很精善，从无粗制滥造的。这种"暗修"

鲁迅遗风录

1 私人语境里的鲁迅

的精神，也是青年们所应该效法的。（3）他读史与观世，有极犀利的眼光，能抉发中国社会的痼疾，如《狂人日记》《阿Q正传》《药》等小说及《新青年》中他的《随感录》所描写所论述的皆是。这种文章，如良医开脉案，作对症发药之根据，于改革社会是有极大的用处的。这三点，我认为是他的长处。但我认为他的短处也有三点：（1）多疑。他往往听了人家几句不经意的话，以为是有恶意的，甚而至于以为是要陷害他的，于是动了不必动的感情。（2）轻信。他又往往听了人家几句不诚意的好听话，遂认为同志，后来发觉对方的欺诈，于是由决裂而至大骂。（3）迁怒。譬如说，他本善甲而恶乙，但因甲与乙善，遂迁怒于甲而并恶之。以上所说，是我所知道的豫才的事实，我与他的关系，我个人对他的批评。[①]

　　钱玄同与鲁迅的远近之感，是有代表性的，也最为符合他的性格。他平时看人，很有些偏执，但言及鲁迅，则有一说一，绝不附会什么。远远地看他人，倘没有利害冲突的话，是有一种美的。但卷入与鲁迅相关的矛盾漩涡，持论要公平就不那么容易。其实，钱玄同对鲁迅的思想有隔膜的地方，鲁迅的一些文章他并未读过，彼此交流受限，形象自然也就模糊了。

　　鲁迅喜抨击旧物，与人多有冲突，他性格里的关心他人的激越之情，书斋之人未必清楚，受到误解和批评是自然的。那些私下描绘鲁

---

①　　钱玄同：《我对于周豫才君之追忆与略评》，见《钱玄同文集》第2卷，中国人民大学出版社1999年版，第311页。

迅的人，自然带有色彩。女师大风潮中，鲁迅因为支持学生运动而为陈源所诬。鲁迅与陈源笔战不休，以为其有绅士阶级的架子，实乃背叛知识阶级的立场。陈源受到抨击，颇为不满，他眼里的鲁迅就完全是另一个样子。在给徐志摩的信中，陈源说：

> 　　有人同我说，鲁迅先生缺乏的是一面大镜子，所以永远见不到他的尊容。我说他说错了，鲁迅先生的所以这样，正因为他有了一面大镜子。你见过赵子昂——是不是他？——画马的故事罢？他要画一个姿势，就对镜伏地做出那个姿势来。鲁迅先生的文章也是对着他的大镜子写的，没有一句骂人的话不能应用在他自己的身上。要是你不信，我可以同你打一个赌。①

　　陈源不喜欢鲁迅，和那文字的犀利及非绅士化的文章有关。他说鲁迅有绍兴师爷气，下笔则钩稽他人的罪状，都是气话，不能看到作者的深意。陈氏自己是绅士，喜欢站在主子的角度对百姓发话，立场和语气与鲁迅甚远。他那么讽刺鲁迅，都没有什么高明处。鲁迅反驳他的文章，却峰回路转，幽默与反讽都有，乃至陈氏在文学史上一直背着沉重的骂名。其实那时候的文人对陈源的观点亦有不满者，以为太私人化，没有看到鲁迅文章的审美意象的象征性特征。废名对陈源的观点，就大不以为然，他能从文化趣味的层面理解那场争论。废名在致陈源的信里说：

---

①　　陈源：《闲话的闲话之闲引出来的几封信》，见梁实秋等《围剿集》，河北教育出版社2001年版，第4页。

鲁迅遗风录

1　私人语境里的鲁迅

说到鲁迅先生，我要提出一个较大的问题，就是，个性的表现。平常总把个性两个字用在好的作家身上，其实无论什么人，只要他多说话，我相信我都可以看出他是怎样一个人，所以属于先生那一派的文字，虽然作者我多不熟识，我敢说我也认识他们。孔子说，人焉廋哉？人焉廋哉？实在是不错的，不过条件还不要孔先生的那么多，只要观其所言就够。我简单的画出一个圈子，可以概括时下一切文章的特点，那就是"生活之实感"五个大字。在这圈子之内者，不过三数人，鲁迅先生是其一也。他的文章，先生说"看过了就放进了应该去的地方"，一时快意的话，令我很伤心！然而也难怪，并不完全因为他爱骂人，骂的又是先生，先生们的文章，我固早已觉得是我所谓圈子之外者也。鲁迅先生一年来的杂感，我以为都能表现他自己，是他"辗转而生活于风沙中的瘢痕"。"刀笔吏"云乎哉！因为我同情于他的苦闷，他拿先生来做骂的对像，有时我竟忘记了先生也是我所熟识的人了。如果要我记出他不得体的地方，那还在证据确凿，如汉人《四书》注疏之类，因为这实在无害于先生之研究西洋文学也。[1]

废名当时不是鲁迅党的成员，后来和鲁迅甚至有隙。不过他的眼光有历史的意味，就把个性化的写作以哲学的眼光看待了。从陈源、废名对鲁迅看法的差异，看得出原本的社会舆论环境。那时候鲁迅没

[1]　废名：《给陈通伯先生的一封信》，见《废名集》第3卷，北京大学出版社2009年版，第1187～1188页。

有被圣化，人人可以谈之，不需要伪饰。传统士的态度与新文人间的冲突，在此有趣地展开着。

原始的感受几乎没有意识形态的因素，连党派的意味也看不到。他们顶多把鲁迅看成绍兴帮的一分子。在这样的语境里看作家与环境的关系，与后来意识形态的语境颇有差异。理解鲁迅，不能不回到这样的语境里去。他的日常性和本色调，是理解其文本的不可或缺的元素呢。

<h1 style="text-align:center">三</h1>

我有时想，了解鲁迅在民间的状态，是要阅读许多人与其私人交往的资料的。这大概更能够看出周围人与其复杂的关系。他最初吸引的都是青年。那些人读了他的文章，也欣赏其为人的态度，对其亲昵的感受是浓烈的。北京鲁迅博物馆藏有上百封朋友的来信，提供了诸多信息。1923年，孙福熙在巴黎给鲁迅寄来明信片，那张印有埃菲尔铁塔的明信片背后有这样一句话：“登铁塔之巅，遥望中国，怀念先生，特寄此纪念。”①孙福熙是孙伏园的弟弟，受鲁迅恩泽不浅。鲁迅和青年的关系比较随便，没有架子。陆晶清1926年7月给鲁迅的明信片有这样一句话：“我离〔外〕开了北京，在你可减少一个淘气的学生，对吗？”②短短几行，感情的浓度可见一二。青年对鲁迅的谈话，没有拘束，天然可爱的地方历历在目。

---

① 孙郁、李亚娜主编：《鲁迅藏明信片》，大象出版社2011年版，第6页。
② 孙郁、李亚娜主编：《鲁迅藏明信片》，大象出版社2011年版，第20页。

鲁迅遗风录

1 私人语境里的鲁迅

还有的青年，对鲁迅颇为心仪，但对其选择不甚理解，去信时没有尊卑之感，一吐为快。比如1928年1月31日，一个名叫陈绍宋的学生写信云：

> 从前你捧"独清先生""仿吾先生"，不料现在他们在《文化批判》上骂你了。我以为你这一年来的工作太不切实了。比方你滥译日本人的著作或标点传奇，这些都是不忠实的工作。我荐你还是多创作，把昔日的勇气拿出来。他们骂你，你不必睬他们，因为他们想拉你的稿子去点缀门面，而你不愿意投稿，所以便翻脸了。我今天听见成仿吾说，下期还要大骂你呢！所以我写此片来通知你一声，以表我敬慕之微意焉耳。[①]

这是尊敬的语境，那个时代的文人场景也飘然而至。青年与鲁迅的信件，都没有拘谨的地方，显得随便得很。读者心目中的作家并非神圣不可接近者，倒看出彼此随意的一面。

北京鲁迅博物馆保留的相关信件很多，其中的信息包括几个方面的内容：一是他的名声已经远播海外，影响日渐扩大。比如苏联翻译家王希礼1925年关于《阿Q正传》的翻译话题，敬隐渔关于罗曼·罗兰评价《阿Q正传》的话，都可看出鲁迅作品的传播之广。二是喜欢鲁迅的青年之多，已非百十来计，那些青年对鲁迅的敬意，是带着赤子之情的。三是鲁迅的怨敌常常将他作为话题谈论，在文坛有

---

① 孙郁、李亚娜主编：《鲁迅藏明信片》，大象出版社2011年版，第22页。

诸多闲言流布。20世纪20年代后期，鲁迅在舆论环境里，是黑白俱在、美丑相间的。爱之者切切，恨之者断断。从舆论可以看出时代风气，变动时代的精神的碰撞，在对鲁迅的态度上都折射了些什么。

在诸多通信里，李秉中给人的印象尤深。他是北大的学生，听过鲁迅的课，后来到黄埔军校，还去过俄国等地留学。鲁迅交往的青年中，他是走得较近的一位。1925年1月23日，李秉中致鲁迅信云：

> 我只要有暇时，就想写信给先生，而且只要写信，又照例是长信，我也不知究竟是甚么缘故，总觉对于先生有许多话说，不知先生看去厌烦否？如竟不厌烦，我想永远照例做去——因为我的话对于别人想不起来这样多。①

在与鲁迅的通信里，他对工作、婚姻等问题的谈论，都真诚得很。鲁迅回信，亦语态真切，许多心里话，是流露在字里行间的。李秉中这样的青年，能够和鲁迅进行深层次的沟通，与他的禀赋有关。因为他深知鲁迅的思想，看人看事，眼光是亮的。李氏后来加入国民党，成为军阶不小的军官。到了30年代，鲁迅才和他疏远了。和李秉中相同的还有荆有麟，曾与鲁迅关系不浅，后来因在国民党中任职，在50年代被镇压。鲁迅周围的青年不都是左翼的，有的趋于右翼，有的在左右翼之间摇摆。这两类青年，同时喜欢这位文坛斗士，都是颇可回味的。

但还有一类青年，对鲁迅爱之甚深，不愿意看到自己喜爱的人受

---

① 　　孙郁、李亚娜主编：《鲁迅藏同时代人书信》，大象出版社2011年版，第355页。

辱。1928年2月9日，上海大同中学教员周伯超致信鲁迅，透出文人私下言论的信息：

> 昨与成仿吾、冯乃超诸人同席，二人宣传先生讨姨太太，弃北京之正妻而与女学生发生关系，实为思想落伍者。后学闻之大愤，与之争辩。此事关系先生令名及私德，彼二人时以为笑谈资料，于先生大有不利，望先生作函警戒之。后学为崇拜先生之一人，故敢冒昧陈言，非有私怨于成冯二人，惟先生察之。[①]

信的题旨一看即明。文人衡量人的尺度有时亦不离开道德话题。鲁迅的婚姻，被当成笑料来谈，他自己知道后，一定愤愤而对吧。这些片影，好似一个时代风气的折射，鲁迅作为常人的苦态，也在此间露出。这个话语里的鲁迅，更让人觉得真实。在政治话语没有介入其间时，我们能够感觉到常俗的话语里的鲁迅，也不免成为饭后被消费的谈资。

为发表而做的文字，有时候都不免做作，大约避不开表演的痕迹。而尺牍就不一样，是另有风采的。只局限于几个人，就真切多了。我读那些与鲁迅交心者的文字，觉得动人的原因，是得到鲁迅的启发，或是鲁迅的文字感染了他们而使然。对比胡适的往来书信，学者多而文学青年少，诗意就不多了。鲁迅给青年的印象最佳者，是彼此平等，不要有框框。比如他在北大上课时说："文艺是要说甚么，就说甚么，

---

① 　　孙郁、李亚娜主编：《鲁迅藏同时代人书信》，大象出版社2011年版，第401页。

不容有丝毫作用于其间。初次创作，不怕浅薄，只要你大着胆量去作，可以由浅渐深，由薄渐厚。"①一个名为王志恒的学生被此话打动，勇敢地写起作品来，并寄给鲁迅。那信件的真诚，读了也颇让人感动。从这些字迹里，能够显现出来的事实是：鲁迅是个调动了青年走向精神幽深之地的人。他把苦闷、无方向感的青年从无望里激活了。许多青年阅读鲁迅的时候，仿佛地窖里透进了风，有清爽的感觉，也犹如晨曦的喷薄，有了光明的冲动。鲁迅周围一直有活跃的青年在，原因在于他生命中汩汩不息的热流的涌动，那些回忆文字对我们今人来说，读之亦如观图阅画，连呼吸和温度都可感到，是另一番风景了。

四

因了鲁迅文字的奇异，那笔下流出的痛感的、美丽的词语，也连带着将自己的画像映现出来了。鲁迅的影子便有些神奇的样子，让懂得艺术的人有了描述他的冲动。许多画家朋友欣赏鲁迅的文字，他们举办画展，也愿意请鲁夫子来光顾指导。偶然被人画到纸上，都有异样的韵味在。陶元庆为鲁迅画过像，替他设计的图书封面也染有鲁夫子的气息。陶氏的画面有现代主义的颓废和刚烈气的结合，似乎要捕捉那飘忽不定的意象里的诗意。他觉得鲁迅内心的色调，大约是那个样子的。

谈论鲁迅的多是文学青年。《呐喊》《彷徨》问世的时候，刺激了

① 　　孙郁、李亚娜主编：《鲁迅藏同时代人书信》，大象出版社2011年版，第374页。

鲁迅遗风录

1　私人语境里的鲁迅

有激进倾向的读者。可是后来抨击鲁迅最厉害的也恰是那些人。高长虹来北京，是投奔鲁迅的。他对鲁迅的喜爱自不必言，后来却与先生弄翻了。不过从高长虹留下的文字看，鲁迅对他的影响是致命的，乃至一生都逃不出先生的谶语。

激进容易，可是有精神的内功，却非人人可以做到。青年的天真单一，是吸引鲁迅的原因之一。而单一不一定有温情，是否有苦难磨砺后的慈悲，也是一个人成熟与否的标志之一。而那时候有过磨难的青年还保持纯情的，真的不多。在青年面前碰壁，也是鲁迅的另一个华盖运。我们看狂飙社当年对他的由近而远，依稀地可辨出他的孤独。

一方面有诋毁鲁迅的青年在，一方面又有无数新的青年到来。这些新的面孔，也刺激了新的感受的出现。那些青年的文字也启发了鲁迅，比如韦素园、孙用的译文，就给了一种提示，其间的意象也融进自己的作品里了。萧红在一篇文章里写到青年对鲁迅的印象，她似乎从老先生那里感到了一种父爱的美。那篇关于鲁迅的回忆录写得柔美细致，像一幅神异的画。慈爱里的美，诗意般地流淌着。

私人间对鲁迅的议论，有一种平和气，没有批评文章那样的一本正经。鲁迅正襟危坐的样子是研究者们塑造出来的。冯雪峰的《回忆鲁迅》讲到柔石向他推荐鲁迅的情形，很有温情：

> 他快乐而平静地告诉我：他同几个朋友弄了一个朝花社，鲁迅先生也是同人之一，想出丛书和画册，介绍欧洲的文学和版画。他们就住在鲁迅先生的间壁。——他谈得很多，大都关于鲁迅先生的事情，而对于鲁迅先生对青年的诚挚恳切的态度，以及他对柔石本人的帮助等等，还说得特别

认真，好像要对我证明似的。

......

过了几天，柔石又来看我了，带来了一本日本译文的关于辩证法的小册子，我已经忘记了原作者的名字，他说这是鲁迅先生送给我的，还复述了鲁迅先生对他说的话道："我买重复了一本，去退还内山书店也麻烦，你带去送你那个同学去罢，省得他再买了。"

这一天，柔石谈得更多，其中曾经谈到了同创造社论战时候的鲁迅先生的心情。据柔石说，鲁迅先生当时的心情是很坏的，不过现在已经没有什么了。于是，柔石也把鲁迅先生看了我的一篇文章之后曾经很反感的事情告诉了我。那是在半年多以前，我在一个名叫《无轨列车》的杂志上面发表过一篇题名《革命与智识阶级》的文章，也是关于一九二八年初创造社和鲁迅先生的论争的；柔石说，鲁迅先生看了，当初很反感，说道："这个人，大抵也是创造社一派！"不过，柔石接着又说，他自己的看法并不如此，他对鲁迅先生解释过，认为我的文章的主旨是在批评创造社的小集团主义，因此，鲁迅先生以后也就没有再说什么了。

柔石还谈了一些别的，我都不详记了。

他的两次谈话，虽然始终谈得很平静，好像谈家常一样，却使我很感激鲁迅先生，并且很冲动，想马上就去见他。①

---

① 　　　冯雪峰:《冯雪峰忆鲁迅》，河北教育出版社2000年版，第4页。

鲁迅遗风录

1　私人语境里的鲁迅

上述的回忆至少透漏了两个信息：一是鲁迅很随和，对青年颇好；二是青年朋友也能在他面前讲不同的观点，鲁迅的多疑的一面受到了友情的消解。如果冯雪峰不是因为柔石的介绍结识鲁迅，那么鲁迅对其看法则与他印象里的狂妄青年没有什么差异吧。我们从柔石、冯雪峰间关于鲁迅的对话，看出一个真实的鲁迅：他一面对真挚的青年抱有父爱之心，一面能听从不同意见而远离固执。文学青年李霁野、孙伏园的回忆录，也涉猎了同样的内容。这些有活的鲁迅的生命信息，是后人了解其精神的基本元素。

我后来在冯雪峰的文字里，还读到诸多细节。他对鲁迅的看法，有个性的对应，还有党派的统战意味。茅盾、周扬、夏衍等与鲁迅的交往，都与政治有关。20世纪30年代的文化语境里，要超出政党思维也难矣哉。鲁迅自从走入政治的领域，先前张定璜式的描述语言竟然看不到多少了。

鲁迅在被纳入政治话语的时候，他其实还保留着非政治化的特点。而共产党人所认可鲁迅的，却不是他的政治语境，而是其智性及温情。周扬、夏衍等，并不认可鲁迅，其间的矛盾纠纷想来已成了理不清的旧账。

冯雪峰在江西与毛泽东议论鲁迅的内容值得一思。他曾对毛泽东说：有一个日本人说，全中国只有两个半人懂得中国，一个是蒋介石，一个是鲁迅，半个是毛泽东。毛泽东说："这个日本人还不简单，他认为鲁迅懂得中国，这是对的。"[1]那完全是私人谈话。冯雪峰对鲁迅的看法直接刺激了毛泽东。后来毛泽东潜心读鲁迅的书，大为佩服。毛泽东与冯雪峰、萧军等人的对话，都有自己的心得的流露。毛泽东

<hr>

[1]　陈琼芝：《在两位未谋一面的历史伟人之间——记冯雪峰关于鲁迅与毛泽东关系的一次谈话》，《中国现代文学研究丛刊》1980年第3期。

在窑洞里找萧军谈话，就有鲁迅的话题。萧军与友人狂妄地说过这样的话：鲁迅是我爹，毛泽东是我大哥。话里话外都有江湖气。在江湖间能因鲁迅而激起爱憎，这在先前的文坛里是少见的。

毛泽东私下对鲁迅的看法，和公开场合的表述大异。私人语境与公共语境的差异，倒可看到中国社会的复杂话语逻辑。政治人物的言论考虑周围的环境和自己的使命。但作为个体生命的自我内在感觉，则是另一个样子了。毛泽东晚年给江青写信，说与鲁迅的心是相通的，究竟在什么层面相通，颇值得分析。他年青时期在北大见过许多名人，唯独没有见过鲁迅。那些名人，他佩服的不多。唯有鲁迅，通过文字而生出敬意，那是有趣的。如果毛泽东在北大时期真的见过鲁迅，也许会有另一种态度。历史很奇怪，人与人的相知，有时是靠神遇而非面对的。

民国的生活到处有政治，自己又在政治中，别人喜欢用政治话语来塑造其形象也是自然的。但那时候的政治是流血的存在，被人凝视和凝视别人时，内心的宁静反而消失到躁动里了。鲁迅在晚年其实已经认识到，离开政治，大概不能解决中国的文化问题。可是他不知道，文化问题，后来因为政治的卷进，反而变得更为困难了。

五

或许有人会说，"左"倾化之后的鲁夫子，其文章的受众一定窄化了吧。也不尽然的。20世纪30年代，国共两党内对他的存在也观点各异。鲁迅逝世后，关于他的叙述颇多，旧友都有纪念文章刊发。不

鲁迅遗风录

1 私人语境里的鲁迅

仅左翼文人为之扼腕，国民党官僚中亦不乏挺鲁的人物。在鲁迅的葬礼上，孔祥熙还亲自送了挽联，其文曰：

一代高文树新识帜　千秋孤痛托遗言[1]

这些词语，都不是奉承，而是有一定代表性的。认识他的人，在私下多是赞美之言。比如柳亚子致子女的信说："我和鲁迅只见过数面，也许他也未必对我满意，不过我对于他，却是衷心地佩服的。""我是最喜欢批评人的，而对于鲁迅先生，实在是五体投地地佩服。"[2]柳亚子这样的老派人物，后来思想同情"左"倾，但趣味还是旧文人气的。他的观点，代表了一批人的情感立场。后来的读书人敬佩鲁迅，都有相近的视角。这个视角是什么，我们研究得不够。

非"左"倾的作家对鲁迅的描述颇可一观。许寿裳在鲁迅去世后，多次与国民党要员谈论普及鲁迅的事。1937年1月11日许寿裳致信福建省省长陈仪，希望筹集资金纪念鲁迅：

老友豫才学术渊博，志行高洁，以鲁迅笔名从事文艺运动，三十年如一日，至死不懈。其所著作，针砭时弊，阐扬文化，贡献独多。国外英德俄日本诸文学大家极为推许，异口同声，此不仅吾越之光荣，实为国家民族之令誉。不幸于去年十月，肺病劳苦以终。吾兄闻之，定为悲悼不已也。现

---

① 　孔海珠：《痛别鲁迅》，上海社会科学院出版社2004年版，第103页。
② 　叶淑穗、杨艳丽：《从鲁迅遗物认识鲁迅》，中国人民大学出版社1999年版，第115页。

由上海纪念委员会发起，议设"纪念文学奖金"基金，一以纪念其文化上之功业，二以发扬其提掖青年之精神。来函嘱弟共襄其事，因念兄对于豫才生平素所关切，渠曩年掌厦门大学，学子翕然，于闽省亦有关系，特附上捐启五十纸，临时收据两册（第贰拾壹第贰拾贰两册）另包付邮，敬求鼎立提倡，广募资金，登高一呼，众山皆应，成效之大，可以预知，不胜盼祷之至。如蒙设法建议中央，由国家予以举行纪念，则风声所树，不但国民鼓舞欢忻，且必引起国际上之赞仰也，统希卓裁为荷。[①]

许寿裳天真得很，希望国家来纪念鲁迅，不知鲁迅是厌恶当政之人。不过陈仪毕竟深知鲁迅，故回信云：

> 豫才兄事，即微兄言，弟亦拳拳在念。弟建议中央尚在考虑，容当相机进行，资金已开始征募，俟有成数，再行奉告。[②]

纪念鲁迅，在那时候不可能是国家行为。但鲁迅友人多是希望从政府机构来运行此事。最早开始进行鲁迅资料研究的是许寿裳。他动员周作人、许广平编写年谱。自己也着手整理资料。其间与许广平往来书信多多，为鲁迅研究花费了大量心血。同年5月，许寿裳致信蔡元培：

①　　许寿裳：《亡友鲁迅印象记——许寿裳回忆鲁迅全编》，上海文化出版社2006年版，第239页。
②　　许寿裳：《亡友鲁迅印象记——许寿裳回忆鲁迅全编》，上海文化出版社2006年版，第240页。

鲁迅遗风录

1　私人语境里的鲁迅

鲁迅遗著事，承先生亲与力子部长一谈，部中必能知所注意，免除误解，使一代文豪，荣于身后，亦全国文化之幸也。裳有吊鲁迅墓一绝：

身后万民同雪涕，生前孤剑独冲锋。

丹心浩气终黄土，长夜凭谁叩晓钟。

……

鲁迅纪念委员会宜正式成立，此间委员已征得汤尔和、胡适之、马幼渔、沈尹默、兼士、齐寿山、周启孟诸君之同意。沪上筹备经过情形，想许夫人日内必奉谒，面陈一切也。[①]

这里关于鲁迅的叙述，都是纯粹文化学者的独语，与党派立场没有关系。许广平曾因出版鲁迅全集求救于胡适，可以看出，对鲁迅的传播，连家属也寄希望于当时红极一时的自由主义文人。鲁迅去世后，苏雪林写信与胡适，大骂鲁迅的"左"倾，攻击之语甚毒。但胡适反而心平气和，说了许多鲁迅的好话。他说：

凡论一人，总须持平。爱而知其恶，恶而知其美，方是持平。鲁迅自有他的长处。如他的早年文学作品，如他的小说史研究，皆是上等工作。通伯先生当日误信一个小人张凤举之言，说鲁迅之小说史是抄袭盐谷温的，就使鲁迅终身不忘此仇恨！现今盐谷温的文学史已由孙俍工译出了，其书是未见我和鲁迅之小说研究以前的作品，其考据部分浅陋可

---

① 　　许寿裳：《亡友鲁迅印象记——许寿裳回忆鲁迅全编》，上海文化出版社2006年版，第256页。

笑。说鲁迅抄袭盐谷温，真是万分的冤枉。盐谷一案，我们
应该为鲁迅洗刷明白。[①]

胡适的信，透出他的宽厚和仁慈。对鲁迅的存在的客观立场，他
是有君子之风的。文人队伍里立场不同，实属必然。但我们看那时候
一般文人看鲁迅的眼光，不都是从阶级立场出发，有一种类似孔子所
说的中正的视角。鲁迅是超越阶级的存在。这丝毫不影响他的倾向性，
可是他的生命的纯粹的光泽，我们用派别的眼镜去打量，总还是有问
题的。

六

有一幅鲁迅的漫画，是日本人堀尾纯一所作，倔强、勇猛，夸大
的脸上有一股穿透人间黑幕的气质流动着。这一幅作品，我很喜欢，
好似把鲁迅隐秘的爱与怨都折射出来了。那画的背后有一句话，似乎
是东亚文人共有的感觉："以非凡的志气，伟大的心地，贯穿了一代
的人物。"[②]

我想，这大概就有几分神异化的成分吧。左翼青年，无论日本的
还是国内的，言及鲁迅，都有点庄重的样子。那是自觉的呢，还是别
人所暗示？大约还是后者。一个异端的思想者和伟岸的作家诞生的时
候，周围总有不凡的议论。在其精神还没有被知识化或学理化观照的

①　何卓恩编：《胡适文集（社会卷）》，长春出版社2013年版，第206页。
②　此为鲁迅藏品，陈列于北京鲁迅博物馆。

鲁迅遗风录

1　私人语境里的鲁迅

时候，异样的词语的形容，总还是不可避免的。

关于鲁迅被神圣化的现象，不始于延安，而在青年作家的队伍里。

为鲁迅抬棺椁的几个青年，差不多都是其遗产忠诚的捍卫者。那些青年后来都有文章谈及自己心目中老师的形象。我在翻阅相关的资料时，在萧军那里停了下来。这是一个极为简单而又有争议的文人，他的形象在先前一直是鲁莽者的样子，但细细品味他的文字，亦多细微的生命体验。这个自称鲁迅学生的人，一直有种情结，那就是做鲁迅的护法者。这个资本既使其名震文坛，也给他诸多的不幸。获益于鲁迅的时候，恰是与世俗抗争的时候，他的命运也因之起伏不已。

无论从哪个角度看，萧军都像一个圣徒。他日记里关于鲁迅的话题甚多。鲁迅逝世后，萧军为普及鲁迅到处奔走。此人颇有热情，狂放而不拘小节。但每天夜里回到家中，常常反思自己的白天行为，并以鲁迅的话为参照，忏悔自己的失误或选择。每每提及自己的老师，他总有种神圣感。生活中所遇的各种麻烦，都使其想起鲁迅，并希望以鲁迅的态度去对待诸种矛盾。1937年6月17日萧军的日记云：

> 晨间我在校鲁迅先生纪念册稿，我读着悼念他的和他自己被引的文章，我时时被感动着，同时这样勉励着自己：
>
> "我虽然带着很多的劣根性，我必要渐渐地肃清它们，跟在你的后面做一个确实的人……"①

这种圣徒般的心，在日后从未减过。7月19日，他去鲁迅墓祭拜

---

① 萧军：《萧军全集》第18卷，华夏出版社2008年版，第21页。

鲁迅，回来在日记中写道：

十九日在周先生的坟前我这样写下：

A. 创作——求精，少虚，勿急。

B. 社会关系——以大前提为决定。交即交，战即战，和即和，勿拘小节。

C. 自己——少言语，多工作。创造新的，研究旧的，要如何便如何，勿做作。

对事，应先思索考虑，研究，再下断言。既下断言，即应执着，勿犹疑。直到发现自己确是错了，不高明了，即可改正。勿姑息。①

无疑，这里的个人崇拜是浓烈的。没有谁强迫他这样想，一切都是自愿的。这样的看法在后来依旧浓烈。1939年10月1日他的日记说：

我与鲁迅先生是没有资格比较的，他是天生的精金美玉，我则是一堆破铜烂铁而已！固然可以做一只斧头或几颗钉，但它是随时全可以腐化了的。鲁迅先生是天生的忠贞，我则是人工制造的娃娃而已。我是一个人世的英雄，随潮流而即逝，鲁迅先生是天空的太阳，光明永在的。②

这样的情绪一直被带到延安。在毛泽东还没有认真总结鲁迅的时

---

① 萧军:《萧军全集》第18卷，华夏出版社2008年版，第28页。
② 萧军:《萧军全集》第18卷，华夏出版社2008年版，第112页。

鲁迅遗风录

1 私人语境里的鲁迅

候，萧军已经把鲁迅的一切都神圣化了。他后来引以为荣的是与毛泽东的交往，而那桥梁便是鲁迅。萧军曾在1941年7月20日的日记里谈到与毛泽东谈话的片段，有引人思考的地方：

> "我是很喜欢文学的……"他（指毛泽东——引者注）说。
> "有一次一些人问我，鲁迅先生对于我的影响怎样，我回答说，我好比一缸豆汁，鲁迅先生好比石膏或卤水，经过他的指点，我才成了形，结了晶……混水和清水分开……"
> "你这比方倒很妙啊！"我们共同地笑了。在谈到鲁迅先生底清苦生活，以及一些战斗的故事，他的眼睛似乎有感动的泪！①

1942年，毛泽东在延安文艺座谈会上的讲话，就有鲁迅的元素在。在公开场合里谈论鲁迅，与私下的议论毕竟不同。那些在社会运动中的人们对鲁迅的态度，别有味道。一个知识分子能够如此感化那些为改变中国命运的人们，是有其特别之处的。

但延安对鲁迅的读解，也多有皮毛。争论是有的。现在看到的资料，多是私下争论为多，报上只有一点痕迹。言论不得畅达，也许是战争时代的必然，可对那些鲁迅的知音而言，鲁迅的被政治化，是大有问题的。

萧军和胡乔木就鲁迅的思想转变进行过热烈的争论。这些在鲁迅研究史里也很少被提及。1942年6月10日，萧军在致胡乔木的信中说：

---

① 　　萧军：《萧军全集》第18卷，华夏出版社2008年版，第471页。

杂志及信均收到，谢谢。我寄给毛主席的书，如他无工夫读或不准备读时，您可寄我。如还想读，迟些日子交还倒不要紧，因为这类书文抗还无人等待着。您寄来的杂志，三、四日内即当寄上。

关于鲁迅先生底一些看法，在根本上，我看我们是没有什么不同的地方，您所要证明的，只是在他发展的全程中，是有着转变的（在他前期）；我所要证明的，在今天有些人企图判断鲁迅先生前期革命的历史，而名之曰"转变"，因此我不同意那说法。[①]

萧军的争辩，不一定能够说服别人。他的看法总还是贴近鲁迅的。因为熟悉那些文本，便知道远离鲁迅自身的关于鲁迅的论述大有问题。

直到后来去东北工作，萧军对鲁迅的理解一直没有变化，而现实理念一直在更新着。革命队伍里的读书人，根据自己的需要看前人的作品，多可理解，而萧军也感到，那个鲜活的鲁迅，其实已经从现实语境里被改造了。

在读书人的心里的那个鲁迅，与世间被广泛解释的鲁迅，已经开始剥离。连周作人自己也叹道，那些大讲鲁迅如何如何的人，鲁迅要是地下有知，未必同意。人已瞑目，言行两空，谁来辩说呢？至于后来的大规模的造神运动，鲁迅被高高挂在文坛上，认识他的人，都觉得有些吊诡。赞扬他的人所使用的词语与逻辑，恰是其生前最厌恶的存在。他没有料到，在其精神的墓碑上，写的正是他当

[①]　萧军:《萧军全集》第18卷，华夏出版社2008年版，第651页。

鲁迅遗风录

年要诅咒的文字。如果说这是一种精神联系方式，那么，我们的世界离他真的太远了。

七

这是一个事实，在鲁迅的生前，誉词远不及身后多。而那些赞美鲁迅的人，多是未曾谋面的青年。抗战时期，鲁迅弟弟周作人落得汉奸之名，被人唾弃，可是丝毫没有影响鲁迅的名气。读书人言及鲁迅亦有诸多感慨。

我注意到，舒芜和胡风谈论鲁迅的文字，是有种神圣感的。舒芜与胡风的信件，无话不说，狂傲的地方也多。比如对郭沫若的鄙夷，对冯友兰的嘲讽，都是真言。而每涉及鲁迅，则是另一番口吻。他们的信件将鲁迅称为"老人"，如1945年1月8日信云：

> 老人到厦门以后，常说觉得心里空洞洞，写不出东西来。这话，我从前不甚了解，不知道究竟是怎么一回事。这回跑到白苍山上来，不料自己竟亲身经历了。"理智"上虽知道问题尚多，但在实际的感觉中，却似乎天下早已太平，无论如何作不出白刃战，故以后的杂文，对我的希望恐怕少了。[1]

---

[1] 　　舒芜：《舒芜致胡风书信全编》，东方出版中心2010年版，第81页。

那时候舒芜燃烧在主观主义的冲动里，思想里也有唯意志主义的痕迹。鲁迅的孤独的体验唤起了他的共鸣。鲁迅的文本近个人主义，是心性自由的攀援，对许多青年是一种吸引力。相反，那些大谈新儒学的人，就有些与个体生命的隔膜，与心性的自由殊远。在各种新思想涌动的时候，鲁迅渐渐被一些人涂上另一类色泽。这是许多青年所不满的。舒芜与胡风那时候的相交，基于这一点上，要接着鲁迅的话说下去，而不是变为别的调子。1945年2月27日的书信则有这样一段话：

> 搜集了冯友兰的《新世训》，姜蕴刚的《生命的颂歌》，与《历史艺术论》，李长之的《迎中国的文艺复兴》，钱穆的《文化与教育》，胡秋原的《中西文化与文化复兴》，还有《时代之波》，预备展开一个总批判。这些书，都反映了同一类问题，但又各自作着不同的偏向，甚为有趣的。但当然，还是汇归于一。一者何？"皈依"而已矣。
>
> 但读《野草》，深有感于序中所说，地火喷出时将烧尽一切野草乔木之语。这之中，不但有学者之流，而且也有"文化人"之类罢！即以最近而论，你一直在潮流之中，大约不十分觉得，我则于做了三个月隐士之后重来，一触目便觉气象大为不同了。①

这段话可以注解激进青年贴近鲁迅的原因。皈依一种思想，总不及独战那么有快感。后者对人是有引力的。在舒芜和胡风看来，我们

---

① 　　舒芜：《舒芜致胡风书信全编》，东方出版中心2010年版，第94页。

鲁迅遗风录

1　私人语境里的鲁迅

应当在鲁迅未竟的事业里做有价值的事，而非回到儒家的立场。鲁迅被淹没的危险，似乎也恰是新文化面临的危险。

在20世纪40年代，鲁迅的话题在大学里不断被提及，而大学接受鲁迅的理由，是他的可以书斋化。这引起一些人的警惕。把鲁迅教授化，在一些人看来是违背先生的真实心态的。敏锐的舒芜，意识到了问题的复杂性，在1945年6月2日的信里，他和胡风讲到自己的问题，有一点诚恳的反省意味：

> 另外，就是好像前信也说到的，在这个话题里"主观"不起来，与"教授"们毫无差异。能公开的一切都用白话写，能讲白话，能讲老人了。这个，也有顷刻间自以为胜利。但随即想到，恐怕还是被我自己的"教授"气味把它们都染成了"教授"的东西，所以才能够被宽容的吧！尤其老人，如果也被我染了"教授"之气，那真是大的罪恶。①

无论从哪个角度看，舒芜与胡风存有差异，对鲁迅的看法，未必比别人高明。但他的基本感觉，直逼鲁迅气质的核心，不是夸耀之谈。大学教授后来接受鲁迅，是因为有人把他学理化的缘故。而这，离鲁迅就真的远了。

这是民间读书人对鲁迅的定调。他们觉得鲁迅不在圣坛，不在台阁和书斋，而在民间的自由精神的群落里。直到20世纪40年代末，从胡风、萧军、艾青等人的文字里，都可看出类似的感觉。可是舒芜

---

① 舒芜：《舒芜致胡风书信全编》，东方出版中心2010年版，第110页。

后来不也是进入主流文化的旋涡里了吗？当舒芜后来卷入胡风事件的风波后，其实离鲁迅也远了。说说易，做起来殊难。后人成不了鲁迅，与此亦大有关系。

舒芜有很好的古文根底，喜爱哲学，对文学的鉴赏亦有奇特的眼光。他青年的时候很高傲，事功的心很盛。我对他的印象是才高，喜欢臧否人物，叛逆的思想是有的。不过，许多认识他的人对其感觉复杂，似乎难以喜欢其性格。那是另一回事了。人在不得志的时候，精神易与反叛的语境相知，也许趣味和知识摄取的角度不同，但是不影响彼此的相知。舒芜看人的时候，眼光是犀利的，读懂了现实的人物。不过，那种切入鲁迅的方式，在当时不过是一种社会怨气的碰撞，更复杂的存在，也未必都进入眼光里的。

青年人对鲁迅推崇中的矛盾的选择，只有像曹聚仁这样少数的人看得清楚。他以为革命的思潮把自己的老友卷到不该去的地方。《呐喊》《彷徨》等文字，有生命的冲击力，可并非都是灿烂的照射，也多阴影的存在。彷徨后的决然，可能还有另一种哲学。革命只是鲁迅思想的一部分，文化情怀里的哲思，是超越政治话语的。尤其是那些浅薄的政治话语。

在与友人的通信里，曹聚仁的看法和年轻一代颇多不同。讲到鲁老夫子，他只有佩服，却并不膜拜。此与胡适很像。持类似观点的还有知堂、张爱玲等。他们的文字里偶有言及文坛是非者，也是能冷冷地看，并不热心。不热心，非漠不关心，而是觉得世界是多元的组合，人间的路，并非一条。张爱玲透出的语气，是对鲁迅的欣赏，而那些人际纠葛的杂事，竟因为与审美判断远，则不被察觉，或者有意省略了。

那些对鲁迅能够冷冷地看的人，要么是圈外中人，要么是价值观

鲁迅遗风录

1 私人语境里的鲁迅

有距离的人，可是青年人并不如此平静，很易被感染起来，也陷入焦虑以及拒绝焦虑的冲动中。拒绝鲁迅的感染力是难的，除非远离他的文本。不过，这强烈的感染力，有的后来归于纯粹的审美之路，有的汇入政治之潮。后者，在20世纪30年代后越来越盛，到了延安时期，已经成为一派了。

鲁迅后来被推向神坛，他的友人是喜忧参半的。50年代后，关于鲁迅的言说只能是一个调子。倒是从知堂与曹聚仁的通信里，可以看出对这种话语的不满，曹聚仁写出那本《鲁迅评传》，要还原心里那个本色的鲁迅。他在从容老到的笔触里，写民国读书人的一道奇观，用的是旧文人的笔法，参之罗素哲学与尼采笔意，遂风韵流转，如风吹浓雾，隐在历史深处的鲁迅，似乎被召唤出来。但他故意隐去鲁迅身上的政治性话题，亦失公允，也难说是真正的还原。此后，在王元化、李慎之那里，前后的看法变化很大，像王元化这样的学人，早期迷恋鲁迅，后来在远离鲁迅的路上走，得其智，去其情，不再以狂热的目光解释前人了。按照鲁迅自己的意思，模仿他的人，终究没有出息，回到自己，才是真的。文坛的争论常常是，只有回归到鲁迅的语境里，问题意识才能够清晰，创作性却稀少了。这也是鲁迅强调青年人不要成为别人，而要变成自己的原因。后来的青年文人，仅仅依傍于先贤，多无创造性，此亦留下无数的遗憾。尽力保持与先贤的精神距离，挖掘自己的精神潜能，未尝不是对鲁迅遗产的敬意，类似的选择里多种可能性也不是没有。因鲁迅而觉醒，也因鲁迅而迷失，构成了精神史一个复杂的链条。此话题说起来太长，现代史的这种现象之谜，现在还继续着呢。

2

余音所在

一

私人语境之外，在公共话语中，鲁迅的形象可以说是多色调的。

鲁迅没有从事小说创作前，文坛上的主角是些旧式的士大夫。文章的套路基本是从明清那里来的。那是个世风大变的时代，不久就有了梁启超、章太炎、苏曼殊这样的求新的人物，慢慢地改写了文学地图。这些人在学问上有突破，渐渐被人注意，像章太炎那样的学者在思想史上占据了重要的地位。创作上有一点新风的是苏曼殊，他用佛学和西洋浪漫诗学的精神创造了新的诗文。这些人和同光时代的诗人不同，近代性的因素增加了，于是文章多了偏离八股的新气象。至于民间，才子佳人的旧小说流行，白话文有吴语的痕迹，江南文人的才情与市井的因素缠绕着，对百姓都很有影响。

《新青年》提倡新文化运动，主张用白话文代替文言文，其意义是有别于康、梁思想的。那就是回到民间和个人本位的立场，向现实挺进，也向内心挺进。不过陈独秀、胡适在最初没有意识到白话文更深的路向在哪里。他们还停留在功利的层面考虑白话文的使用问题，将新文学视为工具理性的一部分。鲁迅作品的问世，是风向转变的一个标志，因为他的作品不仅解决的是功利主义层面的问题，重要的是提升了白话文语言哲学的价值。由于他，中国白话文学翻开了新的一页。

鲁迅遗风录

2 余音所在

之所以说是一个标志，乃因为他写出了社会被遮蔽的隐秘，指出专制文化奴役人的现实。根本点在于，传统文化窒息了个人潜能的发展，把精神矮化了。在创作里，他一方面还原了历史面貌，写出了人的畸形的形态，另一方面显示了精神的另一种可能性。鲁迅对现实的认识，是有种历史的眼光的。在他的笔下，人在历史的进程里，而一切选择都是旧梦的投射。这给他很大的痛苦。在他看来，不能达到个体生命的自立，总有些问题。人必须走出铁屋子，才可能进入阳光之地。

研究界对鲁迅在艺术世界的成就，一直有很高的评价。

归纳起来一是对国民劣根性的批评，写出了阿Q这样的人物。二是对自我的解剖，意识到认知的有限性。三是把悲怆的气息和幽默的味道一体化，颠覆了一般文人的习惯表达手段。还有，就是不断改造自己领略世界的方式，与一切非人道的存在的不妥协的战斗。这是全新的表达。此间他大量地翻译与整理国故的业绩，都给人不小的惊奇。蔡元培在他身上发现了精神与学问的深，毛泽东在他那里看到了革命性，激进知识分子则在他那里读到反抗压迫的快意。这些不同的读解都在某个层面进入了他的隐秘世界，而其间的差异也显而易见。不论从什么角度来看，其内在的力量的冲击波是被广泛承认的。

有一个事实可以看出鲁迅的影响力。20世纪20年代后，其著作得到不断再版的机会。陈独秀、胡适、蔡元培等人都给予他很高的评价。很快，日文、俄文、法文的译本出现了，他的作品成了那时候中国文学的一个象征。从此，一个鲁迅的话语方式便在中国悄悄出现了。

关于鲁迅给人的印象，张定璜的《鲁迅先生》很有代表。那文章大约受到欧洲批评家的影响，写得很传神，似乎是最贴切地进入鲁迅的肌体里，有着声音和色彩的味道，也仿佛是一幅油画，冲刷着读者的心：

> 鲁迅先生站在路旁边，看见我们男男女女在大街上来去，高的矮的，老的小的，肥的瘦的，笑的哭的，一大群在那里蠢动。从我们的眼睛、面貌、举动上，从我们的全身上，他看出我们的冥顽、卑劣、丑恶和饥饿。饥饿！在他面前经过的有一个不是饿得慌的人么？任凭你拉着他的手，给他说你正在救国，或正在向民众去，或正在鼓吹男女平权，或正在提倡人道主义，或正在做这样做那样，你说了半天也白费。他不信你。他至少是不理你，至多，从他那枝小烟卷儿的后面，他冷静地朝着你的左腹部望你一眼，也懒得告诉你他是学过医的，而且知道你的也是和一般人的一样，胃病。鲁迅先生的医学究竟学到了怎样一个境地，曾经讲过解剖室没有，我们不得而知，但我们知道他有三个特色，那也是老于手术富于经验的医生的特色，第一个，冷静，第二个，还是冷静，第三个，还是冷静。①

张定璜曾与鲁迅是很好的朋友，他对这位小个子的作家的描述，是没有政治语境在的。在中国的革命还没涌动之前，这样的描述显示了一种文化的亮度。可惜，中国后来的创作也好，批评文章也好，都不再见到类似的文字。鲁迅自己也不再写《呐喊》《彷徨》式的作品，

① 张定璜：《鲁迅先生》，见李长之、艾芜等《吃人与礼教——论鲁迅（一）》，河北教育出版社2001年版，第9页。

鲁迅遗风录

2　余音所在

以致后来对鲁迅与中国读者而言，沉静的写作不复存在，我们的文明陷入了另类的焦灼里。

鲁迅身边的人能如此看他的价值，那么远方的读者似乎就更有神奇的感觉了。这一点从四川、东北、浙江、西北的报刊的反应都可以看到。连远在台湾的青年也渐渐接受了五四的精神，白话文很快占领了文坛，是与他以及《新青年》同人的魅力大有关系的。

二

与一般的小说家不同，鲁迅的作品弥散着一种人生哲学的因素。吸引人的首先是知识分子的话题。在他之前，还没有真正意义上的知识分子的写作。鲁迅说，真的知识阶级是不计较利害的，精神纯净而高远。这在他的世界，是一个牢固的概念。王充、嵇康、李贽的传统和尼采、马克思的传统那么深地交织在他生命的深处，以致无法同环境协调。他与北洋政府的对立，与国民党的对立，以及不服从周扬等人的教条，都很有点斗士风采。这个不屈服一切势力的选择，在中国文学界一开始就引起反响。从未名社开始，到左翼作家群，那些青年喜爱鲁迅，都和这个因素有关。民国的读书人是多不满于现实的，但没有谁的表达能像鲁迅那样有悠远的情思和智性的高度。瞿秋白、冯雪峰、胡风欣赏鲁迅，除了其审美的伟力，知识分子的情怀大概更浓厚吧。鲁迅的文本像夜间的火把一样，照着青年精神的暗夜。五四后许多文人踱进研究室，躲到书斋里去，文字日趋老化、油滑，好似不食人间烟火的样子。年轻人不喜欢这些，他们在那里看到的是一些老气，与鲜活的人生殊远。鲁迅和那些人不同，他身上的热力和悲悯的情怀，打动了许多文学青年。其译作里的反叛理念和杂文里透彻的社会解析，有着巨浪般的气韵，直逼人心。

1925年左右，狂飙社的高长虹对鲁迅的痴迷很有代表性，结果出现了许多模仿的作品，在情绪走向上是很像鲁迅的。高长虹只取尼采式的微茫，温情远弗及鲁迅那样深远，就失之浅薄了。高长虹身上的狂放之气不亚于鲁迅，问题是过于直接，缺乏国学与西学的训练，只模仿了一面，鲁迅深的精神气象却未得展开，后来与鲁迅决裂的时候，思想也是苍白的地方居多，留下了许多遗憾。另一类文人台静农从鲁迅小说的乡情里取得灵感，遂写出《建塔者》《地之子》这样的农村题材的作品，把鲁迅的乡土意识延续下来，是很有意味的尝试。台静农模仿鲁迅的小说，在语气上也很像，只是味道简单，没有深情远致，还在学步阶段。他的文章有大的气象者，还是中年之后，但已经摆脱鲁迅的影响了。至于许钦文的系列小说，不妨说是鲁迅乡村写实的一种翻版，鲁迅式的幽怨和明丽却没有得到，只能是失败之作。而老师的影响力在那代人身上有所放大，则是不言自明的。

巴金在青年时代去北京投考大学，因为身体的原因而未果。那时候身边带的就是《呐喊》。书中的文字那么深地打着他的心，他知道了自己为奴的苦楚，也晓得了摆脱苦运的方式是什么。他后来在《家》里写旧的家族的吃人，在意象上步鲁迅的后尘。这是一种不自觉的主题认可。巴金身上的鲁迅记忆一直到晚年都没有消失。他自己承认，中国作家中，鲁迅的影响是任何人都无法取代的。

鲁迅对小说家的精神暗示，在许多青年那里都可看到。张天翼、沙汀、丁玲、端木蕻良、周文都一定程度继承了鲁迅的某些精神。有的作家对鲁迅文本的解析也相当深切。比如端木蕻良的分析，颇有眼光，他把鲁迅与托尔斯泰放在一起，写出了两位作家的价值：

鲁迅与托尔斯泰的分别是在于——托尔斯泰本身是一个病人，而鲁迅本身是一个医生。

这是要分别得清清楚楚的，列宁不止一次地指出托尔斯泰的思想是有毒的，对于俄国正发展着的革命是有害的；但是这个毒，这个害，这个结症，正是表示了俄国社会的矛盾，正是揭示了一个实质的特点，这个情形反映在托尔斯泰的作品上、观念上，是同一的。所以从这个基点来看托尔斯泰的作品，就能看出他反映了俄国革命的必然性。

……

但是假设鲁迅也是一面镜子的话，鲁迅是不是也是这样的呢？

是不是鲁迅本身也带着时代的愚昧，社会的矛盾……那些弱点和缺点呢？

不是的，社会的矛盾或是弱点和缺点是透过了鲁迅的照亮而看出来的，而被发现了。不是在鲁迅本身上来看出的。

鲁迅发现的我们民族病根的所在常常是正确的，没有一句是神志不清的呓语。他在不可能找出一个方案一个办法来的时候，他决不胡乱捉过来一个办法来应景，搪塞一下就了事的，他决不会在没有马匹的时候，牵了一只螳螂来拉车的。他从来没有胡说过。

……

> 我以为综括鲁迅一生的战斗历程，通过了五四以后的文化运动，鲁迅对着新中国所引起的变质的作用，要说他是一个时代的镜子，不如说是一面战斗的旗子，较为妥当。①

端木蕻良的学术眼光绝不亚于他的小说的内在感觉，他意识到了鲁迅背后更为深切的存在。而且在描述这样的思想立场的时候，他并没有受到毛泽东的影响，一切都源于对鲁迅的会心感受。在他眼里，作为一面旗帜，鲁迅的精神的引导作用，是显而易见的。

把鲁迅与外国作家联系起来，且认为他比托尔斯泰更有价值，这是那时候中国作家自信的一面。虽然端木蕻良还无力深解其间的玄机，但这是自张定璜以来的文人的一种自信心的强化。我们在民国学者和作家的精神漫游里，发现了鲁迅对于他们话语的一种暗示。他们觉得在面对历史和现实的时候，还没有谁像鲁迅这样给人如此绝大的支持力。许多青年想要表达或没有表达的意象，在鲁迅那里多少都出现了。

三

张申府在20世纪20年代的时候，就撰文指出：鲁迅是当时中国最好的思想家。这个深味罗素、罗曼·罗兰、维特根斯坦的学者，发现了鲁迅的世界性的意义。张申府是哲学家、散文家，其文字有神秘的一面，但表现的维度似乎不及鲁迅深远。他觉得，在汉语表达的深

---

① 端木蕻良：《论鲁迅》，见李长之、艾芜等《吃人与礼教——论鲁迅（一）》，河北教育出版社2001年版，第199页。

切和思想的深切方面，鲁迅无疑是一流的。他说：

> 　　鲁迅是今日中国文学界第一人，我想凡是能够成个意见（在这方面）的人，当都是承认的。他的东西，实在看了令人痛快。他不是一般的文人。他的东西似乎有时过损，也不是一般文人的损法。人的最不可恕的毛病是虚伪。鲁迅是恰与这个相反的。处在这么个局面，中国人坏到这步田地，要说实话，自然是不能免于骂了。处在这个生活臬兀的时候，人的心境是不能平和的。人是难得不器量偏小的。刻薄是不容易逃脱的。但这是社会的责任。这责任是不应该放在个人身上的。[①]

　　从张申府的视角看，鲁迅身上的隐含是多方面的，既有哲学层面的价值，又有文体上的价值。重要的是，他的革命倾向，可能在人格上有巨大的号召力。这是胡适、周作人、冯友兰这些学人远远不及的。张申府后来在文章里批评胡适、周作人、冯友兰，看得出其价值判断的水准，也代表了相当多的学人对鲁迅的认识。

　　就那时候知识界的情况看，推崇鲁迅的人一部分来自学院派的教授，比如许寿裳、顾随、曹聚仁便是；一部分是自由撰稿的左翼作家，郁达夫、冯雪峰、胡风都是代表；还有一部分是漂流在社会上的青年文人，萧红、萧军以及张我军等对鲁迅的敬意是没有中断过的。他们的写作，有些受到了鲁迅的启发，或者自觉地把自己看成相似精神的

---

①　　张申府：《终于投一票》，见《张申府文集》第1卷，河北人民出版社2005年版，第92页。

追求者。这几类人，基本都是当时社会的异端者流，既不满意于传统的文化，也对现实失望。可是这些人不是灰色、无望的消极者，而是有着自己的梦想的文人。胡风的写作，就自觉地沿着鲁迅的路，文字激烈、饱满、热情，也晦涩难懂。他周围的一些知识分子都有些敏感、有趣，毫不做作。在寒冷的世界，他们依偎在一起，写下了诸多温情的作品。

民国的文艺青年对鲁迅的宠爱持续很久。艾青晚年回忆与鲁迅见面的情形，有一点神圣的感觉。他在审美的角度是那么佩服鲁迅，以为比许多画家重要得多。后来他放弃早期知识分子的话语方式，去写民歌体的诗句，无疑也有鲁迅的暗示。丁玲在编辑《北斗》的时候，基本思路是遵从鲁迅的哲学的，那就是注重反抗的思想，高扬精神的个性，解放审美的意念。我们在彭柏山、周文、阿壠、沙汀、艾芜、路翎的文字里，都可以读出精神的紧张。鲁迅的忧郁以及出离忧郁的决然，那么楚楚动人地与读者交流着。

民国鲁迅传播史的一个重要特点，是鲁迅获得了与高尔基、普列汉诺夫相似的评价。那些多是哲学领域和革命领域的观点。尽管一些批评家之间的看法相左，但讨论的深度是非同寻常的。许多人意识到，仅仅从文学的层面未必能够理解其文本的内涵。郭沫若虽然攻击过鲁迅，但后来写了篇《庄子与鲁迅》，把古代文化精妙的存在与鲁迅思想联系起来考察，不乏灼见。鲁迅与先秦诸子的关系，的确是一个值得回味的话题。

不过，对鲁迅的思想最有原创性阐释的应是瞿秋白。瞿秋白是最早对鲁迅进行哲学叙述的人。他借鉴古希腊的故事和列宁的思路，对鲁迅的思想进行了有形而上意味的描述，不但有哲学层面的解析，重要的还有革命的话语。鲁迅的革命性的价值与哲学意味中的价值，在瞿秋白那里是有机地连在一起的。后来许多研究鲁迅的人，因为不懂得其行动的价值，只在象牙塔里考虑问题，就把问题简单化了。

瞿秋白论述鲁迅的价值，借鉴了赫尔岑、卢那察尔斯基的某些思路，从旧文化到新文化，从进化论到阶级论，鲁迅的变化在他看来与俄国新的知识阶级的出现前后的情形很像。那思路背后是革命与战斗的理念在起作用的。瞿秋白强调鲁迅的喝狼奶后的那种野性，同时看到鲁迅对新兴阶级的肯定态度。这样的分析，鲁迅并没有反对，在一定程度上符合鲁迅的一些思想实际也是可以肯定的。

但对鲁迅精神哲学进一步的思考，是鲁迅逝世后才出现的。有许多人从哲学的高度瞭望到鲁迅在形而上层面给人的启示。艾思奇、胡乔木等人对此都有所论述。印象深的是王元化在论述鲁迅与尼采的关系时，很认真地梳理了现代哲学在鲁迅那里的投影。他从鲁迅那里读到的西方哲学背景的因素，是进入深层考虑现象背后的存在的。他在《鲁迅与尼采》一文里指出：

> 鲁迅并没有叫人走尼采的"超人"的路，而且他还用这来警戒青年，当时鲁迅除了拿尼采哲学作为反偶像的工具外，是没有旁的企图了。我们可以看到，鲁迅在他初期的全部著作里，除了反偶像的地方之外是没有提到过尼采的，鲁迅始终没有承认他受了尼采的很大影响。
>
> 鲁迅在当时不但不将个性同集体对立，并且还把自己的爱憎和群众的利害统一起来。我们看他在下面这段话与尼采的赤裸裸的利己主义精神有着怎样的不同：

"我们追悼了过去的人，还要发愿：要自己和别人，都纯洁聪明勇猛向上。要除去虚伪的脸谱。要除去世上害己害人的昏迷和强暴。

　　我们追到了过去的人，还要发愿：要除去于人生毫无意义的苦痛。要除去制造并赏玩别人苦痛的昏迷和强暴。"

　　这种充满热情的叫喊，就是现在还令我们感动的。鲁迅不但要解放"自己"，而且要解放"别人"，他对于制造人类痛苦的强暴提出了愤怒的抗议，鲁迅所要求的是"人类的共同幸福"。①

　　王元化不断把鲁迅从个人主义拉到集体主义的语境，在于强调鲁迅自身的革命性价值。这个看法在整个左翼学者那里看来，是有代表性的。鲁迅的西方文化背景的非革命因素在此被剔除了。此后，关于鲁迅精神的复杂性描述，开始进入结论性的描述里。人们不再过多顾及鲁迅痛苦、无助和绝望的一面，而最终从其反抗的选择中，进入革命队伍的描述。精神越来越明晰，思想越来越确定。这与那时候革命青年的内心神往的价值和精神选择，都不无关系。

　　整个左翼领域关于鲁迅的述说，是一本大书，那里的复杂的接收史，与中国社会的斗争史是交织在一起的。他在文学之外的世界受到的重视，连他自己也未曾料到。

---

①　　王元化：《鲁迅与尼采》，见李长之、艾芜等《吃人与礼教——论鲁迅（一）》，河北教育出版社2001年版，第77页。

2　余音所在

047

四

这是有趣的：20世纪30年代后，好的文章家，没有没读过周氏兄弟的文章的。而受其影响者之多，一时难以胜数。而不独小说家队伍如此，杂文作者受到他们影响者，更是人数甚众。以鲁迅为仿照对象的青年，在后来都成了文坛主要的作家。

杂文是经了鲁迅的手，才有了现代的意义。中国古人讲究文章之道，佳作多多，可惜不能走出八大家的路径。到了晚清，文章已经没有可以观览的存在。要不是梁启超、严复这样的人输进新血，汉语写作真的是暮气重重了。《新青年》是新文学滋长之地，尤以白话杂文小品有名。说周氏兄弟是代表绝不过分。20世纪30年代后，报刊上的鲁迅风一直很盛，乃至战斗的文章都多少有犀利之气。模仿鲁迅的杂文的作家在30年代形成了一个群落，巴人、唐弢、徐懋庸、聂绀弩、文载道的文字，都在鲁迅的文本里浸泡过。他们对社会的抨击和对文化现象的读解，有着《热风》的笔法，《南腔北调》的话语方式也能够看到一二。唐弢在文体上很像《准风月谈》的文字，徐懋庸的随笔在风格上已含有《南腔北调》的机智了。最体现鲁迅智慧的是聂绀弩，他在《韩康的药店》里的滑稽幽默，很让人动情。而与自由主义文人的冲突中使用的笔法分明是鲁夫子式的。他们这些青年的创作的特点是不随世风，直面现实，精神裸露在旷野里，任凭风吹雨打。鲁迅关于社会批判与文明批评的理念，在这些人身上多少有一些体现的。

五四之后，在文章上有亮度的还有胡适、周作人、废名等人，但只在学术的圈子里有影响，对民间知识分子的影响，远不及鲁迅。这些人的作品在思想上也有和鲁迅呼应的地方，可是在情感的方面和心智情绪方面，却无法与鲁迅相比。鲁迅在知识和诗意里不仅满足了读者，重要的是那种匪气和悲悯的情怀，深深俘虏了寻路的青年。而且鲁迅坦言，自己也是在没有路的地方走路的人，他在无畏的跋涉里，让青年感到一种亲昵的力量。

在鲁迅文章的追随者里，聂绀弩是个可以深谈的人物。他的杂文，在句式和体例上明显走鲁迅的路，对鲁迅的文体研读很深。这是他聪明的地方。尤其在思想境界上，他比一般人高明。他看人看事的眼力，是极为独到的。

聂绀弩的诗文里，有些篇什十分传神。他在气质上很接近鲁迅。有的时候觉得，其文章是顺着鲁迅的题目发展的，或者说在说鲁迅未完的话。比如讥刺周作人的路向，以为有悖于做人的道德。比如关于自由主义知识分子的选择，看法也是激越的。聂绀弩讽刺时局，有天才的笔致，有的很像鲁迅的口吻，只是缺乏鲁老夫子的丰厚罢了。

聂绀弩的文章里可嗅出一丝不屈的精神，那就是同各路政客和非革命的知识人的论战。比如他讽刺曹聚仁，那笔法是从鲁迅那里学来的无疑。看法未必都对，而锋芒所至，的确有着逼人的目光。他谈及京派、海派，观点鲜明，几乎没有超越鲁迅的思路，而立场是不含糊的。聂绀弩眼里的鲁迅，是一个斗士。虽然知道其学问与修养很深，可是他宁愿把鲁迅从书斋里请出来，给一个斗士的称号。他说：

> 鲁迅有几次说过这样的话：譬如一群人被关在一座铁屋子里，明知无法出来，与其把他们叫醒使他们敏锐地感觉自己的痛苦，不如让他们睡着，昏昏沉沉地死去。有人说这是悲观主义。光看这几句，诚然是悲观，如果和鲁迅的全部

鲁迅遗风录

2 余音所在

作品一齐读，那意思就变为：徒然的觉醒是无用的，如果不能实现，倒不如不觉醒好。怎样实现那觉醒呢？依鲁迅的指示，就是战斗。

鲁迅一生的历史就是战斗的历史，是谁都知道的。他和一切压迫中国人民的恶势力战，和一切被压迫者的帮忙帮闲的正人君子们战，和一切有利于压迫者的道德或教训，如贞操观念复古思想之类战，和人民在黑暗生活中被养成的自私，自大，卑怯，苟安，中庸，微温等劣根性战，乃至和一切假装前进，或假装并不前进的分子战。五四时代他反对旧文化最激烈也最彻底；五卅、三一八前后，反对上海英国巡捕枪杀市民，反对段政府枪杀学生，反对章士钊陈西滢那班"媚态的猫"，"吸人的血还要预先哼哼地发一通议论的蚊子"，也最坚决；九一八以后，更是不断地反对日本帝国主义，反对李顿调查团，反对恐日、媚日的中国人们。一直到死，差不多无时无刻不在战斗中讨生活。[①]

那些优秀的杂文家，差不多都是杰出的鲁迅研究者和传播者。唐弢、冯雪峰、胡风、文载道等人，都是如此。鲁迅对他们来说，是人生的坐标，或者说是灵魂的前导。这在过去的文坛是没有过的。到了20世纪八九十年代后，后起的作家在面临问题的时候，鲁迅的隐喻依然在起作用。张承志的《清洁的精神》《以笔为旗》，钱理群的《心灵的探寻》，其实都是相同血脉的延续。鲁迅在多个层面启示了他们，

① 聂绀弩：《人与鲁迅》，见《聂绀弩全集》第2卷，武汉出版社2004年版，第143页。

而作为战士的形象，在那时候的人们看来，是最动人的标志。

直到今天，鲁夫子的杂文依然是散文随笔界难以越过的高峰。何满子、邵燕祥、牧惠的文字，延续了《准风月谈》《伪自由书》的脉系。高尔泰、刘征、流沙河则不失诗意与斗士之风采，他们默默呼应鲁迅传统的努力，成了文坛迷人的故事。鲁迅的存在是文坛的一个宿命，那个希望自己的文字速朽的老人，却依然在文字里活着。

五

这里不能不谈谈美术界对鲁迅的形象的接收与塑造。

鲁迅逝世后，美术界的反应的余波久久不散。那种失去精神领袖的痛感不亚于文学界的感觉。那时候有特点的画家，对鲁迅都有一种敬意。而青年木刻家对他的态度，超出了对当时走红的画家的感觉。这在文化界，是未曾有过的现象。

张仃在一篇文章里，专门讲到鲁迅小说里的色彩。他把鲁迅的小说的底色和托尔斯泰作了比较，发现了奇异的审美效果。这个青年画家说鲁迅的小说有点印象派的痕迹，是悟道之言。他喜爱鲁迅，乃因为从文字里发现了画家要久久寻找却没有找到的东西。他后来在延安参加鲁迅研究会的活动，颇为积极。那幅巨大的鲁迅画像，似乎有他的寄托在。张仃觉得，鲁迅的价值比那些象牙塔的画家，要神异得多。那里的人生体验和诗意的因素，久久回荡在读者的眼前。绘画的感觉似乎没有其文字那么强烈。徐悲鸿、吴冠中等人在后来的创作中，也一直保持着对鲁迅的敬意。他们在鲁迅文字里得到的快慰，不亚于那些名画家的巨作的启发。

许多画家论及鲁迅在美术史中的贡献的时候，都讲到了其境界和思想的开阔性。刘岘、张望、王朝文、陈烟桥、赖少其、李桦等人都是鲁迅美术思想的受益者。中国木刻运动的出现，改写了画坛的地图。那些新的画家都从中得到寻路的激情。而且重要的是，鲁迅开启的美术活动，不仅有古老的艺术复兴的因子，也有外来艺术的火种，更主要的是，新的艺术对现实的凝视，把审美与人生信念连接在一体。

郑振铎在《鲁迅与中国古版画》中说：

木刻版画在清末以来，又有复兴的气象。陈师曾、齐白石画的笺纸，大富新趣，别具一格。刻印之工，也能够衬托出他们的好处来。以后，许多现代画人们的作品，也便翻上了笺纸，而且色彩、线条，都能不失原作的精神。更进步的是，他们不仅以线条为主干了；齐白石、陈半丁诸家的花卉，随意写生，一大堆的红花，一串串的紫藤或葡萄，决不能以传统的精巧的线条来重现的，而北平的刻工们却自出心裁地也把他们复印在笺纸上了。他们这种新颖的烘托方法，确是更进一步。

鲁迅先生的眼光也看到了这一点，故搜集晚清以来的笺纸编为《北平笺谱》一书。所谓"刻的丰碑"，确是当之无愧。

一个伟大的作家，总是心胸阔大而能高瞻远瞩的。鲁迅先生不仅介绍了中国古版画给现代的创作家们，而且，更重要的是，他也介绍了西洋的版画给他们。他还热心的指导着好些新进的木刻家们。中国现代的木刻版画，已成为很重要的艺术的一枝。①

20世纪30年代后，美术界对鲁迅的描述，在情感的深厚上不亚于文学界。这个现象证明了伟大的作家的能量的辐射力。吴冠中晚年曾说，历史会证明，一个鲁迅对美术的价值，要超过一百个齐白石的价值。确不是信口胡说。我们看后来的许多画家对此的认识，都极为深切。美术界的思潮里，有作家感觉的投射，这在西方国家不算少。而鲁迅给后来美术发展的影响，还不仅仅是审美的话题，也有人生价值的辐射。鲁迅的影响是从没有消失过的。我们从陈丹青等人对鲁迅的亲昵的感受里，都可以印证这些。

陈丹青在讲到鲁迅在美术史的地位时这样说：

> 民初那代的新国画，既过时，也比不得古人，徐悲鸿林风眠的早期油画，虽令人尊敬，但实在过时了，且在纽约的语境中，显得简单、脆弱、幼稚。使我吃惊的是，左翼木刻，包括鲁迅设计的几件书籍装帧不但依旧生猛、强烈、好看、耐看，而且毫不过时，比我记得的印象更醒目、更优秀——纵向比较，左翼木刻相对明清旧版画，是全新的，超前的，具有清晰的自我意识；横向比较，与上世纪初德国、英国、苏俄及东欧的表现主义绘画，也是即刻响应，同期跟进的。除了技术相对粗糙，论创作的动机与状态，十分

---

① 　郑振铎：《鲁迅与中国古版画》，见钟敬文、林语堂等《永在的温情——文化名人忆鲁迅》，河北教育出版社2001年版，第166页。

鲁迅遗风录

2　余音所在

强烈而活泼，与欧洲同期的同类作品，近乎同一效果。①

一个作家能够在美术史上给人如此深的印记，那是撩动了审美的神经的缘故。那里呈现的不安、爱欲、神往，都是地火喷吐后般的明丽。一切晦暗的、平庸的、无趣的色调都让位于朗照的、劲健的存在。一个没有压抑的飞腾的灵感被释放到精神的天幕上。文学的妙意与绘画的幽情如此和谐地成为一体了。

谁能够在美术史的层面给后人以巨大的诱惑力呢？20世纪没有一个画家做到此点，而一位饱受忧患之苦的绍兴作家做到了。

六

对中国政治文化的冲击和影响，也是鲁迅的遗产的重要特点。那些小说、杂文在左翼作家与共产党人那里，是回荡不已的。在中国革命低潮的时候，鲁迅的传播及审美思想的延伸，都是在民间自然形成的。鲁迅去世后，文坛出现的《鲁迅风》《野草》等杂志，很自觉地延续着批判的传统。

那些青年走到前线的时候，不忘在文字里保持对现实的关注。文风呢，也是从《热风》《南腔北调集》《准风月谈》等语境中来的。他们憎恶士大夫语调，与京派的学者腔和海派的自恋的词语保持着自己的距离。在激烈的斗争里，他们为现实的难题所吸引，文章为人生的

---

① 　　陈丹青：《笑谈大先生》，广西师范大学出版社2011年版，第143页。

困顿所缠绕。不过那些青年也在模仿中表现出思路的简单化。他们在学养和眼光上多少有一些问题。但总体来说融入社会的批判理念，扭转了风向。左翼文化的生命力很快显示出来。

直到20世纪40年代，许多到解放区的人都是阅读了鲁迅作品的。在李锐与妻子的通信里，能够看出鲁迅文本对这些走向延安的青年的召唤力。那些关于社会改造的渴念，有一些是鲁迅文字刺激的结果。在那前后的萧军、萧红、叶紫、柔石的创作中，或者在底层意识上，或者从知识分子良知的方面，闪现着一种责任与信念。在这些新人身上，旧的士大夫的形影渐渐被自由理念取代了。

1942年的情形发生了变化，毛泽东发表了《在延安文艺座谈会上的讲话》，高度赞美了鲁迅。此前在《新民主主义论》等文中，他把鲁迅定位于新文学的旗手。延安的鲁迅艺术学院的创作思想，开始把鲁迅的左翼思想当作方向加以引导，鲁迅的影响力远远地超出了生前。

毛泽东是从中国革命的角度理解鲁迅的价值的。但感动他的，也许不是鲁迅关于革命的论述，而是他身上的个人主义气质和超常的想象力。鲁迅文字的魅力使他意识到中国新文学的可能性。而在描述鲁迅的文化史价值时，出于革命的需要，毛泽东将其放到了革命的话语和社会变革的话语里，我们在毛泽东的文字里已经看不到五四式的逻辑，在他眼里，超越五四是自己这代人应做的工作。

于是在后来的反帝反封建的主题下，鲁迅的艺术成为标本被接受。他身上所含有的革命性日益凸显。描写乡村的小说多了对压迫的抵抗，阶级斗争的话语开始覆盖一切。延安鲁艺的基本精神是写实的与为人生的。创作者内心拥抱着广阔的原野，小资产阶级的自怜自爱被抛弃了。

但是另一类知识分子不同意对鲁迅作这样的理解。曹聚仁后来表

鲁迅遗风录

2 余音所在

示了对鲁迅的单面性接受的忧虑。这个自由主义文人对鲁迅的孤独与痛苦的体验充满了哲思般的描绘，他走进鲁迅，靠的是一种生命的直觉和思想的反诘。在曹聚仁看来，鲁迅的魅力是个人主义与虚无精神的混合，有着黑暗里的挣扎。他的写作一面有鲁迅的独立不依的孑然，一面是周作人的飘然，学识与诗意暗含在文字间。曹聚仁晚年所作《鲁迅评传》表达的就是这样一种偏离左翼的理念。

曹聚仁眼里的鲁迅有着很强烈的非理性和野性的力量。他从罗素、章太炎式的思维里，为鲁迅作了一种特殊的定位。在他的视野里，鲁迅的精神在那时候是超越党派的价值的，有党派性，但还有超人类性。这个看法，与左翼文人的思路大异，以至到了80年代初，一些批判文章还可以看到。

许多人都在谈论鲁迅，反对他的人不说了，就一般的文人来讲，鲁迅是一个困难的话题。胡兰成、张爱玲眼里的鲁迅自然和闻一多、朱自清不同，与钱锺书、杨绛也大异其趣。最得鲁迅神魂的萧红，在《呼兰河传》《马伯乐》里写出了民魂一类的存在，路翎的《财主底儿女们》回荡的是陀思妥耶夫斯基与鲁迅式的惨烈。40年代的杂志《鲁迅风》和《野草》里的作者，有许多是忧患朗然的青年，他们在文章的写法和创意上都延续了鲁迅的思想，对国民性的批判，对有闲阶级的超然于社会矛盾的雅趣的批判，对旧剧里奴性的鞭笞，都各臻其妙，有虎虎生气。王元化早期的写作从考察鲁迅与尼采的关系入手，这个很有高度的论述，奠定了他以后写作的基础。

鲁迅对青年最大的感召力是做改造社会的实践者。30年代后，许多在前线的作家默默沿着鲁迅的路在走。比如孙犁，一面研究鲁迅的文本，一面写着那些乡间的战斗的故事。其文在冷峻里多了爱意，那么清澈神异，给人挥之不去的感念。孙犁一生都在鲁迅的语境里。他的作品纯净而冷峻，拒绝对世俗的投降。和他相同的还有七月派的诗人阿垅、绿原、鲁煤等，这些在血色里摸爬滚打的人，保持了民国间文化的美质。

七

可以说，鲁迅在许多方面影响了民国以来的艺术。其一是把古语与西洋用语及方言引进叙述的语态里，把表达的空间拓展了。像徐梵澄、文载道等人都在模仿这样的句式，可惜因为功底的限制，都没有达到那样的深度。后来的木心意识到这一点，其作品回旋往复，跌宕起伏，要追求的恰是鲁迅的路。端木蕻良写作时追求的是《呐喊》的厚重感，其语言被人关注的原因，似乎与此相关。木心在语言上注重修辞，他的短篇小说留下了很深的鲁迅的乡土味儿。端木蕻良就在《红楼梦》与《呐喊》间游弋，找到了自己的表达式。最为聪明的是黄裳，早期模仿周作人笔意，后来学习鲁迅短文的幽思，思想明达而快慰，自称尊鲁迅之风。这些人看到了文学的语言的张力，在文词间获益匪浅。另一方面，鲁迅的价值在于，打通了文学与美术的通道，在精神的深处改写了表达的底色。从陶元庆、司徒乔到张望、李桦，以及后来的张仃、吴冠中等，文字与绘画的天地为之一开。在美术与文学间有天赋的人很多，艾青、闻一多都是复合性的艺术家，可是能够在几个领域给人影响的人，也唯有鲁迅而已。

表达什么和如何表达，看似简单的话题，实则是大难之事。鲁迅

鲁迅遗风录

在大量译介域外的美术与文学作品的时候，看到了直面现实的重要性。但这种直面，不是无趣的冷视，而是对心灵盲区的穿越。

许多作家受到了《野草》的刺激，沿袭了哲学短章的文风，为文有玄奥的一面。张申府就写过类似《野草》的札记，把哲学与诗的因素点缀其中，这在他是难得的好文章。胡风随笔的艰涩，可能是没有消化鲁迅及普列汉诺夫的缘故，但也学到了其间的妙意。到了20世纪50年代，在张中晓《无梦楼随笔》间展示的意象，何尝没有鲁夫子《小杂感》的神采呢。80年代后，木心的俳句和林斤澜的小品，恍兮惚兮，如谜语般幽深，他们不回避是受到鲁迅的熏陶的话题。在他们看来，汉语可以有无数的可能，而一般人的试验的精神是弱化的。

新中国的文坛，鲁迅的价值一直被文人认可。但他的影响真正落实在文本上还是在20世纪80年代之后。人们或取其反近代的理念思考问题，或写国民的灵魂。也有的在杂文的路上走，对现实的批判从未中断过。大致说来，一部分人是重走鲁迅的路，连意象也是重叠的。一些闪光的思想者，无不从鲁迅那里汲取经验和智慧。他们用生命呼应着鲁迅传统里最美丽的存在。巴金说自己晚年的选择，就是老师鲁迅的引导，回到本我，面对苦难与价值难题，是不能不做的选择，也是自己的责任。作者在面对中国问题时的警觉，不仅是清醒的一剂良药，还有无边的苦思。我们说鲁迅是中国当代作家的精神之母，是毫不过分的。

否定鲁迅是对白话文影响最大的作家，那就否定了现代白话文一支影响最大的脉络。鲁迅在思想和艺术的多种层面，带来了文学上的变化，一个新的传统终于在他那里出现了。这个传统是民本意识的，是个人主义与民族精神的巧妙结合。鲁迅一方面开掘了白话文的潜能，把一般的表达引进到世界中去，一方面增加了词彩、哲思、逻辑的因素。而重要的是，其背后的革命的情怀和悲悯地普度众生、牺牲自我的选择，唤起了人们自立的自觉。在殖民地半殖民地的中国，鲁迅的精神是不屈的民魂的昭示，旧的精神存在被慢慢洗刷了。可以说，由此而形成丰沃的精神土壤。

鲁迅在诗、哲、史三方面都深切地影响了后来的中国文化进程。他在诗人中间有良好的威望。艾青、阿垅、绿原对他的赞佩，我们从诗文里都可以看到。哲学界对鲁迅的兴趣也随着时代的进程而变得浓厚起来。80年代李泽厚对鲁迅与康德的读解，都有妙意。后来王乾坤从海德格尔与鲁迅之间的对比里看问题，打开了进入鲁迅世界的另一扇门。至于近代史研究里的鲁迅的形象，也是充满历史的张力的。鲁迅思想对人们认识历史中的难题，启发颇深。学术界对鲁迅的看重，并不亚于文学界。鲁迅研究不是现代文学界关注的对象，事实是，他在整个中国文化史的框架里，是躲也躲不开的存在。

英国人自豪地说，他们有一个莎士比亚；俄国人也骄傲地说，他们的文学史里有一个托尔斯泰；那么我们中国呢，因为有了鲁迅，变得有诗与精神哲学的内涵了。鲁迅的传播与影响，是中国近现代文化的一件大事，那是自孔夫子以来最大的事件。从此，我们的文化路径，开始转航。人道主义与个人精神，社会大同与共产主义理念，已经深入人心。

应当感谢这份遗产。现在的中国，还不能离开这样的遗产。因为，在变革的进程里，人的潜能的焕发，自由精神的渴求，都不能缺失。警惕新的选择里的旧的陷阱的形成，还是一条长长的路。鲁迅当年的实践，还没有完成呢。

鲁迅遗风录

2 余音所在

3

郁达夫：国难声中忆鲁迅

1936年10月，当得知鲁迅去世的时候，郁达夫正在远离上海的福建。他赶回上海，在悲痛中写下这样的文字：

> 没有伟大的人物出现的民族，是世界上最可怜的生物之群，有了伟大的人物，而不知拥护，爱戴，崇仰的国家，是没有希望的奴隶之邦。因鲁迅的一死，使人们觉出了民族的尚可以有为，也因鲁迅之一死，使人家看出了中国还是奴隶性很浓厚的半绝望的国家。[①]

这里所说的奴隶性，引自鲁迅的语录，也有针对攻击鲁迅的言论而发出的感慨。郁达夫看到，无论生前和死后，谩骂鲁迅的人依然很多，可说那恶言恶语里，都透露了那些存在的可笑与可怜。

鲁迅死在七七事变之前的几个月，这给后来的人留下了许多猜测的空间。有一种攻击鲁迅的观点认为，在日本侵略中国的时候，鲁迅却有亲日的倾向，甚至与汉奸的理念颇为接近。持此种观点的人，要么出于恶意，要么有些无知。恶意的人，早不值一驳，历史已经证明他们的可笑。而无知者，乃没有历史的常识，看看鲁迅同代人的回忆以及相关言论，则能够清楚大半。对此，郁达夫说过：

[①]　郁达夫：《怀鲁迅》，见《回忆鲁迅·郁达夫谈鲁迅全编》，上海文化出版社2006年版，第104页。

鲁迅遗风录

3　郁达夫：国难声中忆鲁迅

鲁迅的葬事，实在是中国文学史上空前的一座纪念碑，他的葬仪，也可以说是民众对日人的一种示威运动。工人，学生，妇女团体，以前鲁迅生前的知友亲戚，和读他的著作，受他的感化的不相识的男男女女，参加行列的，总有一万人以上。

当时中国各地的民众正在热叫着对日开战，上海的智识分子，尤其是孙夫人蔡先生等旧日自由大同盟的诸位先进，提倡得更加激烈，而鲁迅适当这一个时候去世了，他平时，也是主张对日抗战的，所以民众对于鲁迅的死，就拿来当作了一个非抗战不可的象征；换句话说，就是在把鲁迅的死，看作了日本侵略中国的具体事件之一。在这个时候，在这一种情绪下的全国民众，对鲁迅的哀悼之情，自然可以不言而喻了；所以当时全国所出的刊物，无论那一种定期或不定期的印刷品上，都充满了哀吊鲁迅的文字。①

这段文字写于1938年的8月，全面抗战已经开始12个月了。在民族战争中的关键时候写下此文，也有郁达夫的某种寄托。这和萧红在抗战时期创作的话剧《民族魂》用意相近，都是借着这个先驱者，激起国人反抗的热情。鲁迅遗风深深感染着为国捐躯的人们，恰恰证明了其精神所含的不凡的意蕴。

认真看郁达夫的著述会发现，在抗战的年月，他在文章中提及最多的是鲁迅。《回忆鲁迅》《怀鲁迅》《鲁迅先生纪念奖金基金的募集》

①　　郁达夫:《回忆鲁迅》，见《回忆鲁迅·郁达夫谈鲁迅全编》，上海文化出版社2006年版，第12～13页。

《鲁迅的伟大》《鲁迅逝世一周年》《抗战以来中国文艺的动态》《鲁迅逝世三周年纪念》等，真情感人，一时传播甚广。那些关于鲁迅日常性的描绘及思想的审视，都是肺腑之言，其有温度的文字，与那个远去的灵魂深深叠印在一起。我们今天看那些滚烫的文字，当知处于水火中的知识人怎样的殉道，怎样地持节于苦路，其间散出的思想之光，成了人间难得的遗存。

生于1896年的郁达夫，比鲁迅小15岁。他与鲁迅的相识，是在1923年2月，那时候他在北大教书，很快就被周氏兄弟吸引了。在北京文坛与学界，周氏兄弟的声名鹊起，文章的新与学问的深，都非常人可及。郁达夫与他们不久就成了好友。他回忆说：

那时候，鲁迅还在教育部里当佥事，同时也在北京大学里教小说史略。我们谈的话，已经记不起来了，但只记得谈了些北大的教员中间的闲话，和学生的习气之类。

他的脸色很青，胡子是那时候已经有了；衣服穿得很单薄，而身材又矮小，所以看起来像是一个和他年龄不大相称的样子。

他的绍兴口音，比一般绍兴人所发的来得柔和，笑声非常之清脆，而笑时眼角上的几条小皱纹，却很是可爱。

房间里的陈设，简单得很；散置在桌上，书橱上的书籍，也并不多，但却十分的整洁。桌上没有洋墨水和钢笔，只有一方砚瓦，上面盖着一个红木的盖子。笔筒是没有的，水池却像一个小古董，大约是从头发胡同的小市上买来的无疑。

他送我出门的时候，天色已经晚了，北风吹得很大；

鲁迅遗风录

门口临别时候，他不晓说了一句什么笑话，我记得一个人在走回寓舍来的路上，因回忆着他的那一句，满面还带着了笑容。①

其实，作为新文学最早的实践者之一，郁达夫起步的时间与鲁迅几乎同时，虽然他们的路径多有不同。郁达夫留学东京，很快喜欢上文学，他对于欧洲小说的熟悉，在那时候难有人过之。据许子东统计，他至少涉猎了以下作家的作品：屠格涅夫、赫尔岑、歌德、施托姆、林道、理查逊、华兹华斯、哈代、劳伦斯、卢梭、拉法耶特夫人、波特莱尔、威尔兰、佐藤春夫、葛西善藏……②这些人对于他的影响深广，他的作品里印有这样的痕迹。但是那些洋人的作品，毕竟在特殊的语境里，而中国人何以也能写出惊世的新文学，郁达夫心里没有把握，他自己的小说流于浅层次的表述的时候居多，没有切入文本的母体深处。但是鲁迅深深地征服了他，在与其文字相遇的时候，郁达夫感到了电光的四射，那文字的热流穿越自己的躯体，抵达了一个神奇的所在。

郁达夫生前因为私德的问题，遭到的嘲讽甚多。苏雪林《郁达夫论》说他有"色情狂"的倾向，并指责有强烈的"颓废色彩"。但鲁迅对于郁达夫的看法很好，以为其作品有几分精神的真，对于其率性的举止还有几分喜欢。1928年，鲁迅邀请郁达夫与自己一同编辑《奔流》杂志，"私德云云"那种伪道学的话，在他们之间是没有的。鲁

---

① 郁达夫：《回忆鲁迅》，见《回忆鲁迅·郁达夫谈鲁迅全编》，上海文化出版社2006年版，第14～15页。

② 许子东：《许子东讲稿》第2卷，人民文学出版社2011年版，第167页。

迅常常在公的层面看人看事，对宋明理学那一套，向来是反感的。这是五四那代人的先锋意识，在后来的变化的语境里，要理解郁达夫、鲁迅之间的关系，也是很难的。

其实，鲁迅一生遭到的攻击之多，不亚于郁达夫，他们仿佛是国民公敌，让绅士阶级颇为不满。所以在与鲁迅交往中，郁达夫庆幸自己吾道不孤。他的一生，有一面最大的镜子，那便是鲁迅。在这面镜子面前，他觉出了自己的浅薄：鲁迅的深，岂是自己可以比肩的？

我年轻的时候读郁达夫的书，常被其惊人的坦率吸引，在他的文字里，有时候感到直视自我的战栗。我们这一代人，像他那样袒露内心的不多，自然，那样天才的笔法，也甚为少见。他关于文学史的言论，关于革命问题的思考，今天看来都有可取的地方。

说起郁达夫与鲁迅的关系，能够看出现代知识分子自我选择悲壮的一页。他深知鲁迅的价值。当年他们一同从事左翼活动，在鲁老夫子那里所得甚多。当文坛无知者攻击鲁迅的时候，他写过这样的诗句：

> 醉眼朦胧上酒楼，彷徨呐喊两悠悠。
> 群氓竭尽蚍蜉力，不废江河万古流。

郁达夫的旧诗很好，气韵仿佛从唐人那里流来，鲁迅在他那里感到了中国读书人无伪的存在。他们之间的唱和，社会的情怀广远，思想的厚度一看即知。看似文字游戏，而时代深层的意象，都历历在目。虽然他们都是新文学的作家，就国学根底而言，也是那些遗老遗少的文人所不及的。

鲁迅遗风录

3 郁达夫：国难声中忆鲁迅

有一次，郁达夫在回答记者询问的时候说："在目下的中国作品中，以时间的试炼来说，我以为鲁迅的《阿Q》是伟大的。"①他常常以西方作家对比鲁迅，《萧伯纳与高尔斯华绥》里就说："在我们中国，幸喜还有一位鲁迅先生，可以和萧伯纳对对。"②几年后在讨论中国的散文时，他对鲁迅有过逼真的描述：

> 鲁迅的性喜疑人——这是他自己说的话——所看到的都是社会或人性的黑暗面，故而语多刻薄，发出来尽是诛心之论：这与其说他的天性使然，还不如说是环境造成的来得恰对，因为他受青年受学者受社会的暗箭，实在受得太多了，伤弓之鸟惊曲木，岂不是当然的事情么？在鲁迅的刻薄的表皮上，人只见到他的一张冷冰冰的青脸，可是皮下一层，在那里潮涌发酵的，却正是一腔沸血，一股热情；这种弦外之音，可以在他的小说，尤其是《两地书》里面，看得出来。③

从创造社营垒出来的郁达夫，本来是浪漫派的拥护者，自己的身上多有感伤的成分，遇见鲁迅的峻急、幽默之文，和温情有趣之人，完全被俘虏了。他向郭沫若等人推荐鲁迅，并未被一下子接受。后来

---

① 　郁达夫：《本书编辑说明》，见《回忆鲁迅·郁达夫谈鲁迅全编》，上海文化出版社2006年版，第5页。
② 　郁达夫：《萧伯纳与高尔斯华绥》，见《回忆鲁迅·郁达夫谈鲁迅全编》，上海文化出版社2006年版，第77页。
③ 　郁达夫：《鲁迅与周作人的散文》，见《回忆鲁迅·郁达夫谈鲁迅全编》，上海文化出版社2006年版，第86页。

创造社、太阳社诸人抨击鲁迅、郁达夫，反证了他们与世俗不同的价值。鲁迅觉得郁达夫无创造社团体的毛病，脸上没有创造气，那是可爱的地方。他们彼此欣赏，都快意于自己与世间的特殊距离。因为真，且有济世之梦，在鲁迅看来，这些都是人性难得的一面。

鲁迅所讨厌的士大夫气、绅士气、官气，郁达夫身上都没有。他的看似颓废的样子，实则有人性的美。同为留学日本的人，郁达夫伤感的记录多多，荒诞之笔里有深深的绝望。他因为意识到祖国的落后，又遭到诸多歧视，内心有着改造社会的冲动。受到自然主义与私小说影响，郁达夫的作品忧郁症的成分很重，有人认为具有颓废派的特点，并非夸大之谈。《沉沦》写留学生在日本的生活，完全没有掩饰，将生理的感受与思想的感受都描摹出来，流泻出死灭般的痛楚。郁达夫对于肉体之痛的呈现，大胆而真实，让旧式读者感到不适。但鲁迅兄弟很爱他的作品，觉得写出了国人的一种真。周作人后来为郁达夫辩护，那理论与鲁迅也几乎是吻合的。

同样是写到绝望，鲁迅的文字却没有郁达夫那样自然主义的情绪，他的克制以及思想之痛的流露，在一种大的境界里，肉欲的感受被升华到精神的层面。这恰是郁达夫缺少的地方。他惊异于鲁迅的洞悉人生的目光，那老练的笔触生出的境界，可以与西方一流的作品比美。1939年，他在《纪念契诃夫》的文章里说鲁迅的创作，与俄国的契诃夫颇为接近，深刻、幽默、短峭中流动着人间爱意。郁达夫如此定位鲁迅的价值，既有自己的审美尺度的因素，也有道义上的因素。在抗战的紧要关头，他的表述背后，有大的关怀于斯。

不妨说，郁达夫的敬佩鲁迅，有一个重要原因，是他在文本里读出克服赢弱精神的强力。他承认自己柔嫩，失败感过于浓烈。《沉沦》

鲁迅遗风录

《薄奠》《她是一个弱女子》，都被苦楚压倒了。而鲁迅则有呐喊的勇气以及斗士风骨。即便写了不幸与悲哀，可文本背后的强大气流，自己哪里有呢？他称鲁迅是中国的美男子和英雄人物，不都是随便的表态。在五四感伤主义的作家里，没有谁像鲁迅那样既写出了感伤，又超越了感伤。在超越性上，鲁迅是病态的知识群落最应学习的人物。

一般论者都认为，郁达夫的颓废感有时候不能控制，导致私生活的散漫和心性的柔弱。他在1933年移家杭州，鲁迅是反对的，以为到了过于安静的地方，未必能够提起精神，而当地旧势力对于他们都有威胁。鲁迅用历史的事实说杭州的阴影可能吞噬青年的意志，郁达夫没有听鲁迅的话，结果"被一位党部的先生弄得家破人亡"。鲁迅那句"何似举家游旷远，风波浩荡足行吟"，告诉他从狭小的安逸中走出，都是善意的警告。①

鲁迅的预见，后来得以验证。郁达夫不断念及于此，那种悔愧之情，也是有的吧。无论生活还是创作，鲁迅的选择，都有其深的道理。在郁达夫看来，鲁迅晚年走向左翼，可能与克复知识分子的软弱性的努力有关。走出象牙塔，到十字街头，是真的知识人的必然的选择。而郁达夫后来走向抗战之路，也有类似的意味。

在编辑《奔流》的时候，鲁迅曾让郁达夫翻译过屠格涅夫的《哈姆雷特与堂吉诃德》，那文章描述过两类知识分子的形象。郁达夫对于知识阶级的话题很有兴趣，知道在面对社会与历史的时候，他与鲁迅都在从事着艰难的工作。因为是知识阶级的一分子，就不能没有济世的精神，因为济世，则不能不做牺牲的准备。在国家遭难的年月，

---

① 周振甫：《鲁迅诗歌注》，浙江人民出版社1980年版，第48页。

知识分子的使命是一清二楚的。

反侵略的战火燃烧的时候，郁达夫到前线写过一些报道和文章，他在武汉、江西、福建都逗留过。1938年底，郁达夫到了新加坡，在那里开始编辑《星洲日报》副刊，刊发了大量抗日的作品。他那时在远离祖国的地方，不断关注着故土的时局，与鲁迅夫人及左翼友人，保持了密切的联系。在抗日的日子里，他念念不忘的是鲁迅先生。看到知识界的情况，郁达夫很是焦虑，觉得在国难当中，鲁迅的价值深远，应被不断提及。他在一篇文章里，专门讨论了鲁迅的价值：

> 上海在最近，很有些人在提出鲁迅风的杂文体，在现在是不是还可以适用？对这问题，我以为可以不必这样的用全副精神来对付，因为这不过是一个文体和作风的问题。假如参加讨论几十位先生，个个都是鲁迅，那试问这问题，会不会发生？再试问参加讨论者中间，连一个鲁迅也不会再生，则讨论了，也终于有何益处？[1]

在新加坡不断提及鲁迅的名字，其实有着他自己的焦虑。他觉得，新的知识阶级空缺，造成新的业绩殊难。抗战的时期，国人的精神的团结与健康，显得异常重要。鲁迅作为国民精神的向导，有不可取代的价值。文化工作者要补课的，就有鲁迅遗产的继承问题。

在那些不安定的日子，他陆陆续续写完了纪念鲁迅的长文《回忆鲁迅》，这里披露了一些鲁迅积极参加抗日的细节：

[1] 郁达夫：《几个问题》，见《回忆鲁迅·郁达夫谈鲁迅全编》，上海文化出版社2006年版，第118页。

鲁迅遗风录

一二八沪战发生，鲁迅住的那一个地方，去天通庵只有一箭之路，交战的第二日，我们就在担心着鲁迅一家的安危。到了第三日，并且谣言更多了，说和鲁迅同住的三弟巢峰（周建人）被宪兵殴伤了，但就在这一个下午，我却在四川路桥南，内山书店的一家分店的楼上，会到了鲁迅。

　　他那时也听到了这谣传了，并且在报上看见了我寻他和其他几位住在北四川路的朋友的启事。他在这兵荒马乱之间，也依然不消失他那种幽默的微笑；讲到巢峰被殴伤的那一段谣言的时候，还加上了许多我们所不曾听见过的新鲜资料，证明一般空闲人的喜欢造谣生事，乐祸幸灾。

　　在这中间，我们就开始了向全世界文化人呼吁，出版物公布暴敌狰恶侵略者面目的工作，鲁迅当然也是签名者之一；他的实际参加联合抗敌的行动，和一班左翼作家的接近，实际上是从这一个时期开始的。[①]

　　抗战期间，许多左翼文人对于鲁迅的思路颇为清楚。他们一个共同的特点是，个人与国家相关，但权力者与民众不同。日本侵略者与日本平民有别，同样，中国权力者与百姓也有界限。战争开始的时候，军人与百姓的职责不同，各有分工。周扬提出"国防文学"的时候，鲁迅有所保留，就是因为这个口号没有反映大众的精神。在战争年代，民众与国家利益有统一的地方，但民众与权力者亦有区别。民众利益大于权力者的利益。如果权力者体现了民众与国家利益，那会得到高

①　　郁达夫：《回忆鲁迅》，见《回忆鲁迅·郁达夫谈鲁迅全编》，上海文化出版社2006年版，第31页。

度的认可，反之则会得到另一种反抗。郁达夫在回忆鲁迅的时候，其实折射出那一代人的国际主义的眼光。

不独郁达夫，我们在茅盾、巴金、萧军、萧红、胡风等人的抗战文章里，都可以感受到那一代知识人在大是大非上与鲁迅相似的态度。而漂流在北平的台湾作家张我军等人对于鲁迅的追思，亦可见其作为抗日的精神资源，在那时候起到的作用。国难当头，小布尔乔亚的那些遗存已失去分量，左派的殉道感，与中国固有的道德精神是有许多一致的地方的。

整个抗战中，鲁迅被知识界一再提及，是值得分析的现象。1938年，重庆召开纪念鲁迅逝世二周年的会议，台静农就引用鲁迅"中国唯一的出路，是全国一致对日的民族革命战争"的话，作为那时候知识界的口号。在民族危亡之际，鲁迅的作用，是别的知识人无法代替的。民族独立与自由，仰仗的是具有精神自由元素的知识人的能量。在世界反法西斯的运动里，具有世界主义色调的鲁迅遗产，几乎成了新的文明的代表。

郁达夫深深知晓其中的内涵，他也成了鲁迅遗产忠实的阐释者。晚年的郁达夫，在新加坡做了大量的善事。郁飞、郑子瑜、郑远安都有相关的回忆文章，介绍了那时候的活动。郁达夫协作过陈嘉庚的工作，还担任过"星华文化界战时工作团"团长，援助过被日本人抓捕的侨领，做了常人不能做的工作。1945年，郁达夫死于日本军人的屠刀之下。消息传来，如雷惊天，这位至死都保持了中国知识分子的气节的作家，用生命完成了一个大写的人字。鲁迅的灵柩上覆盖着的写有"民族魂"的旗帜，也可以用来覆盖在郁达夫的灵柩之上。

夏衍在谈郁达夫时说，他不拘小节，但是大节，是宁死不屈的。

鲁迅遗风录

从这可看出那一代文人评价历史人物的一种尺度。抗战，乃中国历史悲壮的一页。新文化运动中的那一代作家，大多经受了考验。像郁达夫这样的人，与鲁迅有相似的地方是，在受辱的世间，以自己的真，反抗一切奴役之路。个体困顿的时候，以逆俗的文学抗之，冲破的是伪善的思想之网；国家蒙难，用生命殉道，忘我于悲壮的苦路中。对内，珍视生命的价值；对外，毫不保留献出爱心。以非常人之举而表平常之心，恰恰有精神的伟大。说这也是鲁迅传统的一部分，也是对的吧。

4

许寿裳遗墨

世上误解鲁迅者，往往以为其心胸褊狭，喜怒无常，似乎不可接近。自鲁迅逝世后，敬仰他的一些人，也多只强调其"横眉冷对"的一面，把先生塑造成近于不食人间烟火的圣人。这其实均离鲁迅的世界甚远。误读与曲解，延伸了无数年，未曾间断。而反对他的人，为数也不少，我曾编过《被亵渎的鲁迅》一书，将攻击他的文章汇成一册，当代青年人如细读一遍，便可知理解先生之难。其实，鲁迅在日常生活中，随和的地方很多，系难得的真性情中人。周作人很了解其兄的这一个性，在鲁迅逝世二十周年的时候，曾写过一篇《鲁迅的笑》，描绘了鲁迅对于友人和青少年和善的笑容。我觉得周作人此文很是中肯，比鲁迅在世的最后十年间，他谈及长兄的所有文字均公允，是实在的表达。鲁迅的平易的一面，友善的一面，终于被揭示了出来。我想，写此篇文章时，周作人的心态，也多少有些自悔之情吧？当年也恰恰是他与亲哥哥结怨分手，误解之深，一时难拔。亲兄弟尚且如此，世人要真正进入鲁迅的真实世界，岂不更难？

但鲁迅一生中是交过许多挚友的。老年的、中年的、青年的均有；政坛的、学界的、文人圈的，可谓多矣。我翻阅先生的书信集，常常把目光落到许寿裳那里，便觉得两人确乎情同手足，从留学日本开始，一直到生命结束，交往之多、之深，时间之长，都是值得回味的。如要了解鲁迅内心最真切的一面，看看他与许寿裳之间的通信，便可略知一二了。

鲁迅遗风录

许寿裳生于1883年，绍兴人，字季黻，也作季茀、季市，号上遂。他与鲁迅相识，是1902年。那时两人同在东京的弘文学院，鲁迅在江南班，许寿裳在浙江班。因为是同乡，年岁相仿，且性情相投，两人日常便交往甚多，遂成挚友。我们现在欲了解鲁迅的早期留学生活，许寿裳后来留下的几本回忆录，是最权威的资料。周作人对此，也持肯定态度。因为那些叙述，填补了鲁迅生平史料的一些空白。

许寿裳引起鲁迅的好感，是为人的忠厚。他性情温和，老诚，办事认真。许寿裳则觉得鲁迅个性很强，善解人意，更主要的，是智慧过人。在远离祖国的日子里，他们曾相依为命，甚至同住一起，鲁迅个性中的深刻的一面，许寿裳较为理解。所以此后各个时期，两人均交往频繁，虽时常各居一地，不在一起，但对彼此的帮助是很大的。

许寿裳眼里的鲁迅，平凡中见出高大，心底是敬佩再三的。1903年，鲁迅把《自题小像》赠与他，此诗不只流露出鲁迅对祖国的感怀心情，亦多少有共勉的因素。那时两个人常跑各种书店，学外文，听讲演，同去跟章太炎学习，彼此心境，颇为熟悉。鲁迅读书有所得时，最愿和寿裳交谈，其中很重要的思想，最先得到感应的，便是这位同乡。所以，如果不是许寿裳后来记录了那段生活，鲁迅早年思想研究，不知要留下多少空白。许多年来，研究者梳理鲁迅遗产，便不得不引证许寿裳的诸多资料，这些都是可信的真言。看许寿裳遗文，可感到鲁迅当年的音容笑貌，其情其态，自然跃出，为弥足珍贵的文字。那文字不是盲从的吹捧，没有伪饰的东西，日常生活中的鲁迅，被许寿裳还原了许多，读之，如暖风吹来，有深切的快意，不了解鲁迅的人，是难以写出的。

鲁迅与许寿裳的友谊，固然有同乡之情，但同道的因素，恐怕最大吧。他去仙台学医，后弃医从文，内心的苦衷都是讲给许寿裳的。1903年，许寿裳编《浙江潮》杂志，最先想到的撰稿人，便是鲁迅，而鲁迅最早编译的文章，如《斯巴达之魂》《哀尘》，就发表于该刊。后许寿裳归国，鲁迅的工作，亦为这位老乡所荐。鲁迅去教育部工作，也得力于许寿裳之推举。他们在教育部期间，友情很深。三一八惨案爆发，两人又同列于被通缉的黑名单。1933年，杨杏佛被暗杀，鲁迅生命亦处危险之中。但先生置生死于不顾，亲赴杨杏佛告别仪式，与他并肩而行的，也是许寿裳。所以，后来许寿裳关于鲁迅创作的分析文字，虽非学术性的，但探源索引，究其原委，都可见出鲁迅的某些原态。例如，分析《阿Q正传》，他便看出国民性的问题，这主题，早在多年前，鲁迅与他交谈中就呈现过。《狂人日记》问世时，用的不是作者本名，可其中流出的倾向和文采，许寿裳便颇觉亲近，疑为鲁迅所作，去信问之，果然应验。因为与鲁迅太熟，性情与爱好相近，所以友谊持续之长，都非他人可比。

有一件事，颇可见两人情谊之深。鲁迅去上海后，以写作为生，无其他收入来源。许寿裳怕鲁迅生活拮据，以南京大学院秘书长身份，向蔡元培推荐鲁迅为该院特约撰述员，每月300元的酬金。这只是他们众多交往中的一件事，其情谊之深，亦非后来周作人所能及的。

许寿裳是爱鲁迅的。他曾与周氏兄弟同住在一起，对周作人，却情感平平。从心里讲，周二先生，学识之大，许寿裳是清楚的，也有佩服的地方。可自从鲁迅与二弟决裂后，许寿裳与周作人便渐渐疏远，而站在了鲁迅一边。在许氏看来，周作人在处理日常事务时，不免糊涂，不及其兄清醒。鲁迅的可爱，在于律己，又时时为他人着想，有慈悲之心。这是大境界，俗人要学，难乎其难。鲁迅是有个性的，与

鲁迅遗风录

4　许寿裳遗墨

许寿裳在一起，也有过争论，发一点脾气，恐亦难免。但因为是为真理的辨析，毫无私见，所以不久便言归于好。许寿裳后来说，鲁迅确有多疑、多怒的一面，但是不为个人利益计，这是他伟大之处。知其不可为而为之，别人不能做到，而鲁迅却执着地去做，愈可显示出他高洁的品性。所以，他们回国之后，许寿裳一直追随鲁迅，以鲁迅的是非为是非，且甘愿为这位兄长服务。鲁迅喜则喜，鲁迅忧则忧，拳拳之情，互渗互感，后人看到，无不为之感叹不已。

鲁迅对友人何尝不是如此？1926年，他去厦门任教，便想起在北京遭窘境的许寿裳，多次向校方推荐，无果，后去广州中山大学教书，也力荐许寿裳去中大，终于成功。他每每有新书问世，不忘赠许氏一册，几十年来，从未间断。许寿裳丧妻、得子，子女上学、婚嫁、生病诸事，鲁迅过问甚多，这些差不多可以从先生的书信中得知一二。许寿裳后来回忆此事，感慨良多，《亡友鲁迅印象记》所述甚详，读此文字，鲁迅亲情的一面、善意的一面，便一目了然。类似这些事，不独对许寿裳一人，和鲁迅有过交往的人，许多都留下了类似的印象。鲁夫子的"俯首甘为孺子牛"，确不是只说在嘴上的。

鲁迅去世后，许寿裳念念不忘宣传鲁迅。我以为他写下的文章，是众多怀念文中，情感最深的。《亡友鲁迅印象记》《我所认识的鲁迅》两书，虽只是薄薄的小册子，而分量，比后来问世的许多大部头的著作，要沉重得多。许寿裳是学者、教育家，一生大半时光，在学校中度过，所以写起文章，学人风骨满溢其间。他是国学根底较好的人，对章太炎的学识，掌握得较深，并著有《章炳麟传》等。他写鲁迅的回忆录，也采用传统治学方式，史德与史实相映于文中，很朴实，也很忠厚，这样的追忆文章，在现代学术史上，殊为特例。他大约是第一个为鲁迅写年谱的人。其所作年谱，凡例简洁，内容翔实，很懂得详略之序，是研究鲁迅最早的入门书。他梳理鲁迅思想，把生平史料与作品分析、治学传统与人生情趣，联系起来。所谈均有所本，不空灵，不浮华，像他的人一样，从无欺于世。他写鲁迅看佛经的故事，与屈原的联系，笔致劲健，思绪深沉，三言两语中，思想的要义便清晰印出。后人写鲁迅，多哲思，带诗意，把鲁迅视为神秘人物。而他则以无华之笔，道先生平凡而伟大的一生，以亲历性取胜，没有先入为主的理念，亦不受社会思潮干扰。许寿裳笔下的鲁迅，是不带集团色彩的。他不像一些"左"倾文人那样凭主观而漫天想象，把不切实的桂冠扣在鲁迅头上，也不像右翼作家，功利性地审视别人。许寿裳以平常之心，记平常之事，那是一颗真诚的心对一位巨人的感受。那里有快慰、有悲苦，亦有感伤。历史的诸多风雨，在他那里变成了永恒。

读他的文章，也感到对鲁迅深刻思想无法清晰把握的无力感，所以他老老实实，不演绎概念，不炫耀己身。人们喜爱他的回忆录，也是他人格高洁之故。所以，许广平在评价他的书稿时说："回忆是不轻的沉痛。幸而许先生能在沉痛中淘净出一些真材实料，为我辈后生小子所不知不见，值得珍贵，而也给热心研究这一时代一个文化工作者的一点真相。就是吉光片羽罢，也弥足珍视的了。除了许先生，我们还能找到第二个人肯如此写出吗？这不但是我私人的感幸。"①

鲁迅最初的译文，是因许寿裳之催而译出的。鲁迅最后一篇文章《因太炎先生而想起的二三事》，也系许寿裳《纪念先师章太炎先生》一文引发而创作的。鲁迅看了许寿裳的文章，便致信这位老友，提出

---

① 　　　许寿裳：《亡友鲁迅印象记》，上海文化出版社2006年版，第105页。

鲁迅遗风录

4　许寿裳遗墨

不同看法，云："见兄所为文，甚以为佳，所未敢苟同者，惟在欲以佛法救中国耳。"① 这语气很中肯，也鲜明，鲁迅不赞成朋友对章太炎的一些意见，认为太炎先生的功绩在革命的一方面，而不是其学术上的东西。这是鲁迅真实的思想，对自己的老友，不掩饰，直率地谈出，可见其耿直磊落之气。鲁迅的绝笔，系于章太炎、许寿裳师生的身上，或许是历史的巧合，但与挚友的缘分，是蕴于其中的。

许寿裳感怀于鲁迅的这一人间情怀，每每思之，便怆然泪下。他在晚年，于繁重的教学之余，为鲁迅研究做了大量工作，其成就，昭然于世，几册著作，已成人间经典，在鲁迅的光芒下，也闪着他的不朽。因终生追随伟人而变得伟大者，许寿裳之谓也。这样的亲如手足的友谊，比"桃源结义"，要更深远得多吧。

晚年的许寿裳，因为精神上的鲁迅基调，职业受损，多次更换自己的单位。后来去台湾，因为宣传鲁迅而影响了自己的工作。这个置身于文坛之外的学人，越来越感受到鲁迅的价值，因为自己经历的一切，都在渐渐证明鲁迅的预言的准确性。

1948年2月18日，许寿裳在台北寓所被人杀害。有云系国民党特务所为，亦传闻是盗贼的阴谋。确切说法如何，至今不明。李何林先生与许寿裳是好友，据他的判断，许先生遭难，可能与传播鲁迅思想有关。在《提供许寿裳先生1948年在台湾被害是政治性暗杀的种种事实》一文中，李何林写道：

　　许先生于1949年6月抵台，不久即开始在台北市出版的

---

①　　许寿裳：《亡友鲁迅印象记》，上海文化出版社2006年版，第43页。

一个比较开明的杂志《台湾文化》上发表关于鲁迅先生的文章，前后一共大约有七八篇，后来集印成一本书叫《鲁迅的生活和思想》。但这中间立刻惹来了党军两方面文武特务的谩骂，以警备司令部参谋长柯远芬为发行人的《正气》月刊上面，首先发表了曾今可化名的文章（曾今可已经不只是像鲁迅先生所说的无耻文人，在台湾还是一个文化特务），说鲁迅这个人怎样坏，怎样坏，至多不过写了一点小说，会骂骂人而已，有什么了不起！你许寿裳不应该因为和他有私交，就乱捧一阵，那害处是很大的，云云。

......

这些文章许先生都看见了，他一概置之不理。他向我说："我既不答复，也不辩解，别人自然看得出他们的下流和无耻！我若理他们，反而抬高了他们的价值。"但许先生并非不曾回答，他的回答是：加紧完成了《亡友鲁迅印象记》一书，于1947年底在上海出版了。那后几段讲到鲁迅先生后半生在上海十年间斗争的情形，取材是如何大胆，写得是如何嫉恶如仇啊！①

李何林的文字，交代了20世纪40年代中国政治的复杂性，而鲁迅传播是冲破障碍才能够实现的。作为一个专制世界的异端，鲁迅的文字以及介绍鲁迅的文章，都成了一种抵抗精神禁锢的符号。那一代传播鲁迅思想的人，其实都冒着一种思想犯的危险，做着艰难

① 李何林：《提供许寿裳先生1948年在台湾被害是政治性暗杀的种种事实》，见《李何林全集》第4卷，河北教育出版社2003年版，第376～377页。

鲁迅遗风录

的精神跋涉。许寿裳用生命书写的文字，延续了鲁迅精神的温度。我读着这位忠厚的老人晚年的遗墨，觉得有悲楚之情在涌动着。先哲远去矣，真情真义却留给了世人，使我们懂得，天底下曾有过这类纯净与伟大。今人因私利而蝇营狗苟于世，面对这样的先人，真的失去了自己的分量。

萧红：草根语境中的鲁迅

鲁迅去世，给许多青年作家不小的冲击。在东京的萧红从报纸上看到鲁迅逝世的消息，完全惊呆了。几个月前，鲁迅与许广平还在上海的家中为她饯行，现在，竟然阴阳两隔，天各一方。她在给萧军的信里表露了自己的哀伤，内心的痛苦，直到回到国内依然没有消失。

在给萧军的信里，她一再提起鲁迅，牵挂的是许广平、周海婴，其间也有对文坛的担忧，信中还提及先生全集出版的可能，一时在焦虑里不能自拔。鲁迅逝世带走了她世间的一缕希望，她知道，在这个世间，再也见不到这样的精神引导者了。

刚刚走进文坛的萧红珍惜着鲁迅给她和萧军带来的一切。几年前，当她与萧军流浪到上海的时候，倘不是鲁迅的辅助，他们可能不会很快被读者发现。晚年的鲁迅在寻找青年同志的时候，来自东北的萧军、萧红给了他不小的快慰。现在看他们与鲁迅的书信往来，流溢着人间的真意，彼此坦率无伪的交流，有一般文人世界所没有的元素。左翼文化的某些特质，也在他们的交往里得到某种注释。鲁迅的父爱感、美的精神、迷人的气息，就那么弥散出来。萧军、萧红得到的关爱，他们一生都没有忘记，乃至到死，他们都在鲁迅无形的光环里。

许多研究者关于他们之间关系的描述都津津有味。现在想来，鲁迅欣赏这两个青年，原因简单，可能是其身上的没有士大夫气和绅士气，天然的美质多多。在为两个青年的作品写序的时候，他赞美了其笔下生动的图卷，泥土里的真魂和"越轨的笔致"，都抵挡了文坛迂

鲁迅遗风录

腐之风。这是中国青年殊为难得的存在。在多难的年代，保持一种清醒的激情和淳朴精神，在鲁迅看来，都是大不易的。

晚年的鲁迅与萧红、萧军的通信较频，话题涉及人生的方方面面。除了文学话题，言及处世之道，都是肺腑之言，世故的东西是没有的。鲁迅的真，不亚于青年人，他欣赏野性的目光、率性的举止、颇解人意的心，都让两个青年感动。鲁迅的风趣让他们印象殊深，那些笑话中的人生哲理，似乎都可以作为文本的一种注解。通信里的家常话，其实也含有审美的理念。鲁迅在处理日常生活时表现的情调，对创作者而言，都有趣得很。在短短的接触里，他们已经意识到，自己遇见了可以终身依傍的灵魂。

萧红在鲁迅那里所得甚多，那个平凡者的不平凡的精神磁石般吸引着她。艺术的熏陶之外，人格的力量是无形的。年轻的萧红不久遇到了婚姻上的麻烦，当她的生活出现危机的时候，只有跑到鲁迅家里，才能得到一种精神的抚慰。梅志回忆说，萧红有一段时间总去鲁迅那里，因为心情不佳，希望在鲁迅那里得到帮助。[①]梅志亲眼看到萧红在许广平面前的焦虑的样子，鲁迅与许广平给予她的，是难忘的友爱。对萧红而言，鲁迅是精神的向导，如果不是这向导的出现，也许她会毁灭在黑暗的路上。在后来的文字里，她一再流露出这样的情感，其情之深，成了后世研究者最爱驻足的地方。

1937年初，回到上海的时候，她迫切地去了鲁迅的墓地，在一

---

① 　在《"爱"的悲剧——忆萧红》中，梅志写许广平对于萧红的感受，许广平对梅志说："萧红又在前厅……她天天来一坐就是半天，我哪来时间陪她，只好叫海婴去陪她，我知道，她也苦恼得很……她痛苦，她寂寞，没地方去就跑这儿来，我能向她表示不高兴、不欢迎吗？唉，真没办法。"（《梅志文集》第4卷，宁夏人民出版社2007年版，第30页。）

首诗里，记载了自己的心绪：

跟着别人的脚迹，
我走进了墓地，
又跟着别人的脚迹，
来到了你的墓边。

那天是个半阴的天气，
你死后我第一次来拜访你。

我就在你的墓边竖了一株小小的花草，
但，并不是用以招吊你的亡灵，
只是说一声：久违。

我们踏着墓畔的小草，
听着附近的石匠钻刻着墓石，
或是碑文的声音。
那一刻，
胸中的肺叶跳跃起来，
我哭着你，
不是哭你，
而是哭着正义。

你的死，

鲁迅遗风录

总觉得是带走了正义，

虽然正义并不能被带走。

我们走出墓门，

那送着我们的仍是铁钻击打着石头的声音，

我不敢去问那石匠，

将来他为着你将刻成怎样的碑文？ ①

　　鲁迅之死给萧红的刺激，与她生活里得到的刺激同样巨大，这些在其文本里都可以找到一二。而鲁迅主题在其作品中形成的影子，带来了另一种美。我们现在讨论鲁迅的遗风，萧红提供的元素很多。一个新的传统的形成，恰恰是由这样纯真的作家去践行的。

　　我曾经想，鲁迅那么丰富、深远，而他的同代人描述他的时候显出表达出的有限。他一生的悲哀在于，无论友人还是敌人，大多都没有还原出其动人的一隅。人们对于他的崇仰，多是从其文字中来的。那文字颠覆了我们的奴隶的思维，给人以解放的朗照。而面对先生的青年人，只有萧红、徐梵澄在日后的文字里才表达了其日常生活灵动的面影。萧红以感性的画面、传神的笔触，把鲁迅复活在非鲁迅体的文字中，而徐梵澄则点染出鲁迅的智性，其文字背后是悠远的精神之光，尼采的、释迦牟尼的、马克思的幽灵都得以复原在一个立体的世界里。这两个学生对于鲁迅的忠诚与坚守，演绎出鲁迅传播史迷人的乐章。

①　　萧红：《拜墓》，见《萧红全集》下，哈尔滨出版社1991年版，第1192页。

每一次读萧红的《回忆鲁迅先生》，我都会为那深海般的阔大的情思所感动。在流动的词语里，远去的鲁迅重返眼前，那么鲜活、形象，好像面影里的温度乃至呼吸都能感到。萧红写出了鲁迅日常里的有趣与温情，在漫谈的话语中，鲁老夫子缓缓走向我们，好像慈祥的父亲：

> 鲁迅先生的笑声是明朗的，是从心里的欢喜。若有人说了什么可笑的话，鲁迅先生笑的连烟卷都拿不住了，常常是笑的咳嗽起来。
>
> 鲁迅先生走路很轻捷，尤其使人记得清楚的，是他刚抓起帽子来往头上一扣，同时左腿就伸出去了，仿佛不顾一切地走去。[①]

这样的文字极为感性，几乎没有理性的投射，看不到概念的因素，通常所说的意识形态色彩全无踪影。人们怀念鲁迅的时候，往往有许多概念的叠加和一些流行的语气。但是在萧红笔下，先生是活生生的可爱的存在，这个满蕴智慧和爱心的老人，散出无量的光泽，以至寒冷在那个世界里消失了。在与先生对视的片刻，她内心的阴影，也随之飘散而去。

她描绘自己心目中的导师，有孩童的眼光，一些画面像木刻作品般神透骨髓，在笑谈之间，指示着精神的深。鲁迅的文本里常有鬼气，几十年后日本学者丸尾常喜先生在自己的专著里讨论过这个话题，我猜想也含有萧红的回忆录里的启发吧。萧红说到鲁迅谈鬼的片段，极

---

① 萧红：《回忆鲁迅先生》，见林贤治编注《萧红十年集》下，人民文学出版社2009年版，第529页。

鲁迅遗风录

为有趣：

鬼到底有没有的？传说上有人见过，还跟鬼说过话，还有人被鬼在后边追赶过，吊死鬼一见人就贴在墙上。但没有一个人捉住一个鬼给大家看看。

鲁迅先生讲了他看见过鬼的故事给大家听：

"是在绍兴……"鲁迅先生说，"三十年前……"

那时鲁迅先生从日本读书回来，在一个师范学堂里也不知是什么学堂里教书，晚上没有事时，鲁迅总是到朋友家去谈天。这朋友住的离学堂几里路，几里路不算远，但必得经过一片坟地。谈天有的时候就谈得晚了，十一二点钟才回学堂的事也常有，有一天鲁迅先生就回去得很晚，天空有很大的月亮。

鲁迅先生向着归路走得很起劲时，往远处一看，远远有一个白影。

鲁迅先生不相信鬼的，在日本留学时是学的医，常常把死人抬来解剖的，鲁迅先生解剖过二十几个，不但不怕鬼，对死人也不怕。仍旧是向前走的。

走了不几步，那远处的白影没有了，再看突然又有了，并且时小时大，时高时低，正和鬼一样。鬼不就是变幻无常的吗？

鲁迅先生有点踌躇了，到底向前走呢？还是回过头来走？本来回学堂不止这一条路，这不过是最近的一条就是了。

鲁迅先生仍是向前走的，到底要看一看鬼是什么样，虽然那时候也怕了。

鲁迅先生那时从日本回来不久，所以还穿着硬底皮鞋。鲁迅先生决心要给那鬼一个致命的打击，等走到那白影旁边时，那白影缩小了，蹲下了，一声不响地靠住了一个坟堆。

鲁迅先生就用了他的皮鞋踢了出去。

那白影嗷的一声叫起来，随着就站起来，鲁迅先生定眼看去，他却是个人。

鲁迅先生说在踢他的时候，他是很害怕的，好像若一下不把那东西踢死，自己反而会遭殃的，所以用了全力踢出去。

原来是个盗墓子的人在坟场上半夜做着工作。

鲁迅先生说到这里就笑了起来。

"鬼也是怕踢的，踢他一脚就立刻变成人了。"

我想，倘若是鬼常常让鲁迅先生踢踢倒是好的，因为给了他一个做人的机会。[①]

这个回忆的片段，有着诸多的画外之音。鲁迅的个性、胆识、情趣，都于此表露无遗。先生留给萧红的是刻骨而深切的影子，那里善意的笑和睿智的目光，辐射着佛一般的光泽。而那影子背后幽深的情思，以及覆盖文坛的热能，恰可以把那些受难者引领到灿烂的精神高地。

在萧红最初的文字里，我们看不到一般文人的影子，她的写作完全天籁般存在着，让人聆听到土地里的声音。鲁迅在阅读了《生死场》后，赞美了她的内觉中呈现的艺术景致。那些关于东北土地的生

① 萧红：《回忆鲁迅先生》，见林贤治编注《萧红十年集》下，人民文学出版社2009年版，第529页。

鲁迅遗风录

生死死的故事，在碎片的光泽中折射着众生之态。沉睡的土地里的人与事，以神异的方式被一次次复原出来。萧红在自己的作品里，打开了通天之门，人间世的不幸与苦难，被感性之笔一次次写出。乡民的存在被生命之流冲刷的时候，隐蔽在词语背后的无量的苦乐、悲欣，都在以绘画的方式得到一种再现。

鲁迅逝世后，萧红的创作开始发生显著的变化。其特点是一步步走进左翼的世界，自觉呼应着鲁迅作品的主题。《小城三月》《呼兰河传》对于乡俗的描摹，以及人性的打量，似乎从《呐喊》那里走来，鲁迅笔下死灭的影子和无望的目光，一遍遍被重复着。那些散文化的走笔，荡出情感的涟漪，给无声的东北吹出一曲哀歌。萧红野性的笔触终止于动情的柔情里，没有因为无望而走向死灭。这恰是她与鲁迅相通的地方。《呼兰河传》在处理人与命运、自然与信仰等方面，都有不俗之笔，那些天才的笔意下流动的风雷之声，回荡的恰是鲁迅《呐喊》的主旋律。

在死意缠绕的乡下，萧红唤出地底的精灵，将那些爱意的暖流撒在灰色的路上。即便寂寞与肃杀遍地蔓延，而作者的幽思也出没其间，我们看到了善良之思的涌动。这是鲁迅暗示的一种抒情的传统，萧红写作中呼应的常常是这个传统。但是后来她发现，这个传统仅仅是鲁迅传统的一部分，另一种幽默、讽刺的写作，也是其生命力最为强大的一隅。她同时发现了作为小说家的鲁迅和作为杂文家的鲁迅是不同的。聂绀弩这样记录了萧红的感受，萧红对他说：

> 鲁迅的小说的调子是很低沉的。那些人物，多是自在性的，甚至可说是动物性的，没有人的自觉，他们不自觉地在

那里受罪，而鲁迅却自觉地和他们一齐受罪。如果鲁迅有过不想写小说的意思，里面恐怕就包括这一点理由。但如果不写小说，而写别的，主要的是杂文，他就立刻变了，从最初起，到最后止，他都是个战士，勇者，独立于天地之间，腰佩翻天印，手持打神鞭，呼风唤雨，撒豆成兵，出入千军万马之中，取上将首级如探囊取物！即使在说中国是人肉的筵席时，调子也不低沉。因为他指出这些，正是为反对这些，改革这些，和这些东西战斗。①

在与聂绀弩的交流里，萧红展示了她惊人的悟性，看到存在的多面性与立体性，认知便不会偏颇。应当说她的目光十分敏锐，一下子就捕捉到了鲁迅的迷人之点，意识到了其文本多样的可能性。这些也可以解释她后来写作变化的缘由。作为参照，鲁迅是拥有多种可能性的存在，以一个固定的模式套用其思想，难得真意。她也试图追随其影，不断变换写作的思路。比如幽默与讽刺，当是一种智者的遗风，她决定沿着这样一条路走下去，希望给自己带来一次全新的体验。

《马伯乐》是试图模仿《阿Q正传》的一次尝试，这部没有写完的长篇留下了刻意追随鲁迅的痕迹。小说对于一个来自青岛基督教家庭的青年马伯乐的描写，对于抗战时期流浪内地的人的性格，做了有趣的勾勒。《马伯乐》一反过去抒情的笔致，幽默与讽刺的笔意控制着整个节奏。萧红在这里萌生了勾画国民性的冲动，不再沉浸在个体世界里，而是以冷静之眼打量尘世间可笑的存在。在萧红笔下，马伯

---

① 　　聂绀弩:《序〈萧红选集〉——回忆我和萧红的一次谈话》，见《聂绀弩全集》第9卷，武汉出版社2004年版，第73～74页。

鲁迅遗风录

乐集中了抗日期间某类国民可笑、可恨的劣根性，嘴里满口正义词语，现实中则自私自利，没有责任和担当。无聊、虚伪、精神胜利法、阿Q式的自我逃逸，都在人物形象里得到某种展示。马伯乐的家庭有基督教的色彩，孩子的名字也很西化，似乎是现代文明的表征。但他最为显著的特点是没有信仰，少信而多庸，逃离现实，苟且偷生，则成为其人生的特点。马伯乐看不上社会风气，常常发出痛恨国民的感叹："真他妈的中国人。"但他自己不也恰属于其中的一员？一面是卑怯无聊，一面又堂而皇之地大言不惭。他是语言的巨人，看不惯社会的一切，却连自己都不能养活自己，靠着祖业和妻子带来的钱度日。只有空想而无实践之力，乃是抗战时期一部分人的形象的写真。

显然，讽刺的笔法不是萧红所长，但作品的诸多细节给读者带来不少的笑声。令我们惊奇的是作者对于错愕、怪诞的人与事的理解，在抗战的紧张的年月，不去正面写前线的战斗，而是刻画国人在国难中的拙劣之态，很易让人想起《阿Q正传》以及鲁迅杂文里的风格。在萧红的潜意识里，社会批评与文明批评，是自己最为薄弱的一环。《马伯乐》是对于自己的一次精神的补课，她在鲁迅的参照里，试图写出难以理喻的人的荒唐性。

《马伯乐》对于社会的失望和人间的批评，集中了五四那代人才有的思路，看得出作者思想的飞跃。她暂时抛弃了己身的困苦和不幸，把视线投入紧张的社会中去。一个自己并不熟悉的世界吸引着自己，其实也是通过社会性的表达，克服自己孱弱的精神吧。

早在1935年1月，鲁迅在给萧红、萧军的信里，就谈到讽刺与批评的价值："留情面是中国文人最大的毛病。他以为自己笔下留情，将来失败了，敌人也会留情面。殊不知那时他是决不留情面的。做几句不痛不痒的文章，还是不做好。"①鲁迅的话背后的隐藏，萧红一定是意识到了，她觉得直面人生才是写作的要义。《马伯乐》是一部不留情面的书，萧红以自己并不擅长的手法，继续着鲁迅杂文、小说里的主题。在萧红看来，如果自己还沉浸在自己的小世界，也许还将重复以往的调子。她渴望一次出离旧我的选择，在陌生之中叩问存在的隐秘，那真的也是一种自我的艰难超越。

与《马伯乐》相反的一部作品《突击》，是萧红在战时所写的话剧，表现了东北农民抗战的故事。组织起来的人用大刀抵抗日本人的侵略，杀死鬼子无数。这部话剧的另类声音，可见萧红作为左翼作家的另一种尝试。她试图写出民族脊梁的人物，在壮烈的场景里，血腥中映现的情思，可以发现她内心的某种期待。在这里，民俗中神秘的信仰和国家理念成为一体的存在，作者试图把传统的元素和时代的趣向结合起来，写作的深层诉求，完全没有先前朦胧表达感受的痕迹了。

这是萧红的一个变化。她在出离己身的感伤的路上，靠着一种信念，把自己一点点从绝望之途救出。这种由凝视己身经验向凝视他人经验的过渡，使她与鲁迅传统有了亲昵的联系，而一面也失去了自己的优势。她还正处于消化鲁迅思想的时期，要达到艺术上的出神入化的阶段，在那个时候还不太可能。

萧红在去世前的两年，创作极为活跃。《呼兰河传》《马伯乐》都表现了其特有的才华。那时候在婚变的痛苦里，她靠着对社会的关怀和对人道的关怀，支撑着羸弱的躯体。而哑剧《民族魂》的写作，则成了她死前对于鲁迅的最后敬礼之作，其认知的深与格局的大，看出

---

① 　　鲁迅：《350104致萧军、萧红》，见《鲁迅全集》第13卷，人民文学出版社2005年版，第329～330页。

鲁迅遗风录

作者内心蕴含的非凡的智慧潜能。

全景地描绘鲁迅的精神形象，对萧红来说是一种渴望。鲁迅去世后，她一直有一种描述鲁迅生平的冲动。对她来讲，《回忆鲁迅先生》还太碎片化了。无疑，哑剧《民族魂》是克服这种碎片化的努力。剧本集中体现了萧红对于鲁迅理解的全部能量，许多神妙之思在此回复往还。阅读这个剧本，你可以感受到她对于鲁迅文本和思想的熟知程度。她的灵魂穿越于鲁迅的篇什，构建了一个丰满的诗学世界。此剧是纪念鲁迅诞辰六十周年的纪念性作品，风格上一反过去的模式，天才的感悟力、传神的场景，形成对于鲁迅精神的特殊注解性文本。

许多人试图把鲁迅形象搬到舞台上，然而连连失败。萧红知道，自己的写作面临着一种困难。以传统的方式无法进入鲁迅的内心，而用一般的社会学理论描述先生，亦是凡庸之举。萧红以梦一般的现代主义方式，找到了寻找进入鲁迅世界的入口，那个全景式的展示方式，对应的恰是一个开放的世界。以哑剧的形式，表达不能表达的表达，流动的是没有声音的声音。那时候的作家能够做到此点者，唯此一人。

在四幕剧情里，萧红运用了写意的笔法，把鲁迅与其小说里的人物都还原到舞台上来。第一幕是受难者与鲁迅的出场，单四嫂子、祥林嫂、孔乙己等纷纷登台，展示的是灰暗中国的情形。第二幕是鲁迅弃医从文，以及不怕鬼的故事，渲染的是鲁迅的个性元素。第三幕是鲁迅与形形色色的对手的关系，尤其是士绅阶级与极左青年的形象的设置，再现了鲁迅四面受敌而不屈的精神。第四幕是鲁迅的国际主义情怀及其思想对抗战的影响力，鲁迅精神的阔大被精彩地设计着。这四个点，成了立体化的鲁迅精神世界的支点，萧红以自己特有的方式，把鲁迅的意义定格在历史与现实的交汇线上。

我们很难想象萧红写作此剧时的心情，文本里深层的寄托，衔接着作者的新梦。这部奇特的剧本常常有萧红式的智慧的表达，人物出场犹如幻灯般诡异，电影蒙太奇的手段也得以运用。剧本整体显得异常开放。作者是在世界主义层面展示鲁迅的精神价值的，与今天的民族主义者浅薄的理解不同，萧红看到了鲁迅的世界性意义。比如鲁迅对于反法西斯主义的态度，他与青年殉道者的关系，他与极左的青年的对视，都有深的隐含。你不妨说这是作者与鲁迅的一次全方位的对话，她把远去的灵魂与自己的焦虑之心放在一个对话的空间，作品的厚度是渐次展示出来的。

在生活最为困顿的时候，萧红的《民族魂》成了一种信仰式的写作。以一个人与一个民族的关系看中国的未来，其实有着走出苦海的梦想。鲁迅的精神填补了自己的精神空白，她在那遗产里吸取了自己最需要的存在。在左翼作家里，她可能是最深味鲁迅文本的人。冯雪峰、胡风在批评的路上衔接着鲁迅传统，聂绀弩等人模仿着鲁迅的杂文投入文化的激流，而萧红则在小说与戏剧里，传递着《呐喊》《彷徨》《野草》的能量。有趣的是，这部哑剧抵达的是鲁迅精神哲学的微妙的部分，整个作品带有《野草》式的清寂与荒凉，一面也有地火喷吐式的灿烂之光。从一个受难者和寻梦者的角度打量那个远去的存在，萧红感到了罕有的快意，那在没有路的地方突围的选择，也与彼时的许多青年的信仰颇为相似。

许多年过去，当2016年春天话剧《大先生》在北京的舞台上演的时候，批评家郭娟在自己的文字里提到了这两部作品的联系。《民族魂》与《大先生》在底色上都衔接着鲁迅《野草》的背景，而一个是左翼的文本，一个带有现代青年自由精神的表达。如今读《民族魂》这部哑剧，便感到鲁迅之于后来文学特有的逻辑链条。后来的剧作家描述鲁迅的时候，在精神的灵动的表现里，超出萧红的不多。而李静的《大先生》在韵律上的确与萧红的笔墨略有相似，虽然思考的路径恰恰相反。一些作家笔下的鲁迅形象过于实体化，往往形成套路。萧红的价值在于，她以多致的、碎片化的、诗意的形式，将鲁迅置于神秘的精神景深里。有虚有实，有远有近，明的有明的格言，暗的有暗的谶语。我们看到了非确切化的确切，反逻辑的逻辑。在跌宕起伏中，这部哑剧错落有致地再现出鲁迅的丰富性。

在这个意义上，萧红关于鲁迅的叙述，开启了一条神灵相遇而默默对话的新途。这个经验长期被漠视掉了。在对于鲁迅的各类言说里，她贡献的是一部草根青年挑战性的文本。那是汹涌的、奔腾不息的精神之川，萧红写出了一个生生不息的鲁迅，那个被升华的存在不是被固定在概念里的，而恰恰在尼采式的激流中。我们在此读出两个灵魂的对白，还能看到无声的中国的微茫的烛光，穿透无边的寒夜。这些都非刻意的雕琢，乃心灵自然流溢的存在。谁能说这是墨写就的呢，我们在此感受到热血的流动。

八十年间，对于鲁迅的言说，基本被学者、批评家垄断了，作家的声音微乎其微。而在作家中，草根者的调子遮蔽尤其多，乃至没有受到关注。鲁迅的存在源自对于本质主义的消解，他在无意义中看到意义的选择，在本质主义话语中未必得到有效的阐释。而那些流行话语之外的草根者的表达，常常在精神的直观里贴近了现象的本然。萧红是读解鲁迅最为用功的人之一，她撇开一切前定的语义，在生命的体味里呼应鲁迅文本里的价值，倒是呈现了某种开放性。虽然对于鲁迅更为幽远的精神景观尚难抵达，而她确乎成了民间知识分子延伸鲁迅话语的实践者。后来的民间思想者在面对鲁迅遗产的时候，多少都有一些萧红的心态。

萧红的剧作是传播鲁迅遗风的年月里动人的一幕。然而命运给萧红的时间太短了。1942年，也就是《民族魂》写就后的一年多，这位天才的作家病死于日寇炮火包围的香港医院，年仅31岁。她的谜一样的存在，不断被后人以不同的方式叙述着。这个天赋非凡的作家，给我们留下了无数感伤的故事，也带来无尽的话题。但对我来说，萧红的感人之处不仅仅是书写了流浪的青年的困顿、不安乃至幻想，重要的还在于，她以生命的方式，续写了鲁迅传统的重要的章节。黯淡的月亮落下，思想的太阳升起。萧红生命最为亮丽的一隅，融化在那澄明的朗照中。

6

胡风：批评家的良知

梅志去世后，我和胡风的子女一起商量，在北京鲁迅博物馆建立了"胡风文库"。这是梅先生的生前遗愿，也算对历史的一个交代。当这个文库建立起来后，发现资料甚多，有的完全出乎我们的意料。一是藏书甚众，俄苏文学译著各种版本均有。二是信件丰富，20世纪30年代至50年代的许多文人的关系、审美品位、政治现象、文人恩怨，都交织于此，是研究现代文学不能不关顾的资料。而且，在藏品里，还意外发现了400余幅抗战版画作品，让美术界大为惊异。这些遗物永远保存在北京鲁迅博物馆，成了弥足珍贵的文学史料。

我自己读胡风甚晚，对于他，只知道其个性鲜明，不愿意与他人为伍，且有左派文人共有的凌厉之风。后来陆续阅读相关的史料，才知道他身上包含的问题的复杂性。如果深入其间，当能嗅出四五十年代中国文坛的气味，解析40年代以来中国革命的经验，他留下的文字，都有不可取代的价值。

对胡风来说，他是鲁迅的弟子，一生捍卫导师的遗产，乃责无旁贷的使命。他其实努力做到了此点。但那代价之大，非今天的青年可以想见。鲁迅之后，中国知识界退化的情景，他是一个重要的见证者。而他的批评文字在身后的寂寞，也看出了鲁迅遗产的某些命运。

胡风见到鲁迅是在1925年北大的课堂上，那时候他还是一名预科的学生，内心对鲁迅的印象极深。后来他去了日本，并在那里成了共产主义的信徒。真正与鲁迅有了接触，是在1933年，那时候他们同是左联的会员了。据《胡风回忆录》介绍，他是被日本当局驱逐后到达上海，不久成为左联的宣传部部长。左联时期，他与鲁迅、周扬、冯雪峰、茅盾的交往很多，但趣味在鲁迅那一面。当与鲁迅杂文相遇的时候，他心目中的革命文学的样板，终于清楚起来，在日本时期形成的审美思路得到了定位。不久他写下了《林语堂论》《张天翼论》《五四时代底一面影》。从文章的气味和价值走向看，与鲁迅的思路多有呼应，有的是受鲁迅影响而发的感叹。那时候鲁迅的翻译作品和杂文，他几乎都读过，所谈话题也不出鲁迅的视野之外。他批评林语堂和周作人，建立在马克思主义的阶级意识的基础上，又有一种对知识阶级的滑落的警惕。那些关于契诃夫、卢那察尔斯基、高尔基的笔谈，也恰是因鲁迅的思想而引发的思考。不了解鲁迅的左翼实践，我们可能就不会发现胡风的逻辑起点。从根本层面看，鲁迅给予他的，是一种本原性的启示。

早期的胡风文章，还显得有些紧张、局促，左派的冲动、简单化的幼稚都有。他是带着一种理想的梦加入左翼队伍的。个性较强的胡风很快与周扬等人产生冲突。那原因与对于现实主义文学观理解的不同，具体表现在对《阿Q正传》的理解的两种视角。他与周扬，都试图以马克思的现实主义理论论述鲁迅的文本，但各自的立场不同。这导致后来更大的纠葛。而在关于"两个口号"的论争中，胡风站在鲁迅的一面，与周扬针锋相对，都为后来埋下不幸的种子。这冲突在20世纪50年代初达到高峰，问题的症结许多都与如何理解鲁迅遗产有关。胡风对鲁迅的某些精神的坚守，都是惹下牢狱之灾的导火索。

现代的批评家中，一直坚持新文学的基本精神，且有马克思主义情怀的，人数不多。鲁迅去世后，在文学上一直带有社会关怀和主观能动感的批评家，胡风应算是一位。胡风的批评意识，是从鲁迅的左翼传统那里过来的，与周扬、夏衍的出发点有诸多区别。即不是都是简单地从政党文化出发阐释马克思主义，有时候是从学理与社会改造的学术意识出发的一种精神文本，这种批评实践催促了抗战文艺最为动人的果实，也因为他的理论的建立，保持了鲁迅精神的一种延续。

鲁迅批评意识里的战斗理念，其实一直存有对旧文人气的警惕，另一方面，也含有对革命教条的警惕。对于民族解放，鲁迅是毫无保留地支持的，这对胡风的影响很深。胡风的批评文字带着鲁迅式的风格，在20世纪三四十年代，延续着知识分子的斗士品格。但他面临的问题比鲁迅更为复杂，这使他有一种多样的纠葛。一方面，是认可现代的革命，全身心进入救亡与启蒙的运动。另一方面，在运用马克思主义理论时，多从独立思考而来，在革命的话语里保持了相对自由的阐释空间。他在批评文章里，继续着与京派文人的较量，马克思主义的峻急之风在文本里常可看到。对他而言，摸索一条左翼文学的批评路径，乃革命文学能否成熟的一个标志之一。

在大的方面看，胡风的批评实践，与周扬有许多一致的方面。所不同者，乃对审美过程的一些方式理解殊异。同样讲现实主义，胡风警惕自然主义和公式主义，《文艺与生活》一书对此有详细的交代。胡风的批评思想，是针对国民党一党统治而发的，也有对左翼领导的诘问。他认为对国民党而言，文学的表达存在一个自由的宽度问题，而对左翼作家来说，则最大程度表达民间的希求、保持大众文化的热度。所以，与鲁迅一样，他认为在文学批评的实践里，坚持对生活的本原的关注，保持自己的个性，乃首选的要务。马克思主义的价值，就在于对于社会公正与人间创造性的坚守。

鲁迅遗风录

从胡风所留下的文字看，他对于文坛的把握相当的自信，敏锐的目光能够穿透对象世界形成惊人之论。胡风有时候不免主观和武断，但思想植根于现实的问题意识，显得鲜活、生猛。他对于苏联的理论有生吞活剥的时候，一些观点的引用显得盲从。但因为出发点是从现实中来，又有自己的针对性，打动人心的地方总是多的。他的许多思想，都是在抗战中形成的，一面是对鲁迅思想的沿袭，一面是对现实的敏锐观察。对左派思想者而言，他有许多别人没有的思想。比如《论持久战中的文化运动》既肯定了毛泽东的《论持久战》的纲领，又能够有创见性地提出多文化中心的问题，而在论及普及与提高问题时，又能够提出"改造自己"的问题。"我们把'抗战'和'建国'连在一起，那就说明了中国底民族战争不能够只用武器把'鬼子'赶走了事，而需要一面抵抗强敌，一面改造自己。"①这里提出的改造自己，既有国民性的难点，也有知识分子的内在主观性的思考。背后还是五四思想的一种延伸。在《论民族形式问题》一文里，胡风没有隔断革命文学与五四文学的关系，而是把二者联系起来，认为"大众化不能脱离五四传统，因为它始终要服从现实主义的反映生活、批判生活底要求，五四传统也不能抽去大众化，因为它本质上是趋向着和大众的结合"②。这同瞿秋白对于五四的批评形成反差，与周扬也有所不同。虽然这一面窄化了对五四的理解，一面也为革命文艺的正当性找到理论根据。

从这个思路可以看出，胡风坚守了鲁迅思想的核心点，没有把革

① 　胡风：《论持久战中的文化运动》，见《胡风评论集》中，人民文学出版社1984年版，第51页。
② 　胡风：《论民族形式问题》，见《胡风评论集》中，人民文学出版社1984年版，第216页。

命文艺和五四精神完全割裂开来。在革命理论建立的过程，许多左翼理论家强调多写光明，少谈黑暗。左派批评家的许多言论几乎都在否定鲁迅早期的作品，以为过时了。1943年，胡风在《现实主义在今天》一文中写道：

> 说鲁迅所写的都是否定环境下面的人物，因而判决作者鲁迅底心里没有光明，即使这种"理论家"真是这样想的，也不过说明了他自己是黑暗势力面前的懦虫而已。我也赞成写光明，也反对以出卖奇谈的心情暴露黑暗，然而，光明从哪里来？肯定的人物在哪里？光明从黑暗底重重包围下面透露出来，肯定的人物在否定的人物底围攻里面，在被否定的人物底虐杀下面，在和否定的人物的搏斗中间！这是现实，这是真理。只有这样，作家所写的才是真实的人生，才能够教育读者，鼓励读者。只有这样，读者读了作品再回到人生战场的时候，才不致以为作家是在发昏或者骂作家是说谎的骗子。[①]

应当说，这是胡风文学观的重要一面。他所主张的革命思想在搏斗的过程里而非在结论的公式化的表达中，在后来的相当一段时间里成为错误甚至反动的言论。而这里的重要理念，其实恰是从鲁迅那里得来的。

延安整风运动之后，鲁迅的暴露黑暗面的精神实际上受到遏制。

[①]　胡风：《现实主义在今天》，见《胡风评论集》中，人民文学出版社1984年版，第322～323页。

胡风在远离延安的地方发表的言论，多少意味着有些不合时宜。就精神气质而言，他是接近诗人状态的那类文人，早期的文章带有感性直观的许多因素。他的日本生活背景，使其没有摆脱左翼幼稚的痕迹，焦虑里有战斗的冲动。与茅盾、周扬不同，他的精神底色有一点非逻辑化的因素。对于先验的存在不以为然。在回忆录里，他明确表示不喜欢茅盾的小说，以为那是格式化的存在，好像社会生活已经有了纯然的答案。在审美方面，他偏爱契诃夫、高尔基的作品，对于鲁迅的爱，是一看即知的。所以，他既有非革命时代的人道主义文学的经验，也有革命文学的理论经验。但这个理论，也是进行中的理论，在急剧变化的时代，生活永远比批评思想更为丰富多彩。

胡风的一些评论显得激昂、急促和果决，内心的丰富感受与自己的信念多致地交织在一起。那篇评论艾青的作品《吹芦笛的诗人》，描述精当，凝视间唤出无量的内觉；《〈生死场〉后记》谈论萧红的时候有慧眼之光；点评曹禺的剧本，能够从混乱里看出时代的病象与剧本作者间复杂的关系；而介绍路翎的长篇作品，则提炼出一个时代的精神隐含。和鲁迅一样，他很少关注已经成名的作家，而是发现、扶植未名的青年。从《七月》《希望》这两本杂志，走出许多新的面孔，而且多为纯然的诗人、小说家，没有伪道学的样子。我们现在看阿垅、绿原、牛汉、路翎与他的交往，都有诸多动人的故事，而他们在战乱时代对于家国、诗文的理解与认识，鲜活而有魅力。他对于作者的要求，是作品应从现实中来，但"反映现实，并不是奴从现实"①。这里，作家的主体，显得异常重要。丧失了自我的写作，其实也就成了思想

---

① 　　　胡风：《一个要点备忘录》，见《胡风评论集》中，人民文学出版社1984年版，第134页。

的简单化的传声筒。

对路翎的发现，使胡风看到了对茅盾的文学弊端的某种克服。这种克服恰是鲁迅传统的昭显。路翎没有一般左翼作家那样公式化地处理生活与信仰的问题，而是在一种自我挣扎里，走出黑暗的王国。作者内在的精神暗示，胡风是颇为赞许的：

> 走向和人民深刻结合的真正的个性解放，不但要和封建主义做残酷的搏战，而且要和身内的残留的个人主义的成分以及身外的伪饰的个人主义的压力做残酷的搏战。这是这一代千千万万的青年知识分子应该接受但却大都不愿诚实地接受，企图用自欺欺人的抄小路的办法回避掉的命运。[1]

胡风把路翎的创作，归结为鲁迅的传统：

> 在我们底文艺领野，矗立着鲁迅的大旗。在今天，人会承认这面大旗，人更乐于自命是这面大旗底卫士，但人却不愿意或不肯看见，多年以来（包括鲁迅在生的时候），虽然也有一些来自这个传统的真诚的战斗，但却有多少腐蚀这面大旗，淹没这面大旗的乌烟瘴气。什么是鲁迅精神？岂不就是生根在人民底要求里面，一下鞭子一个抽搐的对于过去的袭击，一个步子一印痕迹的向着未来的突进？在这个意义上，不管由于时代不同的创作方法底怎样不同，为了坚持并

---

[1]　　胡风：《青春底诗》，见《胡风评论集》下，人民文学出版社1985年版，第93～94页。

鲁迅遗风录

6　胡风：批评家的良知

且发扬鲁迅底传统，路翎是付出了他底努力的。①

　　苦难者、寻路者、搏击者这些意象，给胡风带来的快感自不用提。这些鲁迅身上的形影，在他的召唤里一次次出现在青年友人的文字中。这种美学倾向都不是政党文化里的倾向，而是草根左翼的自发的精神形态的外化。鲁迅晚年的孤寂、不安与坚韧性，在多年后的文学界，只有胡风等少数人依然恪守着。革命的话语已经变化的时代，他的不变的态度，使其与同侪的对话也越来越艰难了。

　　只要我们看周扬、何其芳这些批评家对于胡风的看法，及其之间的论战，胡风的批评观已经面临短路的危险。在这些批评家看来，胡风的批评有很强的个人主义味道，没有站在党的核心价值领域思考问题。胡风的思想，还在自由的学术讨论的层面，他过于强调主观战斗精神的审美意识，至少在主流左翼批评家那里，已经是过时的存在了。

　　1941年，胡风在香港的时候，写过一篇文章《如果现在他还活着——纪念鲁迅先生逝世五周年》。在对抗战最为胶着的时候，他对于国民党统治下的文化，有着自己的忧患和不安。文章说：

　　　　而现在又如何？只准许歌颂胜利，只准许歌颂中国文化又古又好，中国人民又自由又幸福，只准许对于敌人底弱点和没有出路"加以嗤笑，聊快一时的人心"……而他却在十几年以前就已说过了："中国倘不彻底地改革，运命总还是日本长久，这是我所相信的……"。那么，照现在的一些

① 　　胡风：《青春底诗》，见《胡风评论集》下，人民文学出版社1985年版，第94页。

112

"君子"底战法，看来好像新奇但其实是"古已有之"的国粹战法，他怎样能够不被归到"新式汉奸"或"第五纵队"一类里面去呢？说不定还是这一类底首领，也就是首犯罢。①

懂得鲁迅价值的胡风，在大的悲切里，感受到鲁迅价值在当下的危险性。国民党领导抗战的过程里，鲁迅的思想已经变为危险之物，对国民性的攻击在大的救亡里遭到汉奸罪名的袭扰，而其唤起国人觉醒的思想意识，已经为强大的政治所压抑。这带来胡风的两难。一方面，你必须加入解放的队伍，为沦陷的人民出血出汗。另一方面，人民身上有着奴役的创伤，疗救创伤则亦为艰苦的工作。既面对着自己的敌人，也要面对自己同营垒的人们，知识分子的使命，就这样纠葛在复杂的语境里。

胡风比许多批评家更敏锐意识到危机的到来，与其说是鲁迅命运有夭折的可能，更重要的是自己的命运面临更大的苦楚。他在与舒芜、绿原、阿垅等人的交流里，一再流露出那种忧虑。而他在主持的杂志上一再坚持鲁迅的传统，也就显得意味深长了。

不是停留在关于鲁迅的教条的理解层面，而是像鲁迅那样工作、战斗，从无路的地方走路，是他的选择。他在青年的作家那里发现知识人难能可贵的品质，哪怕是一点点，也都打捞出来，将其置于文坛的特别之所。这正是鲁迅当年做的工作。他在鲁藜那里发现了天真的美，从冀汸的诗作里读出"开朗的胸怀以及醇酒一样的战斗气魄"②，

---

① 胡风：《如果现在他还活着——纪念鲁迅先生逝世五周年》，见陈鸣树、刘祥发编《胡风论鲁迅》，黄河文艺出版社1985年版，第41～42页。

② 冀汸：《血色流年》，复旦大学出版社2004年版，第274页。

于绿原的文字中体悟到童贞中的时代之声。在许多评论青年作家的文字里，他一再强调那些在残酷里发出的美音的价值，那些无名青年所散发的光泽，照亮了日寇铁蹄下的国土，以蒸腾着热气的爱，抚慰受伤的躯体，使众生看到蠕活的希望。这与鲁迅何其相似！而那时候的批评家，有此风骨者，真的寥寥无几。

胡风的批评文章有杂文的犀利之调，也受到俄苏文学理论的诸多暗示。鲁迅所译的苏俄作品特别是文学批评的作品，他都熟读过。较之瞿秋白、冯雪峰，胡风的文字很少有指导性的味道，带有更为现实的策略。这些与熟知日本文学有关。他似乎比左联的许多批评家，更带有东亚知识人的气质。即便生吞活剥过苏联的理论，而一旦面对实际，其文字便有了鲜活的问题意识，把棘手的问题转化成一种面对困境的思考和行动。他的行动性的语言比起那些理论上的舶来品更带有一种有效性，那些关于萧红、路翎、田间、艾青、曹白、邱东平的批评文字，在现代文学史上的分量，是同时代的其他人无法企及的。

在左翼之路日趋狭窄的年月，胡风以溅血的笔触拓出一条带光的新路。那些文字像刀子一般，刻在时代的语林中。鲁迅传统对于他，是一种创造性的财富，乃生命的哲学，不属于思想的教条，而是前行者的向导。对此，他受到误解乃至伤害的时候，内心不改的，依然是这种信条。20世纪50年代，他被投入牢狱中的时候，在给妻子梅志的信中，说出这样的话：

> 在我说来，读鲁迅不是为向后看，反而是为了吸取向前看的力量。对于大多数党员文化战士和进步文化人，鲁迅是过时了，应该被跨过去，或已被或正被跨过去，这是不用说

的。但像我这样的人，还绝无资格把鲁迅埋掉的。[①]

他在狱中所写的文字，依然带着鲁迅气质中的某些元素，其间流露出的悲壮之情，给左翼文学带来具有思想史意义的内涵。我们读了，都会心神俱动，仿佛圣徒般地卷动着爱意的风，让迷途中的人有了一种反观自我的冲动。左翼文学批评后来沦为简单化的歌咏，那与马克思主义的本质是相距甚远的。胡风是以自己的生命的燃烧而思考问题的独行者。他在一个将自我封闭化的左翼体系里撕裂了精神的链条，让能动的光泽过来，流动的风过来，还有无限的创造潜能过来。仅此，他获得了非凡的价值。

与其他鲁迅弟子不同的地方是，胡风周围形成了一股力量，他引来了一群有才能的作家。这些青年人的创作似乎可以解释其思想的基本状况。以阿垅为例，他与胡风的交流，涉及当时文坛诸多流派、审美精神，一些评价能够注解他们的追求中折射的精神标准。以鲁迅为核心的精神的扩散，是在相当程度影响了三四十年代青年的品味的。

阿垅在胡风那里受到的启迪十分深切，也有比胡风更为诗化的内心冲动。最初与胡风交流的时候，他就说鲁迅胜过《新月》一群人。这是精神涵养深厚的效应。在集体话语增多的时候，他发现，鲁迅的价值不是在集体中实现的，"什么地方去找战友？又怎样防备敌人？但，鲁迅先生曾一个人走来！"[②]阿垅面对的生活和工作极为艰巨，在军队里默默工作时遇到诸多焦虑的事情，信仰、婚姻、育子、创作

[①] 胡风：《狱中书简三则》，见张晓风选编《胡风书话》，北京出版社1998年版，第8页。

[②] 阿垅：《1942年6月25日自重庆》，见陈沛、晓风辑注《阿垅致胡风书信全编》，中华书局2014年版，第81页。

都缠在困苦之网中，仿佛有黑色的热流袭扰，不得安稳。他形容自己精神库里有普罗米修斯、堂吉诃德、哈姆雷特、阿Q的碎片，这些使其不断地挣扎，以至怀疑自己能否突围出去。[①]这样的时候，他对自由派文人悠然的样子自然存在不满，而何其芳那种借用他力泯灭自己感受的选择，对他来说也是一个问题。在阿垅看来，刘西渭、何其芳都有教条的地方。一个在上海的书斋里的人，断不能了解前线抗战的情况，只用浪漫的词语形容路翎这样的作家，可能不得要领。而何其芳对于知识分子的简单化转化的理解，也有皮毛之相。

在他们多年的通信里，知识分子的自我改造问题，时隐时现于文本之中。阿垅与胡风都意识到，用一个普遍的概念，大概不能够涵盖所有的人的精神，人的主体的千差万别，也体现了思想的差异。当冯雪峰告诉他知识分子软弱性的问题时，阿垅却以自己的经验告诉胡风，这些年的选择，是充满战斗精神的：

> 雪峰先生曾经诚恳地和我谈，关于知识分子底软弱性的问题。从他看是对的。从我自己，这几十年的路，却不如此。我底顽强别人看不到，坚韧甚至牺牲临头，我都曾经心如清水。[②]

这里交织着那一代人的困惑，自从鲁迅从俄苏文学文化里意识到知识分子的自我更新的话题时，左翼的中国文人在理解上就生出歧义。

---

①　阿垅：《1946年5月17日自重庆》，见陈沛、晓风辑注《阿垅致胡风书信全编》，中华书局2014年版，第127页。

②　阿垅：《1949年9月6日自杭州》，见陈沛、晓风辑注《阿垅致胡风书信全编》，中华书局2014年版，第251页。

在激越的革命年代，听从命令与保持个性，走向大众与重构自我，都是不能不面对的课题。胡风与友人们是真的在思考这样的问题。他们在紧张的环境里的忧思，对于那时候的审美理论的建立，都有不小的促进作用。左翼批评的多样化可能，是胡风和他的朋友们一同完成的。

可以这样说，胡风、阿垅、路翎、绿原等人，精神里一直存在着鲁迅所描写的《野草》式的焦虑、独思与自我突围的渴望。这种状态，以京派文人的心境无法疗救，而与何其芳、周扬式的自信也相距甚远。革命的过程，不是万事大吉的狂欢，而是不断克服自我的有限性，且以主体的燃烧弥补有限性的自我生长。在胡风的那些人中间，相当长的时间没有意识到这种状态的重要性。夏衍晚年在《懒寻旧梦录》里表达了这种觉醒，但是他比胡风、阿垅等人整整晚了三十年。

从那代人的思想看，在加入左翼队伍的时候，实际上存在这样的挑战：一是要不要保持怀疑精神的问题；二是要不要发挥自己的主体潜能的问题；三是要不要在诗文里坚守独特性的问题。马克思主义是一座灯塔，在遥远的地方吸引着、照耀着自己。问题是去那里的路，不都是平坦大道。胡风、阿垅等人的困惑以及他们解除困惑的搏斗过程，其实是走向鲁迅的过程而非走向斯大林主义的过程。他们是经由鲁迅的路而踏上马克思主义的路程，因了鲁迅的存在，胡风与自己的友人，没有为简单化的革命概念所覆盖。我们现在读他们的文字，就丰富性而言，是其同时代的一些人所不及的。

无疑，胡风是在鲁迅逝世后，少有的在文学批评领域恪守鲁迅审美精神的斗士。他的不断出击和不断受挫的过程，也显示了鲁迅在文坛流行话语中逐渐弱化的过程。在剧烈的社会变动中，知识分子的话语没有在一个恒定的基点上持续下来，鲁迅话语体系开始为另一种思维所代替。胡风意识到这个转变的危险性，他从未名的青年那里寻找着鲁迅话语的延续者，并与自己一同行进在灰暗的原野。在许多革命批评家看来，鲁迅的思想没有完成，还在变化中，用新的思想代替他无可厚非。但胡风以为，中国社会与人的精神，总体没有变化，坚守鲁迅基本的价值态度殊为重要。因了这个信念，他遭受了巨大的灾难，从50年代初到70年代末，完全失去了自由。在这个漫长的日子里，鲁迅被时代叙述成另一种人物，那个被意识形态化的鲁迅，让胡风目瞪口呆。他心目中的导师，并非如此，但在漫长的监狱生活里，他如何再去申辩呢？

不能不说，胡风是一个夭折了的批评家。他的命运书写了左翼文学黯淡的一页。这期间我们看到了鲁迅传统延伸的艰难，以及左翼文学之路日益狭窄的过程。到了80年代，中国的文学批评才开始容忍鲁迅风的再次出现，虽然还显得那么脆弱、可怜，但胡风的某些思想在青年一代批评家那里已经成为常识。鲁迅巨大的存在，被后人分解在不同的领域，胡风在批评界所留下的遗产，衔接的也恰是鲁迅审美意识中重要的节点。关于此，历史留下的教训，真的太深刻了。

7

曹聚仁的眼光

现代报人中，文章最有学问家气质的，是曹聚仁先生。我上大学时，第一次读到他的那本香港版的《鲁迅评传》，就欣喜不已。那样的书，久在学院里的人，是写不出来的。他多半生的职业是记者，所以文字平易晓畅，没有八股气；又因为做过教授，是章太炎的弟子，文字背后有着厚重的东西。我们读他的《文坛五十年》《鲁迅年谱》等书，就能看到不凡的气象。但他的书，在学界并不被推崇，不知道是什么原因。一些文学史对他只一笔带过，语焉不详，大概因为他是边缘人，反而将其在现代文化史上的作用忽略了。

曹聚仁是个颇有才气的人，在知识界很有些人缘。鲁迅生前，和许多人闹翻过，跟他却关系不错。周作人困顿的时候，是曹氏伸出援助之手，帮了周氏的大忙，此可见其为人的态度。最重要的是，他是个公允持重的人。看他写鲁迅，以及现代文学史话，没有趋时之调，是经受住时间考验的。许多年后，重读他的书，仍有亲近的一面，我以为这正可证明他的价值。

有一段时间，我曾集中读过曹聚仁关于学术史、书话一类的杂著，很有意思。在文字上，除周氏兄弟外，他大概是最有味道的作者之一。曹聚仁是个杂家，有通才，谈天说地时，往来自如，没有隔的感觉。他把学识和美的感受，融到了一起，其小品文的分量，是很重的。在学理方面，他有激进的一面，我想这大概受到了章太炎的影响。但对诸种文化思潮，他却有着另类的态度，没有帮派的痕迹。在某些方面，他很类似胡适和周作人，不以个人的喜好而臧否他人，注重学理，心胸开阔，能跳出文化漩涡，远距离地打量人生。那境界，就非同代人能相提并论了。

所以，我一直把他看成现代文化史上自由的书写者。当泛意识形态话语扭曲着我们民族的语言时，他却保存了五四的余热，身上散发着自由的光泽。我读他晚年的文字，有时就想起他的同代作家们，那些人，还能葆有平淡、纯情的已甚为寥落，像郭沫若、茅盾，已早就换了笔法，曹禺、老舍，也不复有早年的激情了。但曹聚仁，仍立在那儿，在复杂环境里恪守着自己的园地。他的特殊的角色，给中国的文化，也带来了特殊的意义。

章太炎的弟子们，大多把治学看成人生的要义，像黄侃、钱玄同等人，一辈子待在书斋里。还有一类，如周氏兄弟，走出了唯学问之路，成为新文化的宿将。曹聚仁走得更远，最终成了报人，做起一般学问人不屑去做的工作。其实好的报人，倘通于学问，又有社交之才，对社会的贡献，可能更大。曹聚仁就是个例子，他走出了学堂，在战火和商业社会里穿梭着，手中做的，仍是学问，正是所谓走着的读书者。走着读书的人，书卷气便稀少，灵动的东西就多了。我一直觉得，小品文的高手周作人，倘若一生中也有过曹聚仁式的经历，晚年的文章大概不会掉到书袋里。鲁迅的文字好读，就因为阅世很深，由阅世而走向阅史，总比从书斋到书斋更有张力，百余年的文学史，已向世人暗示了这一点的。

曹聚仁一生，编辑了大量报刊，对新文学是有贡献的。他做过《社会月刊》、《太白》半月刊、《芒种》半月刊的编辑，还曾主编过著名的《涛声》半月刊，到香港后又任过《南洋商报》《循环日报》的主编，差不多和左中右的文人均有来往。其文章带着中性色彩。周恩来后来重用他做两岸统一的工作，不是没有道理。曹氏根本上是个史家，因为做了报人而成了社会活动家。他的文化观可以说是罗素式的，谙于国学而不拘泥于古人，对新文化很有感情。1927年后，五四阵营分化成多种团体，文人似乎均钻进小圈子里，唯曹氏仍自立门户，和鲁迅派、周作人圈子、胡适集团，都关系不错。他自认站在"史人的地位"，对20世纪的党派之争，殊无兴趣。但他又不是一个骑墙的人，文字有着凌厉之气。例如与聂绀弩的争吵、和林语堂的矛盾，等等。他喜欢鲁迅，我以为是心灵相通的缘故，但又不以鲁迅的是非为是非。这样的人，不仅文坛上少，史学界也不多见。在那本著名的《文坛五十年》中，谈及怎样看待新文学历史时，曹氏写道：

> 坊间所已出版的，虽有王瑶的《中国新文学史稿》和蔡仪的《中国新文学史》，但都带有宣传的倾向；他们只能转述官方几个主持文艺政策的人的话，缺少自己的意见。（在台北出版的《文艺月报》，连载了王平陵的《现代中国文艺史》，其人，文艺修养本来很差，加以替国民党宣传部做号筒，所以写更不成。）笔者不能自己，才发奋执笔，把真实史事写了一点以待来哲。我相信政治斗争的空气，一定会慢慢澄清的；到了将来，也如北宋新旧党之争，化为陈迹，王荆公的道德文章以及他的政治主张，就为后人所认识，那些颠倒黑白评蔑荆公的话，犹如过眼烟云，不复存在了。①

---

① 　　　曹聚仁：《文坛五十年》，东方出版中心2006年版，第379～380页。

鲁迅遗风录

7　曹聚仁的眼光

这样的观点，发表于20世纪50年代初，为大陆、台湾地区所没有。我记得80年代末，人们谈论重写文学史时，其实正是无意间重复曹聚仁的观点。他比大陆的作家和学人们，早醒悟了几十年。茅盾、巴金、王瑶、唐弢等从那段历史中走过来的人，在80年代前，均未说过这样的话，此可见他的特别。

晚清以来，中国最重要的学人、作家，他都涉猎过，品评时常发奇思，有些见地，是让人称道的。例如，历史人物评价的标准，此乃公说公有理，婆说婆有理，很少有统一的时候。曹氏于此，看得很开，这一点也很类似周作人，头脑并不发热，有平常之心在。谈到对鲁迅这样的人物评价，他就冷静得多，敬重之中，又有反诘，没有神化和圣化的因素。论新文化中人，他有一个观点，很是生动，不妨引来：

"人"，这种有血有肉的动物，总是有缺点的；一成为文人，便不足观，也可以说，他们的光明面太闪眼了，他们的黑暗面更是阴森；所以诗人住在历史上，几乎等于神仙，要是住在我们楼上，便是一个疯人。谁若把文人当作完人看待，那只能怪我们自己的天真了。笔者曾经听了一位年轻女孩子的说法，她对徐志摩的诗，那么爱好，因而对那位多才美貌的陆小曼，心向往之。她曾经想到上海去看她，要我替她介绍。我就笑着说："还是让她的美妙印象住在你的理想中吧！"陆小曼风华绝代，那是三十年前的事；而今这个久困芙蓉帐的佳人，早已骨瘦如柴，七分像人三分像鬼了。我们谈文坛掌故，虽有人如其文的说法，却也有人不如其文的事实；文人中虽有朱自清、叶绍钧这样恂恂儒者，但狡猾阴险的也并不少。文人气量之狭小，那是"自古而然"的。①

　　曹聚仁在此表现了他知人论事的敏锐，和迂腐的书生比，是多了精神上的力度的。鲁迅在品评人物时，也有这类意见，看法和大学里的教授，往往相左。何以故？有复杂的生命体验在吧！阅人与阅史，有相似的一面，深与浅，大抵与修养、经历有关。

　　我认为曹聚仁是"动"的史家，不是"静"的学者。说"动"，乃因为他亲临过许多重大历史事件，写过《中国抗战画史》《现代中国通鉴》这样的书，他是带着史家的意识，参与到历史中的。在一篇文章中，他说"八一三"淞沪会战爆发，便走出了书房，做了战地记者。一上战场的时候，就有了写战史的愿望。他对历史有着特有的看法，和流行的观念往往大异。支撑其思想的，是其深厚的国学根底及罗素式的文化观。他从现实的体验中，总能找到历史的根据，又从历史出发，去看现实的问题。例如写抗战史吧，他眼里的世界就很别致，和大陆、台湾地区流行的书很不一样。这大概受到了章实斋《文史通义》的影响。曹聚仁很佩服章实斋，他说："通义，便是一种自己的主张，不为一切成见、一切学说所囿，而能'言之成理，持之有故'的一家言。"②曹聚仁的《现代中国通鉴》《文坛三忆》《鲁迅评传》等，就有点这类意味，虽深浅不同，但见解之鲜活，是让人难忘的。历史在他笔下，不是死的资料，而是流动的河，且时常滚动着浪花，这在别人那里都难以做到。

　　史家治学，看重的是"博"与"通"，曹聚仁于此，是很留意的。

---

① 　曹聚仁：《文坛五十年》，东方出版中心2006年版，第386页。
② 　曹聚仁编著：《书林三话》，生活·读书·新知三联书店2010年版，第129页。

他在国学上，确有博的一面，记得鲁迅遇到难解的古词的出处时，曾求教于他，他很快就解决了。章太炎讲学时，曹聚仁做的记录，完整准确，令章氏大为惊叹。所以，晚年的时候，曹聚仁在香港批评港人在国学知识上的错处，均一针见血，显示了大家风范。另一方面，曹聚仁不满于《四书》《五经》的单一解读，主张随着时代的变迁，思想也应有所进化，究天人之际，通古今之变，所以不泥于古物，精神在新学之中。我们读他谈及五四以及英法俄文学的文章，是可感受到这一点的。由古及今，顺随进化，这使他成了一名通才。

他一生著述颇丰，史学、传记、散记，共70余种，像《中国学术思想史随笔》《蒋经国论》《中国史学ABC》等，很引人注意。在众多著作中，我最看重的，是他的鲁迅研究。其中的一些观点，是站得住脚的。关于鲁迅，他有三本书，先是史料集《鲁迅手册》，又推出《鲁迅评传》与《鲁迅年谱》，这三本书分别问世于1937年、1956年和1967年。其中那本《鲁迅评传》，我认为是治现代史的人必读之书。迄今为止，为鲁迅作传的中国人，只有曹氏一人和鲁迅有过交往，且情谊不浅。曹氏写鲁迅，有可信的一面，常态的东西多，既贴近性格，又超于象外，文笔可见周作人式的气象，不过于文饰，有举重若轻的潇洒感。《鲁迅评传》最动人之处是写出了鲁迅平凡中的伟岸。曹聚仁在史料、观点上，没有极端的东西。其精彩处是"述学"的文字，但"评介"的部分则缺少哲思，对鲁夫子内心的把握，还停留在直观的层面。他的知识储备还是从章太炎那儿来的，虽又多了西洋的一些传记意识，但因为对形而上学殊乏研究，探究问题时，就显得平淡。不过，周作人对《鲁迅评传》评价很高，1958年5月，在致曹聚仁的信中，周氏说：

《鲁迅评传》现在重读一过，觉得很有兴味，与一般的单调者不同。其中特见尤为不少，以谈文艺观及政治观为尤佳。云其意见根本是虚无的，正是十分正确。因为尊著不当他是"神"看待，所以能够如此。①

周作人把曹聚仁是看成同道的。虽然曹氏的文化观点与周氏尚有差异，但在基本的学术层面，有相通之处。两人都是杂家，崇尚无党派的自由，看问题和当时的流行色，颇为相反。在历史的隧道间穿行的时候，他们均有挥洒自如的一面。中国文人，直陈历史时，要么因褊狭而走极端，要么因学识不逮而得之皮毛。像他们这样的人，真真是凤毛麟角，很少见到的。

我一直觉得，在中国，看一个人的文学观怎么样，只要了解一下他对鲁迅与周作人的态度，便能体味些什么。拥鲁的与拥周的，常常势不两立，大有泾渭分明之态。很少有人将二者沟通起来。其实二者是硬币的两面，分裂开来，倒把问题复杂化了。曹聚仁亲鲁迅，亦近知堂，在二周间，均有爱意。何以故？恐怕不能用中庸之道解释吧？谈到二周，曹聚仁说：

近三十年的中国文坛，周氏兄弟的确代表着两种不同的路向。我们治史的，并没有抹消个人主义在文艺上的成就；我们也承认周作人在文学上的成就之大，不在鲁迅之下；而其对文学理解之深，还在鲁迅之上。但从现在中国的社会观

① 周作人：《知堂书信》，华夏出版社1994年版，第297页。

鲁迅遗风录

7 曹聚仁的眼光

点说，此时此地，有不能不抉择鲁迅那个路向的。^①

我以为这就是史家的目光，视野是阔大的。章门弟子中，和周氏兄弟关系较密的有多位。但自从周氏兄弟决裂后，许寿裳成为鲁派，钱玄同变为周作人密友，朋友间也疏远起来。但曹聚仁平和中正，又不偏袒一方，这在那代人中，是有趣的现象。从这个角度看曹氏的特别性，当能走进他的心灵深处。

清代的学者焦循谈治学时，很推崇有个性的人。他说："人各一性，不可强人以同于己，不可强己同于人。有所同必有所不同，此同也而实异也，故君子不同也。"^②曹聚仁就是个与世俗不同的人。我们现在谈他，一是感叹他的史家境界，二是他的自由精神。我记得过去有人曾叹，最是文人不自由，用以感慨知识者在社会尴尬的角色。但曹聚仁是个异类，他在冷战初期自由往来于香港、内地之间，是独立于意识形态之外的人。他的书籍既不感伤，又不绝望，有乐天的、健康的东西在。中国文人，最缺少的，乃朗然的精神，曹聚仁给后人做了种示范。看他的书，阴郁的东西渐少，明快的调子加多，这正是"君子不同"的例证。

---

① 　　曹聚仁：《文坛五十年》，东方出版中心2006年版，第193页。
② 　　曹聚仁：《中国学术思想史随笔》，生活·读书·新知三联书店1986年版，第312页。

8

面对鲁迅的老舍

谷林先生在《鲁迅纪念会》一文中，记载了1945年重庆知识界的片段，其中老舍在纪念鲁迅会议上的演说，很是形象：

这中间又看到坐在靠里角左侧的老舍，把一卷纸交他的邻座，示意往右传递。传到了坐在靠右壁角落的胡风手里。胡风接过，低头细看，很看了一阵子。然后伸长脖子点点头，又把卷子传还到老舍那里。老舍发言原来是这次纪念会的大轴节目：朗诵一章《阿Q正传》。说是"朗诵"，可是发音不高，也没有那种诗人气派的抑扬顿挫，显得沉静温雅，字句却分外清晰，听来直沁心脾。几十年过去了，犹若余音绕梁，平生机遇，仅此一遭。《阿Q正传》当然无人不晓，小说里原本很有些逗乐传神的描述，意想不到的是经过老舍口传，旧篇恍成新章，一座尽靡，无不开怀绝倒。朗诵之前，老舍还有一段开场白，也是同样声腔，反响热烈如潮，他说罢一句，满座便是一阵哄笑，老舍则纹丝不动，少俟片刻，再以平易的音调，续发蕴藉的妙绪，递推以迄终场。[1]

① 　　谷林：《淡墨痕》，岳麓书社2005年版，第66～67页。

鲁迅遗风录

8　面对鲁迅的老舍

从传神的回忆里我们能够领略到老舍对鲁迅精神的呼应。他的幽默的心理与惆怅的笔触，因为鲁迅的存在而延伸出奇异的流彩。鲁迅之于后来文人的心史，由此能够找到一点痕迹。

老舍没有见过鲁迅。他成名后不久，就有人说他的小说受到了鲁迅的影响。其实他接触鲁迅作品还是后来的事，只是相互间有些重合而已。老舍承认，他们有相通的地方。但在精神背景上，多有差异。自己苦苦摸索与期盼的艺术，有的竟被鲁迅实践了。这给了他一个惊异。因为只有阅读但丁《神曲》的时候，才有过那样的快感，而鲁迅给贫瘠的东方文化注入了鲜活的气韵，相近的博大昭示了文明的活力。

在鲁迅逝世二周年的时候，老舍发表了《鲁迅逝世二周年纪念》。此文只能算是一篇随感，观点并不系统，却把鲁迅的基本印象描摹出来。他从治学、翻译、创作等方面肯定了鲁迅的成就。不过这种肯定与周作人《关于鲁迅》式的介绍大异其趣。他说出了唯有小说家和仁者才能说出的话，看到了文体上的奇迹和类似耶稣殉道般的大爱。他看人的尺度不是象牙塔里的，钱玄同、沈兼士谈论鲁迅就不免书斋气，周作人的谈论则还带着绅士的口吻。而一般左翼文人只会在一些观念里简化鲁迅。老舍没有这些问题。他的诚恳与智慧，直逼一个思想者灵魂的深处。作为小说家，他对鲁夫子敬佩不已。可他尤其佩服的还是先生的小品文。他说：

小品文，在五十年内恐怕没有第二把手，来与他争光。他会怒，越怒，文字越好。文字容易模仿，怒火可是不易借来。他的旧学问好，新知识广博，他能由旧而新，随手拾掇极精确的字与词，得到惊人的效果。你只能摘用他所用过的，而不易像他那样把新旧的工具都搬来应用，用创造的能力把古今的距离缩短，而成为他独有的东西。他长于古文古诗，又博览东西的文艺，所以他会把最简单的言语（中国话），调动得（极难调动）跌宕多姿，永远新鲜，永远清晰，永远软中透硬，永远厉害而不粗鄙。他以最大的力量，把感情、思想、文字，容纳在一两千字里，像块玲珑的瘦石，而有手榴弹的作用。只写了些短文么？啊，这是前无古人，恐怕也是后无来者的，文艺建设！ ①

现代以来的小说家，不太讲鲁迅的小品文的价值，老舍却异常兴奋地看重这些。能够感到他是真懂鲁迅的人。这个评价的标准不是纯小说家式的，也非旧文人式的。在小说家与旧文人那里，是看不上小品文的。老舍发现了鲁迅文本的非文学性中的文学性，五四后只有鲁迅在非史非诗里接近了史与诗。一种颠覆旧的书写模式的自由的喷涂，则在审美与哲学的层面呈现出全新的意味。自然，鲁迅的小说更深的创造性也让人惊叹，他的荒诞与悲悯间的游弋，使套路中的文人为之惊呆，对语言敏感的老舍在其间看到了精神延伸的奇迹。而在过去几千年间，没有谁做到了这一点。

1946年，老舍在美国用英文发表了一篇讲演：《中国现代小说》。此文较系统地介绍中国新文学的发展现状，特别讲到了鲁迅，文章说：

①　　老舍：《鲁迅先生逝世二周年纪念》,《抗战文艺》第2卷第7期，1938年10月16日。

鲁迅遗风录

8　面对鲁迅的老舍

这一时期最杰出的人物是鲁迅。他是浙江人，约于九年前去世。哥伦比亚的C.C王教授曾将一本中国当代短篇小说译成英文，1945年由哥伦比亚大学出版社出版，其中就有一些鲁迅的短篇。这些短篇讲的是中国普通老百姓的事情，中国现代作家对之评价很高；事实上，他在中国现代文学中之地位，类似高尔基在俄罗斯文学中的地位。[1]

老舍的观点都是作为自由人的作家的观感，没有受到意识形态的暗示。那时候左翼作家用简单的理念规范鲁迅，老舍大概是不以为然的。在他眼里，鲁迅与一般的左翼作家不同，有超越于时代之外的东西。鲁迅的精神的复杂与深切，与西洋优秀的作家比并不逊色。老舍其实是在一种世界性的眼光里认识鲁迅的价值的。

这是无疑的，在老舍与鲁迅之间，有着呼应的地带。他们在审视国民内心的时候，有着相近的体验。鲁迅的自我经历比老舍要复杂，是从旧营垒杀出来的，带着五千年苦楚的记忆。老舍是没有身染古书多少毒的人，他自觉地与旧文明保持着距离，亲近的是民间的东西。所以我们读他的文章，几乎看不到一点士大夫的影子，精神是从五四那里过来的。鲁迅苦苦挣脱掉旧锁链的地方，恰恰是老舍艺术生命开始的起点。他不像鲁迅那样还留着旧时代的长影，远古的苦乐都稀少了许多。他们一致的地方是，都拒绝象牙塔的情调，看重的是乡间与市井里的存在。也恰恰是因为此，老舍与鲁迅有着亲昵的心结，有些观点几乎与鲁迅没有什么区别。比如对逃逸现实的文学的批评，似乎

---

[1] 　　　老舍:《中国现代小说》，见《老舍全集》第17卷，人民文学出版社1999年版，第132页。

也像鲁迅说的：

> 假若我们只闭户读文艺遗产，而不睁眼去看社会，便只认识了死的灵魂，而忘了活的世界，恐怕要变成唐吉诃德式的写家，而到处闹笑话了。[①]

这很像是对京派人的批评。他笔下的京味儿作品，与周作人那些人的根本区别就是鲜活的民生的苦乐，带着泪水的歌哭，弥漫在无光的世界上。而这些与《呐喊》《彷徨》的意象也多少有重合的地方。老舍与鲁迅彼此承受着相近的沉重。俯瞰着芸芸众生的时候，自己也窃来天边的火，照着那个惨淡的夜。

北平在20世纪30年代是被京派文人影响的地方。可是老舍与那些读书人实在隔膜得很。他不喜欢皇家的东西，对教授腔亦有微词。他说怀念北平，几乎不提书斋生活与帝京的遗产。他思念的都是与下层人有关的存在。北大的教授谈民俗只是学理层面的演示，而老舍是彻骨地带着肉身的体味，有些类似教徒的虔诚。五四那代人讲平民性，口头上的很多，唯有鲁迅是彻底的。老舍从这位前辈那里得到的暗示多多，内在的亲昵，溢于言表则是无疑的。

老舍对鲁迅的认可，还基于一个基本点，那就是对五四的肯定。老舍的文字几乎没有五四前的文人的老气，一切都是经历了西洋文明沐浴的，又带有中国本土色调的。在《挑起新担子》里他明确表示：

---

① 老舍：《如何接受文学遗产》，见《老舍全集》第17卷，人民文学出版社1999年版，第20页。

鲁迅遗风录

> 五四拯救了我。我自幼儿就穷，受过多少多少饥寒与压迫。五四后新文艺的内容是讲争自由平等的。我怎能不动心呢？自幼儿就直接接收着帝国主义的压迫：父亲被鬼子杀死，我自己也几乎饶上命，我怎能看着五四的爱国运动而无动于衷呢？我开始写作，我辞去薪水大的事，而去教书，一来是表示轻视金钱，二来是为接近青年。我有了点硬气。①

新文学的好处是让他知道了睁着眼睛打量人生的选择，可以改变精神的灰暗，不再沉浸在噩梦里。那些虚幻之影下的人生才是真的存在。没有对那个暗区的精神的唤起，思想的天空将永远是黑暗的。所以他是延续五四之路的新将，而非逆五四而去的士大夫。只是不能像鲁迅那样横站，四面厮杀。他太忠厚，有时不免中庸，而艺术世界的毫不苟且，与鲁夫子亦庶几相近。

老舍喜欢《阿Q正传》的原因很简单，自己眼里的世间还是未庄的天地，无数赵太爷在管辖着奴隶们。在老舍的大量小说里，那些挣扎在底层的小民、俗吏，未尝不是如此。抗战胜利的1945年，他在复旦大学"国父八十诞辰纪念晚会"上发表过一次演讲，对内战忧心忡忡。抗战胜利的期待落空，他发现这个民族还是鲁迅笔下的那个灰暗的世界。他沉痛地说：

> 这样的胜利，而胜利后又复如此。假如自己不努力要强，真使我觉得中国的命运和阿Q的命运没有两样。

① 老舍：《挑起新担子》，见《老舍全集》第14卷，人民文学出版社1999年版，第472页。

> 我是中国人，我爱中国，我不属于任何党派，我没有当汉奸，我八年来的言论作品没有一篇不是为了抗战，而我后面却一直跟着一个黑影。①

老舍说的黑影，也许就是鲁迅所谓的无物之阵的一部分吧。大家陷在历史的泥潭里，无法走出那个存在。要抗争它，却又寻无痕迹。他看到了知识人的浅薄，看到了政客的浅薄，最后也看到了自己的浅薄。可是他知道用形象的东西可以穿越这个浅薄，不为幻象所扰。所以，他竭力避免自己成为文人，也不去做政客。鲁迅就是这样的。在与世界对话的时候，鲁迅的参照在后来一直没有消失。

比如谈到艺术的功能，老舍就批评了当时的左翼作家，以为目标未必错，而智慧与审美的力度都不怎么行。当一些人沉浸在读书人的雅趣里时，他却坚持讽刺与幽默的立场，批判的武器是不该送到书房里的，直面社会才是重要的。而他进入社会批判的舞台，绝无观念的演绎：一是忠实于生活，从民风里看人间的颜色；二是讲求幽默讽刺与美的意绪，让作品从审美的层面进入人心，而非停留在观念的层面上。郁达夫、曹禺也有类似的感觉，彼此是接近的。那么多左翼作家写底层，还不及老舍的一部《骆驼祥子》渗透之深，乃大的境界使然。就精神的痛楚与悲悯之心的广大而言，他和鲁迅有着共同的语言。

鲁迅精神的一个突出特征是对妄念的解构，即嘲笑全能全知的知识骗子。他解剖别人，也颠覆着自己，从未说自己是掌握了真理的人。他对有限性的展示，带着精神的真，给人诸多暖意。他刻薄的文笔不

① 　　老舍：《在复旦大学"国父八十诞辰纪念晚会"上的讲演》，见《老舍全集》第14卷，人民文学出版社1999年版，第367页。

失爱的色调，我们于此可以聆听到他无伪的坦露，那片鲜活的世界哪里能找到呢？老舍出现的时候，让我们遇到这些。虽然已没有地狱般的惊恐，少了些许斗士的血迹。但他对自己的残缺性的承受，那种无畏中的谦卑与宽容，我们何曾能做到？在一系列谈论创作体会的文章里，老舍不止一次讲到自己的失败，他从没觉得写出了伟大的作品。他不愿意谈别人的残疾，却愿意坦诚自己的残疾，并为之焦虑。在面对艺术之神时，他有敬畏，将自己燃烧在无我的审美追求里，无意中获得了一种解脱。他出离了幻境，站在了沙漠与荒原里，于是得以面朝青天，得以飞扬于暗夜，得以踽踽而行在旷野。老舍的文字后有大的寂寞，他毫不掩饰这些，并且把读者卷入对人间世的对视里。

在上述的几个理由中，我们可以肯定地说出老舍喜欢鲁迅的缘由了。这也是为什么总有人愿意把两个人联系在一起，无论国民性的讨论还是文学的民俗化的经典性历史，都不约而同将他们置于相近的背景里加以研究。鲁迅无缘与老舍见面，自然不能窥其全貌。偶有议论，不过印象的点滴。但老舍眼里的鲁迅，则巍巍乎如山，茫茫兮似海。他们精神的衔接处，也恰是两代人的五四传统的衔接处。我们后来的人要理解他们，不能不去找这个会合点。历史在哪里断裂，就该在哪里继续开始。可惜我们错过的太多，无数个精神的链条，如今要重新接合，是难之又难了。

9

巴金的精神之塔

一

在诸多回忆鲁迅的文章中，巴金的文字大概是最带着痛感的。阅读其怀念的文字，有时会感到，那谈吐有教徒般的虔诚。如果要聆听鲁迅的精神回音，那么巴金的作品传达的情感都颇值得玩味。与胡风、萧红的鲁迅情结不同，巴金的凝视带着另外一种目光，远与近的视角映带的意象更为神奇。他的文字一直呼应着鲁迅内在的幽思，这种笔调，直到晚年也没有消失。

出生于成都的巴金不像一般南方作家那么多幽婉、纤细的情思，他的身上有点北方的清冷与忧郁的气质，在什么地方更像俄罗斯作家那样冷热交织、阴晴不定的样子。与那些自信的、踌躇满志的人比，他一直徘徊在忧虑与期冀之间，焦虑感流溢在辞章之间，内省与追问伴随着各类文本。有时候读他的作品，仿佛是一种译作，染有某些异质的气息。

虽然有明显欧化倾向，但在他的血管里依然流着儒家的血液。他那么反对旧的礼教，内心依然有传统的东西，思想中未尝没有旧文人的痕迹，温良恭俭让的遗风也有所体现。他其实意识到了自己的这种懦弱的一面，感到只有鲁迅才真的走出了传统的阴影。能够看到，他的视野自始至终矗立着鲁迅这座灯塔，那巨大的投影在其身上未曾消失过。从来没有一位中国作家这样使他为之着迷，在他看来，自己一生所努力奋斗的目标，都没有超过鲁迅的精神主题。

每每想起鲁迅，他都有一种倾诉的欲望，年轻时读了鲁迅的书，便找到了一种书写的感觉，而在认识了先生之后，自己的天空忽地开阔起来。他承认，就一生的选择来说，自己触摸的思想不及鲁迅的一角，无论为文还是为人，鲁迅都是自己的引领者。

显然，鲁迅与巴金，是现代知识人的两种类型：前者深而大，后者清而纯。一个是从古老中国泥土里蹚过的不倦的跋涉者，一个乃怀着期冀的青春少年。虽然出发点不在一个地方，但是他们都共同表现了知识人寻梦的苦思。在了解中国知识人的心灵历史时，鲁迅与巴金提供的话题一直被后人阐释着。现代文学里的西方人道主义传统，在他们那里是有所折射的。鲁迅的审美元素里，除了俄国元素，存在着德国、日本的诗文之影，加之魏晋之音，显得驳杂复杂；巴金还仅仅限于法国、俄国的人文主义的背景，所以单纯得如缕缕白云，不染灰尘。从个人主义到集体主义，他们在选择中遇到了共同的难题，彼此在对文化的基本问题的判断上，相近的地方可以找到许多。

巴金曾在《忆鲁迅先生》一文中说自己是在鲁迅的启示下走向文学创作的。1925年8月，他在北京投考大学，因病未能如愿，半个多月的时间，陪伴着他的就是鲁迅的短篇小说集《呐喊》。"在这苦恼寂寞的公寓生活中，正是他的小说安慰了我这个失望的孩子的心。我第一次感到了，相信了艺术的力量"，"他的书是我的一个指路者，没有他的《呐喊》和《彷徨》，我也许不会写出小说"。[1]这道白里，既有感激，也有精神的呼应在。因为鲁迅的文脉连通着苦路上寻梦的人，

---

[1] 巴金：《巴金写作生涯》，百花文艺出版社1984年版，第392～393页。

惨烈的时空里的忧思和爱意，让绝望中的人有了新生的冲动。巴金后来从事写作的时候，《呐喊》《彷徨》的调子一直在他那里挥之不去。

到了30年代，巴金才有了接触鲁迅的机会。第一次见到鲁迅，他显得异常兴奋，后来他在回忆里记录了那个瞬间：

> 我第一次看见鲁迅先生是在文学社的宴会上，那天到的客人不多，除鲁迅外，还有茅盾先生，叶圣陶先生几位。茅盾先生我以前也没有见过，我正和他讲话，饭馆的白布门帘一动，鲁迅先生进来了：瘦小的身材，浓黑的唇髭和眉毛……可是比我在照片上看见的面貌更和善，更慈祥。这天他谈话最多，而且谈得很亲切、很自然，一点也不啰嗦，而且句子短，又很有风趣。[①]

晚年的时候，他多次谈及鲁迅对于自己的影响，有一次，他这样写道：

> 我当时不过是一个青年作家。我第一次编辑一套《文学丛刊》，见到先生向他约稿，他一口答应，过两天就叫人带来口信，让我把他正在写作的短篇集《故事新编》收进去。《丛刊》第一集编成，出版社刊登广告介绍内容，最后附带一句：全书在春节前出齐。先生很快把稿子送来了，他对人说：他们要赶时间，我不能耽误他们（大意）。其实那只是

---

① 　　巴金:《鲁迅先生就是这样的一个人》，见鲁迅博物馆、鲁迅研究室、《鲁迅研究月刊》选编《鲁迅回忆录》中册，北京出版社1999年版，第832页。

草写广告的人的一句空话，连我也不曾注意到。这说明先生对任何工作都很认真负责。我不能不想到自己的工作的草率和粗心，才发现不论是看一份校样，包封一本书刊，校阅一部文稿，编印一本画册，事无大小，不管是自己的事或者别人的事，先生一律认真对待，真正做到一丝不苟。他印书送人，自己设计封面，自己包封投邮，每一个过程都有他的心血。我暗中向他学习，越学越是觉得难学。我通过几位朋友，更加了解先生的一些情况，了解越多我对先生的敬爱越深。我的思想，我的态度也逐渐变化。我感觉到所谓潜移默化的力量了。

我开始写作的时候，拿起笔并不感到它有多少重，我写只是为了倾诉个人的爱憎。可是走上这个工作岗位，我才逐渐明白：用笔作战不是简单的事情。鲁迅先生给我树立了一个榜样。我仰慕高尔基的英雄"勇士丹柯"，他掏出燃烧的心，给人们带路，我把这幅图画作为写作的最高境界，这也是从先生那里得到启发的。我勉励自己讲真话，卢骚（梭）是我的第一个老师，但是几十年间用自己的燃烧的心给我照亮道路的还是鲁迅先生。我看得很清楚：在他，写作和生活是一致的，作家和人是一致的，人品和文品是分不开的。他写的全是讲真话的书。他一生探索真理，追求进步。他勇于解剖社会，更勇于解剖自己；他不怕承认错误，更不怕改正错误。他的每一篇文章都经得起时间的考验，他的确是把心交给读者的。我第一次看见他，并不感到拘束，他的眼光，他的微笑都叫我放心。人们说他的笔像刀一样锋利，但他对

年轻人却怀着无限的好心……①

　　在巴金眼里，只有鲁迅才够得上中国人的良知。因为在这位文学巨匠身上，他学会了怎样思考和做人。他的思想深处，一直保留着鲁迅所给他带来的美好的回忆。

　　鲁迅在与巴金的几次接触中，对巴金的印象很好。从鲁迅日记零星的记载中能够感到彼此的互动。当巴金向他约稿时，便把最后一本小说集《故事新编》交给了他，也答应翻译果戈理的那本著名的小说《死魂灵》。这是他们彼此间的默契，乃至后来有人在鲁迅面前谈及巴金不好的时候，鲁迅显得十分愤慨，在《答徐懋庸并关于抗日统一战线问题》一文中谈到他和胡风、巴金、黄源诸人的关系时，鲁迅就说："我和他们，是新近才认识的，都由于文学工作上的关系，虽然还不能称为至交，但已可以说是朋友。"②鲁迅又说："巴金是一个有热情的有进步思想的作家，在屈指可数的好作家之列的作家，他固然有'安那其主义者'之称，但他并没有反对我们的运动，还曾经列名于文艺工作者联名的战斗的宣言。"③看得出来，鲁迅对于巴金有一种信任的感觉，对于其为人与为文是肯定的地方居多。他们彼此各自都吸引着对方，巴金之于鲁迅，有点像郁达夫和鲁迅那样，审美和认知上虽差异明显，但在精神的真与诚方面，彼此都是相互信任的。

---

① 　巴金：《怀念鲁迅先生》，见《巴金选集》第9卷，四川人民出版社1982年版，第716页。
② 　鲁迅：《答徐懋庸并关于抗日统一战线问题》，见《鲁迅全集》第6卷，人民文学出版社2005年版，第554页。
③ 　鲁迅：《答徐懋庸并关于抗日统一战线问题》，见《鲁迅全集》第6卷，人民文学出版社2005年版，第556页。

鲁迅遗风录

9　巴金的精神之塔

民国期间，巴金的影响相当可观，他的《家》《春》《秋》在社会上的辐射力超出一般的作家，几乎达到家喻户晓的地步。他的情感方式半是现实主义，半是浪漫主义的样子，一切都显露在外表，热情与忧郁都外化在词语间，青春的明快与奔放隐含着一代新文学家的梦想。不过巴金的一些作品，也带有鲁迅的某些焦虑和痛苦的形影。在面对世界时表现的忧患意识，也是他后来与鲁迅走在一起的重要原因之一。

从巴金的阅读趣味与辞章表达特点上看，他与鲁迅有着某些交叉的地方。比如都喜欢迦尔洵、契诃夫、高尔基，对于法国的卢梭、雨果也怀有敬意，小说的某些意象也有相似之处。不过，同样是摄取域外文学的资源，巴金体现的是梦幻的色彩，情感的单纯与背景的昏暗形成反差，有时候带有童话的意味在。鲁迅的文本显得复杂，中国古代小说的清峻、日本文学的简洁，还有德国思想的穿透力与陀思妥耶夫斯基式拷问结合在一起，造成了巨大的漩涡。巴金自己知道，在苦苦奔走的时候，其实鲁迅早已摸索出了一条中国知识人的路，但是敢于在四面陷阱的苦路上独行的，也只有鲁迅一人而已。作为鲁迅的追随者，他不过远远望着那背影，自己是跟不上的。

二

巴金走上文坛时，新文化运动早就落潮了。他所面临的问题，与鲁迅那代人已经略有差异。新文化初期的知识人，要面对旧的遗产和整理国故的挑战，精神就不得不与旧我作战，新中有旧，旧中带新，文字不免有古老的幽魂在。但到了巴金那代人，是怎样成为新人的问题，只要与旧的遗产决裂即是，余下的，不过介绍域外的文化，建立个人主义和团体主义的园地。接着鲁迅那代人的路走，才是众人的应有之义。

年轻的巴金不善交际，内倾的性格使他的文字多带有梦想的成分。那时候他被克鲁泡特金、巴枯宁的思想吸引，思想里多自由的漫思。五四后的许多作家都有很强烈的使命感，他们的写作是有着一种拯救苍生的冲动的。文学研究会诸作家"为人生"的创作态度，可以代表当时文艺队伍的主导倾向。但巴金与文学研究会的前辈们有较大的差异，虽然他也承认自己的写作属于为人生的，审美的方式则带有浪漫主义的色彩。这些使他不会像鲁迅那样对现实作入木三分的解析，但精神走向有时候是一致的。比如，鲁迅认为文学是为人生的，但根底是改良人生[①]，巴金对此是认可的。他谈及自己的创作时也坦言，因为梦想不能实现，便通过文学来唤起民众的觉醒。从这些可以看出那时候的作家的现实功利性。正是在这个层面，鲁迅对他的吸引力，是极为强烈的。

巴金文艺思想的核心部分，应当说与鲁迅有某些重合的地方。我一直觉得，巴金身上有着一般作家共有的艺术良知和审美特色。许多人在他那里感受到一种神圣的东西，这些仿佛上帝之光不断地召唤着他。他那么热爱安那其主义（无政府主义），以致忽略了国内的许多精神资源，只是鲁迅是一个例外，鲁迅思想是有磁石一般的引力的，其精神也影响了巴金的写作。他说："文学艺术的作用、目的是什么？……我一生都在想这样的问题。通过创作实践，我越来越理解高

---

① 鲁迅：《我怎么做起小说来》，见《鲁迅全集》第4卷，人民文学出版社2005年版，第526页。

鲁迅遗风录

9 巴金的精神之塔

尔基的一句名言：'一般人都承认文学的目的是要使人变得更好。'"①
巴金的这种信念是始终贯穿在作品之中的。从《灭亡》到《随想录》，横跨半个多世纪的创作表达的几乎是同样的精神主题：让社会变得更完美些，让人们变得更完善些。

因而，在巴金那里，一直表现出"圣界"与"俗界"的对立，单纯的情感消解了一切世俗和欲望的东西。1980年4月4日，在日本东京朝日讲堂讲演会上，他诉说了自己的这一人生态度和艺术态度：

> 我在法国学会了写小说。我忘记不了的老师是卢梭、雨果、左拉和罗曼·罗兰。我学到的是把写作和生活融合在一起，把作家和人融合在一起。我认为作品的最高境界是二者的一致，是作家把心交给读者。我的小说是我在生活中探索的结果，一部又一部的作品就是我一次又一次的收获。我把作品交给读者评判。我本人总想坚持一个原则，不说假话。除了法国老师，我还有俄国的老师亚·赫尔岑、屠格涅夫、托尔斯泰和高尔基。我后来翻译过屠格涅夫的长篇小说《父与子》和《处女地》，翻译过高尔基的早期的短篇，我正在翻译赫尔岑的回忆录。我还有英国老师狄更斯；我也有日本老师，例如夏目漱石、田山花袋、芥川龙之介、武者小路实笃，特别是有岛五郎，他们的作品我读得不多，但我经常背诵有岛的短篇《与幼小者》，尽管我学日文至今没有学会，这个短篇我还是常常背诵。我的中国老师是鲁迅。我的作品

① 　　　巴金：《巴金论创作》，上海文艺出版社1983年版，第661页。

里或多或少地存在着这些作家的影响。但是我最主要的一位老师是生活，中国社会生活。①

这里可看出他的知识谱系和审美的背景，他所欣赏的作家，许多也是鲁迅译介和点评过的，有的对于鲁迅也有不可忽视的影响。巴金认可这些作家，与鲁迅略有不同，他还不能从精神哲学层面思考存在与意义的话题，而是从伦理学和审美判断里借取外来资源。他们的作品成了其信仰的一部分而非复杂的认识论的一部分。这些域外作家支撑着其审美的快慰和表达的快慰，但还不能深化他对于生活的更为幽微的认识。他从文本的幻影里看到希望之所，而鲁迅则从文本回到现实存在中，有追问性的表述。巴金也感受到，与鲁迅比，自己的拘谨和简单化思维，也可能遗漏了域外资源的歧义性和复杂性。停留在外在性的精神体的时候，文字则激情有余，沉潜不足。现代中国作家，并不是人人都能够像鲁迅那样思考问题的。

但巴金还是以自己的真诚与勇敢赢得了读者。他的作品像个天真的孩子的独语，没有一丝颓废和荒诞的情感，一切都在阳光之下，显得那么明快。就写作风格而言，他的欧化倾向相应简化了母语表达。翻译和写作，文体几乎没有差异，行文是一致的。他的英语、世界语的修养，帮助他很好地打通了与世界对话的途径。翻译那些有趣的小说和思想读物的时候，他的精神也是燃烧其间的，乃至我们无法分清是原作的色彩就是如此，还是他赋予了原作纯然的图景。他所译介的著作很多，《面包与自由》《伦理学的起源和发展》《草原故事》《文学

① 巴金：《巴金论创作》，上海文艺出版社1983年版，第661页。

鲁迅遗风录

9 巴金的精神之塔

写照》《快乐王子集》《六人》《迟开的蔷薇》《父与子》《处女地》《散文诗》《往事与随想》都有鲜明的温情主义特点，那些作品并非简单的个人主义的流露，强烈的社会责任感都深隐在文本的背后。巴金欣赏它们，不是唯美主义使然，使命感才是最吸引他的原因之一。

巴金与鲁迅一样，很少称自己是作家，甚至干脆将自己与纯艺术分离开来，认为自己与之有很大的距离。鲁迅曾说："我的小说和艺术的距离之远，也就可想而知了。"[1] 在鲁迅看来，他的注意力主要是国民性的改造，所写的文字不过是一种忧患意识的达成方式而已。这不是自谦，而是在追求中，有一个比艺术更重要的东西。艺术是自由精神的载体，只有精神解放，才会有艺术的解放。五四后的许多作家，都自觉和不自觉地在这条路上。巴金的写作有别一追求，并非躲在艺术之宫自吟自唱。他说：

> 我不是一个艺术家。人说生命是短促的，艺术是长久的。我却以为还有一个比艺术更长久的东西。那个东西迷住了我，为了它我自愿舍弃艺术。艺术算什么？假若它不能够给大多数人带来光明，假若它不能够给多数人光明，假若它不能够打击黑暗。整个庞贝城都会被埋在地下，难道将来不会有一把火烧毁艺术的宝藏，巴黎的鲁佛尔宫？假若人们把艺术永远跟多数人隔离，像现在大愤怒爆发的时候，一切艺术的宝藏还会保存它们的骄傲的地位？老实说，我最近在北平游过故宫和三殿，我看过了那些令人惊叹的所谓不朽的宝藏。我当

---

①   鲁迅:《〈呐喊〉自序》, 见《鲁迅全集》第1卷, 人民文学出版社2005年版, 第442页。

时有这样一个思想：即使没有它们中国绝不会变得更坏一点。
然而另一些艺术家却诚惶诚恐地说失掉它们中国就不会存在。
大多数人民的痛苦和希望，在他们看来倒是极小的事情。[1]

新文学作家有类似感受的很多，他们以为古老的遗存和所谓艺术，与今天的活的人生是隔膜的。人存在着，健全地、有趣味地活着，创造合理的社会，才是真的目的。在巨大的社会生态面前，艺术不过是小小的存在，作家要关注的是更为辽阔的世界里的事物。在这个意义上说，巴金感兴趣的不都是己身的焦虑，而是他人的冷暖。巴金在谈论创作的时候，纯粹的艺术技巧被一笔带过，审美的话题是隐含在词语的背后的。实际上，巴金有良好的艺术造诣，他的文采自如灿烂，流水般的词句闪动着诸多灵光。应当说，辞章的表达纠缠着审美，只是它是一个只可意会、难以表达的问题。他从鲁迅那里受到启示，直面人生乃写作的动因，比艺术重要的事情还有很多，陷于自怜自爱的辞章里，其实是没有出息的。

<h1 style="text-align:center">三</h1>

20世纪初，对中国知识分子来说，德国古典主义哲学和法国近代哲学，是颇有吸引力的。从古典哲学中流变而分离出来的尼采主义以及基尔特社会主义思潮，曾一度风靡中国知识界。鲁迅以及后来的

---

①   巴金：《巴金论创作》，上海文艺出版社1983年版，第27页。

巴金，他们认识问题时，都直接或间接受到了影响。学界普遍认可这样一个事实，鲁迅的个性主义，就有尼采、克尔恺郭尔、斯蒂纳的元素，间杂俄国虚无主义和激进主义思潮。从严复、梁启超等人开始，中国知识分子就借鉴了域外思想资源。较之科学主义思潮，人文主义在那时候影响更大。西方的人文主义思潮所以受到推崇，一方面，与中国的文化传统有关，中国古人的天地人观念中，人的概念是有一种善良意识的元素，只是西方人文主义将其位移到重要地位而已。另一方面，它迎合了启蒙主义者的内心需求，启蒙的目的是把人从非人的环境解放出来，带来身心的自由。人文主义思想从人性和道德的角度，为人的解放与社会的解放提供了理论基础。鲁迅对于个性、自由、无伪的追求，都在这些思潮里找到解释的理由。

巴金进入文坛时，也深深为这种思潮所鼓舞。他早期大力提倡克鲁泡特金的学说，其精神指向十分明显：推翻专制王朝，寻觅一个无政府的社会。在对社会的认识上，他比鲁迅要简单和纯粹，也走得更远。他干脆抛弃了社会变革的中介环节，梦想一步到位，进入乌托邦王国。他甚至觉得，改变中国社会，除了安那其主义，别无他途。

对于人文主义的看重，必然导致他们后来深刻的个性化写作。这也是他们形成自己的价值理想的主要精神来源。而他们的价值观，反而又为接受西方的有质感的审美思想，起到了强化作用。

鲁迅与巴金早期的道德观都是建立在对个体生命发现的基础上的。价值观是二者理性大厦的根基，这是他们文学创作的内在动力。不过鲁迅的很多资源摄取自域外，包括知识论的资源，相关的审美思想也受到注意。这使他比一般人要显得宽泛。因为有复杂的维度，他的文字带有更为斑驳的色彩。不妨说鲁迅的思想是复合型的，巴金则是单纯型的。前者驳杂而浑厚，高远灿烂；后者透明而温润，一清如水。后世研究者在对比他们的思想与审美特点时，多是看到此点的。

不妨说，他们的精神气质里绝少物质化的东西和市侩之风，在内心深处都有爱意的本色存在。早期鲁迅的出发点是人的解放，"立人"才是根本。物质的丰富并不能解决精神的痼疾。中国清末的洋务运动之所以没根本改变社会面貌，就在于人的素质出现了问题。鲁迅的《文化偏至论》就批评了重物质而轻精神的弊端。他指出："递夫十九世纪后叶，而其弊果益昭，诸凡事务，无不质化，灵明日以亏蚀，旨趣流于平庸，人惟客观之物质世界是趋，而主观之内面精神，乃舍置不之一省。重其外，放其内，取其质，遗其神，林林众生，物欲来蔽，社会憔悴，进步以停，于是一切诈伪罪恶，蔑弗乘之而萌，使性灵之光，愈益就于黯淡：十九世纪文明一面之通弊，盖如此矣。"① 为了改变这一窘态，鲁迅认为，提倡新的文艺是一条有意义的途径。以感性的方式唤醒沉睡的人们，并走向改造社会的路是一种最可观的选择。这种从精神入手的对民族命运进行考察的思路，实际是国人旧的儒学思想的现代版。以文化人，乃旧儒的梦想，只是到了现代，内容有所不同罢了。现代知识人多了一种儒家曾忽略的生命价值第一的思想，鲁迅更多是从生命价值的角度把握世界。他早期的杂文和小说，差不多一直表现了对于生命价值观的沉思。他在《热风·生命的路》中写道：

生命的路是进步的，总是沿着无限的精神三角形的斜面向上走，什么都阻止他不得。

① 　　鲁迅：《文化偏至论》，见《鲁迅全集》第1卷，人民文学出版社2005年版，第54页。

鲁迅遗风录

9　巴金的精神之塔

自然赋与人们的不调和还很多，人们自己萎缩堕落退步的也还很多，然而生命决不因此回头。无论什么黑暗来防范思潮，什么悲惨来袭击社会，什么罪恶来亵渎人道，人类的渴仰完全的潜力，总是踏了这些铁蒺藜向前进。

生命不怕死，在死的面前笑着跳着，跨过了灭亡的人们向前进。

什么是路？就是从没路的地方践踏出来的，从只有荆棘的地方开辟出来的。

以前早有路了，以后也该永远有路。

人类总不会寂寞，因为生命是进步的，是乐天的。[①]

无疑，这是典型的进化论色调的生命体悟。西方的进化论理念在鲁迅那里是一种突破静止感的天然之力。在传统进化论那里，价值观乃是生命的内在欲求的社会性的表现。因此，生命价值也只能在社会环境里得以实现。能够感到，鲁迅接受进化论的心理基础，乃是对于生命价值追求的一种形而上的渴念。

有趣的是，青年巴金的思想起点也是围绕着生命价值话题的。他说自己的作品的出发点是追求生命，自由与善良是人的最宝贵的、根本的社会属性。衡量一个社会的标准，就是看其是否最大限度地满足人的这种基本的欲求。巴金从价值观入手，开始系统地研究克鲁泡特金的理论。他将其视为科学家、思想家和哲学家，其中集中体现了人的生命价值观，这些思想是使人类摆脱异化的理论武器。在小说《灭亡》《新生》《死去

---

① 　　鲁迅：《生命的路》，见《鲁迅全集》第1卷，人民文学出版社2005年版，第386页。

的太阳》里，都能够看到克鲁泡特金思想之影。这位俄国思想家的文本在解释世界的时候无疑有自己的偏颇，青年巴金尚无力辨别其思想的来龙去脉，但那种思想的温存的精神和爱意，却开启了其思想之旅。安那其主义对于自我意识的形成而言，有着不可低估的内力，它唤起了青年人与世界博弈的冲动和构建乌托邦社会的冲动。

新文学出现初期，人们的新的精神资源还是有限的，但这有限的思想却鼓舞了寻路的人们。对比起来，鲁迅的价值观很快发展为一种凝视时代而又超越于时代的话语，他的自我意识萦绕着更为多元的精神因子。自我意识是人对于人自身的认识。鲁迅从价值论与认识论出发，开始深入地、系统地研究中国文化的自身结构，并且把建立在价值观基础上的现代理性精神高扬在文化批判领域。黑格尔认为，自我意识存在着主体必须否定客体的倾向，这种观点对于解释后来知识人的思想不无参照意义。鲁迅在一种理性的高度，对传统进行了深切的批判，其间带出多维的精神纠缠。可是他在倾向上与黑格尔主义相去甚远，倒是和康德精神有某些对应的地方。巴金与鲁迅比，纠缠的元素颇为单纯，价值观与自我意识间的过渡是直线方式的。用卢梭和黑格尔主义来衡量巴金的思想倒是可以看出某些特色。巴金的审美一直停留在道德的层面，主体对于客体的克服是在一种幻象中完成的。主体与对象世界往往界限分明，不像鲁迅那样有一种漩涡之状。罗素在讨论浪漫主义思想的时候认为，"卢梭和浪漫主义运动把主观主义从认识论扩张到了伦理学和政治学里面，最后必然的结局就是巴枯宁式的彻底的无政府主义"①。可以说，这里也隐含着认知的悖论，巴金的

---

① 　　[英]罗素：《西方哲学史》下卷，马元德译，商务印书馆1982年版，第514页。

鲁迅遗风录

窘态于此也可见一斑。

是的，尽管他们的写作在许多方面有着相似性，但二人其实是沿着两条道路前行的。鲁迅驻足于黑暗，且潜入底部，将古老幽魂搅动起来，带着罪感和不安的时候，周身也有光的闪烁，照出身边的苦涩。巴金拖着黑暗之影，却瞭望到了头上的星空，他很快切割了后面的世界的黑影，沐浴在梦想的喜悦里。鲁迅笔下的形象都是不可理喻的，巴金的小说人物往往泾渭分明。在鲁迅眼里，国民的先验形式是阻碍人性、泯灭人性的桎梏，改造国民性便成为一种必做的工作。巴金从善良意识出发，以内在纯然的情感把握对象世界，不是探讨国民内在结构，而是苦难形态。这样，我们在鲁迅笔下看到了阿Q形象，这一典型，牵连着存在的悖谬超过了感觉阈限。如果不是对中国的文化心理有深入体味，如果不是沉浸在黑暗体验里，这样的人物形象将会流于单薄。在巴金小说中，没有阿Q式的反讽的形象，但我们看到了高觉新、周如水、汪文宣一类受难者的面孔。他们折射了知识人的某些畸形心态。这里也无意中形成了鲁迅式的忧郁和"哀其不幸、怒其不争"的主题。说巴金的写作是在鲁迅思想的延伸线上，也是对的。

四

曾经流行的存在主义哲学曾经启示了现代文学研究者的思考，这一思潮对于本质的理解是置于存在的后面的。有学者已经意识到了鲁迅与存在主义的形异神同。他总是在没有路的地方走路，没有引导者的时候，内心则成了生命的向导。而巴金的头上总有一个引导的星座的，它外在于自己的世界，寻找它才是一种意义。当他看到鲁迅的孤独前行的背影时，意识到了鲁迅与西方一些思想者同样的价值。这正是自己要寻找的参照。鲁迅的精神主题在巴金那里的投射，给巴金世界带来了一种强烈的悲剧意识。我在读巴金的作品时，隐隐地感到他内心世界与鲁迅的某些沟通。在巴金的绝望、呼号以及无休止的自我折磨中，我也体味到了一种类似鲁迅笔下"过客"的形象所展示的意蕴。

当《家》中的觉慧毅然地冲出古老的专制之门，去寻找另一世界的人们的时候，当《爱情三部曲》中的男女青年以身殉道，走向死亡的时候，巴金分明在编织一幅悲壮的人间之图。他写了那么多不幸的人们以及走出不幸的挣扎者的形象。而人的价值就是表现在这种忘我的献身精神里。鲁迅说："悲剧将人生的有价值的东西毁灭给人看。"① 巴金的许多作品，所表达的也是类似的意识。这种悲剧意识在作品中唤起了人的道德感和幻灭感。鲁迅与巴金在自己的作品中常常再现了个体情感受挫后的抑郁与苦闷，表现了现实的苦闷和命运的残酷性。但是，巴金同鲁迅一样，他在作品中并不是单一地向人们宣泄一种绝望的情绪。他们在作品的深层结构中，表现了为实现自我的生命价值的内在欲求。这种主体对客体的抗争，且试图使自我从旧的文化形态中解救出来的呐喊，也是新文学里时断时续的主题之一。

悲壮的鲁迅与忧郁的巴金的作品中都有一些黯淡的颜色，几乎看不到朗照。鲁迅的《祝福》《伤逝》《孤独者》都笼罩在死灭气息中，乡民与知识人，希望的路都陷落了。巴金的《家》《春》《秋》《第四病

① 　鲁迅:《再论雷峰塔的倒掉》，见《鲁迅全集》第1卷，人民文学出版社2005年版，第203页。

鲁迅遗风录

9　巴金的精神之塔

室》《寒夜》向人展示的都是绝境之音。鲁迅笔下的彷徨者的形象，大多是觉醒的青年无法实现自我的悲哀，像《伤逝》中的主人公那种恍惚的心理，无不是幻灭的悲哀："四周是广大的空虚，还有死的寂静。死于无爱的人们的眼前的黑暗，我仿佛一一看见，还听得一切苦闷和绝望的挣扎的声音。"①在《孤独者》里主人公的渐渐消失的路，让人有着地狱般的惊恐。魏连殳性格的突出特点是敏感、脆弱、孤独。他总是处于生存与毁灭之间，不幸多是绝望的哀号。如同陀思妥耶夫斯基布置了阴暗的刑所拷问着人的灵魂一样，《呐喊》《彷徨》里满是无光的旷野的暗区，人的悲苦之境可谓极矣。巴金的作品也染有类似的情绪，《家》里的觉新的忧虑、迟疑、无措的哀凉，雾一般笼罩着一切，虽然已经接受了新的思想，但现实中不得不处处妥协，除了忧郁、彷徨，我们看不到一丝光明。不妨说，这是现代作家普遍的一种无奈之感，由此可见他们走上新文学之路的理由。写作也有自我宣泄的时候，而这种宣泄，显然也存在着鲜明的目的：揭出病态，引起疗救的注意。

而在这种忧郁与黑暗的揭示过程里，他们与周围的环境显得格格不入，诸多的写作都带着忧愤意味，批判性的表达在作品里是一种基调。鲁迅不仅再现了风俗之恶，也指出了人性之恶，在对传统的批判过程中，不乏对自我的批判。王得后先生认为，鲁迅在"看透了大众的灵魂"的时候，自己内心是复杂的，它以攻击性、隐蔽性与矛盾性显示了灵魂的深。而巴金的批判性是诗意的，许多外在于世界，炽烈、果敢、直接。多年后，回忆鲁迅的时候，他也深感自己的深度有限，虽然也在反黑暗的路上，而文字背后的历史不在广远的维度里。他热

---

① 　　鲁迅：《伤逝——涓生的手记》，见《鲁迅全集》第2卷，人民文学出版社2005年版，第131页。

爱托尔斯泰，却又不能以宽阔的视野凝视复杂之物，喜欢鲁迅，而未能消化其身上的杂调。鲁迅是个丰富的球体高悬在那里，巴金犹如风中飘带，抖动扬于精神的天幕。喜欢他们的人，都感动于那种难以触及的高贵意识。

与鲁迅的无所不在的痛感比，巴金的作品是有幻影的存在的。用他的说法，是一种醉态。这种醉态不是陶渊明式的，也非杜甫式的，而带有宗教的痕迹。在忘我的沉浸里，一切都不一样了。写作是一种自我的燃烧，迷狂的时候，思想是无累的，我们在此看到他的寻梦的激情。在《醉》一文里，他谈到了自己的这一形态：

> 我从前说过我只有在梦中得到安宁，这句话并不对。真正使我的心安宁的还是醉。进到了醉的世界，一切个人的打算，生活里的矛盾和烦忧都消失了，消失在"众人"的"事业"里。这个"事业"变成了一个具体的东西，或者就像一块吸铁石把许多颗心都紧紧吸引到它身边去。在这个时候个人的情感完全溶化在众人的感情里面。甚至轮到个人去牺牲自己的时候他也不会觉得孤独。他所看见的只是群体的生存，而不是个人的灭亡。①

这一篇文章一般研究者注意得不多，却有着精神的本色。我们对比一下鲁迅，他也曾麻醉过自己，但很快从中摆脱出来，于是甘愿沉默到黑暗里，身边是鬼火与蛇迹，渐渐被那影子吞没，但又在搏击中

---

① 　　巴金:《醉》，见《巴金选集》第8卷，四川人民出版社1982年版，第197页。

打破了黑暗中的平衡，地狱边上总还是开出脆弱的花，瑟瑟于风中，也未尝没有春天的气息。在那孱弱的形影里，我们看到了微末的希望。鲁迅太清醒，这给巴金留下深刻的印象。直到晚年，他才感到，自己还过于天真，而老到的鲁迅，是不会轻易被迷幻的影子俘虏，总能够在明亮中看到黑暗，于希望中悟出虚无，人在悖论里的存在，是被先生看得清清楚楚的。

五

1936年秋，在鲁迅的葬礼上，巴金是被安排抬棺的几个青年之一。因为那次活动是左翼作家策划的，他的身份显得有某种代表性的意味。如此说来，在左派看来，巴金也属于同一营垒的人物，乃亲近鲁迅世界里的人。虽然那时候左翼内部冲突很多，他是置于事外的，不过从大的倾向上看，在左翼与自由主义两个营垒面前，他是偏于前者的。

30年代的上海，海派的气息浓浓，却没有覆盖到鲁迅和巴金的世界。世俗社会的花花草草，有时候不在自己的兴奋点上，他们拥有着各自的路径。鲁迅遭遇的东西远比巴金复杂，思想中纠缠着古今中外的复杂之影，所做工作之多是惊人的。晚年的鲁迅倾向于苏联艺术，开始注意革命的话题。不过他对于普列汉诺夫、托洛茨基的兴趣高于列宁。而巴金那时候的思想在旧俄的文学世界里。托尔斯泰与屠格涅夫对于他的引力，是超过苏联革命时期的艺术的。他虽然礼赞了高尔基，但对于这位作家的早期作品更为着迷。高尔基晚年的一切，他了解得相当有限。

旧俄的文学满足了巴金对于人道主义的幻想，而鲁迅觉得停留在托尔斯泰的层面思考中国问题会遇到一些难点，因为不抵抗主义中的人道主义是无力的。鲁迅接触新俄的艺术与理论，主要考虑的是改造社会的具体行动如何可能。在中国，满足于象牙塔的思考存在盲区，倒是切实的社会变革才能实现知识人的梦想。但鲁迅那时候也遇到诸多新的问题：一是集体意识与个人自由如何协调，他自己并无经验；二是探索性的艺术怎样与实际生活结合起来；三是在革命的时代里，旧式的遗存如何安放，还没有确切性的答案。这些新的问题在他的文字里有所体现，而与左联的内部冲突中，其探索中失败与收获都有，说他带着伤痕走在十字街头，也不无道理。

鲁迅遇到的难题在巴金的晚年已经普遍化了。许多新的困惑都是30年代所没有经历过的。在随后的几十年里，鲁迅的思想并不能都让他找到解决问题的答案。他朦胧地感到，自己与鲁迅这样的前辈其实都置身于一个巨大的漩涡里。鲁迅走得太早，没有处理面临的棘手难题，而巴金自己则亲历了历史惯性里的悲剧人生。他在60年代最为绝望的时候，开始怀疑中年后的选择，慢慢放弃了对时代语境的接受，于是翻转身体，回望远去的时光里的那些亮点。他决定翻译赫尔岑的作品，以此苦度残生。也经由赫尔岑，他重返托尔斯泰与屠格涅夫的传统。而这个时候，他也意识到，鲁迅早期译介尼采等人的作品，也有类似的心情吧。不过，在鲁迅与赫尔岑之间，后者给他的抚慰可能更大，因为那纷纭的灵思满足了自己的某种梦想。鲁迅身上许多陌生的元素并不能进入巴金的思想深处，但赫尔岑却点燃了其希望之火。这可能有三个原因：其一，其思想的不妥协性有着很大的隐喻性，借着赫尔岑可以思考更为复杂的社会问题；其二，赫尔岑也是给巴枯宁、屠格涅夫带来精神冲击的存在，而自己也是亲近这些思想者和作家的；其三，赫尔岑的笔调的文学性与自己的表达方式有相似的地方，那种思想漫笔更能勾起自己的漫想。文学与思想的相得益彰，也是巴金最为喜爱的。

赫尔岑的作品有对于权力的蔑视和对于纯然之所的追求，也带有乌托邦的冲动，责任、信念、自我牺牲精神，都是感人的。赫尔岑的作品是哲学与诗的融合，而且有很强的近代西方哲学的背景。《往事与随想》涉猎的内容很广，古典哲学与宗教，近代艺术与激进主义，安那其主义与马克思主义悉入笔端。他的思想是在异质的文化碰撞里产生的。巴金惊讶于赫尔岑的博雅和纯然，他在流放中的情思和革命中的殉道感，都是中国知识人最为缺失的。而且重要的是，这种精神与巴枯宁的安那其主义也颇为接近，许多俄国思想者都从其文字中得到鼓舞。以赛亚·伯林在《俄国思想家》中写道：

> 十九世纪俄国革命作家中，赫尔岑与巴枯宁至今仍最令人瞩目。他们在义理学说与气质上都甚多差异，但一致以个体自由的理想为思想与行动中心。二人都奉献此生，反抗社会与政治、公众与私人、明揭与暗藏的各种压迫；不过，也由禀赋才具繁复多姿，二人在这项重要课题上的观念的价值反而有因此隐而不彰之势。[①]

[①]　［英］以赛亚·伯林：《俄国思想家》，彭淮栋译，译林出版社2011年版，第98页。

这一段话也可以解释巴金翻译赫尔岑《往事与随想》的深因。我们由此可以推测，虽然那时候已经不再提及安那其主义，但他依然残存着克鲁泡特金和巴枯宁的印记，而且经由这些与赫尔岑的精神相遇。在这个相遇的过程，巴金再一次与人道主义重逢。他晚年的作品《随想录》带有较为浓烈的赫尔岑与托尔斯泰的影子，忏悔感与真诚感，一再在辞章里跳跃，成为80年代思想启蒙的另一种资源。他在呼唤俄罗斯人文主义的过程，也重新认识鲁迅的意义。他在描述鲁迅的时候，已经看不到多少左翼的话语逻辑，反而弥漫着俄国个人主义者的话语了。

现在回想80年代的那次人道主义的讨论，巴金的影响也在其间。托尔斯泰主义与鲁迅资源被再次以新的方式聚焦于笔下，且汇入人的解放的思想的语境里，影响了一个时代的风气。这里，巴金功莫大焉。晚年的巴金退回到托尔斯泰与鲁迅的世界，是对于自己中年后的选择的一种否定，但在这个否定过程中他没有能够回答现实里深层的文化纠结带来的疑问，一味沉浸在人道主义的幻影里，不免于这个世界有些无力感。越是这样，他越是感到鲁迅的意义。鲁迅勇猛地直面现实的精神不是人人可以做到的。也由此，其分量在巴金心中显得不同寻常了。显然，他对于鲁迅的理解，与文坛的解释并不都在一个场域里。当人们把鲁迅符号化表述的时候，而在巴金那里，远去的那个身躯，永远是有血有肉的存在，仿佛心目之星。与赫尔岑、托尔斯泰、屠格涅夫一样，鲁迅的文字散发出巨大的光泽，在那光的辐射里，巴金感到了寻路时的温暖。

聂绀弩的『鲁迅体』

鲁迅晚年有几个小友，在那时候还没有什么名气，但后来念及导师的友情，一直不忘的是对鲁迅思想的呼应。他们经历的命运都很曲折，那些都是鲁迅也未曾料到的存在。在极其艰苦的时候，自我的扭曲伴随其间，细想起来，他们血液里有鲁迅的因子，在文章与气韵上衔接了一个重要的传统。缘于此，在社会环境日趋复杂的时期，众人坚守着绿地，智性得到了生长。

我感兴趣的鲁迅旧友之一，是聂绀弩先生。关于他，传奇的一生里有惊人的故事，那些纠葛着历史的痛区，至今让人颇多感怀。他一生一波三折，都以从容之态对视，一个个险境都克服过去了。他留下的文字让人过目不忘。聂绀弩去世后，关于他的评论一直很多，集中在旧体诗的占了大半。喜欢他的人，多因了那率直、坦荡的人生，还有他留下的不多的文字里的奇气。在一个缺少趣味的时代，他以生命之痛写下的文字，映照了历史的一隅。

我在好多年前参加过一次聂绀弩的追思会，吴祖光、尹瘦石、丁聪、舒芜等一批人都来了。那是一个雪日，我们聚在万寿寺的一间古屋里，听那些老人讲聂先生的为文之道与为人之道。传奇里有诗，诗中带史，杂然轰响中过来的人生片影，真的像一部曲折的小说。

那一天谈得最多的是他在北大荒的故事，以及晚年的诗，论者对其旧瓶新曲以高度评价。我记得吴祖光说到聂绀弩以苦为乐的往事时的感叹，好似一段心史的流露。我也因此对他的作品有了了解的冲动。

鲁迅遗风录

许多年后，侯景天先生编辑了《聂绀弩诗选》，书出版的时候，我在中国人民大学主持过一次聂绀弩诗歌研讨会，当日聚集了李锐、章诒和等人，讨论得很是热烈。对于一个远去的老人的敬意，除了那智性，人格的力量是主要的吧。他身前友人的陈述，倘传达给青年一代，则对那些历史片段的理解，一定是有用的。

大凡读过他的书的人，即便观点与其相左，也能为其磊落的性情所感。在作家队伍里，他可能在文体上最接近鲁迅。20世纪40年代的文坛，杂文最有气象的当属聂绀弩。他那时候留下的文字，倒是映现着鲁迅传播史动人的一章。

鲁迅在世时，他们交往的时间并不长。据材料看，他们相识于1934年，那时候聂绀弩是《中华日报》副刊《动向》的编辑，鲁迅曾投稿于他。后来聂绀弩与鲁迅、萧军一起创办过《海燕》，有过亲密的接触。30年代初正是鲁迅左转的时期，鲁迅文章的格式与韵味，给聂绀弩的印象是深远的，以至许多年过去，其面影一直在他的脑海中。他自己的文体，也打上了浓厚的鲁迅色彩。没有了鲁迅的文坛，在文明批评与社会批评方面，是聂绀弩延伸了相近的主题。鲁迅传统经由其笔触的转动，在新的环境里变得异乎寻常的重要。

就一生的变化而言，聂绀弩前期是左翼的斗士，社会思想与鲁迅极为相近，后期因为屡遭磨难，风格大变，精神中多了苍冷的因素。那是左翼精神的另一种变异，在这个变异里，他与鲁迅的距离，反而显得更近了。

聂绀弩的杂文在40年代已经日臻成熟，调子沉郁、悲慨，还略带一丝幽默之情。那时候他的主旨集中在对社会黑暗的抨击上，对国民党党天下的嘲讽，对黑社会官僚、恶霸的揭露，冷嘲者有之，怒骂者亦多，与鲁迅《二心集》里的文风颇为接近。一篇《韩康的药店》写恶霸对民间智者的亵渎，画出中国社会的一角，其中也隐含着社会不公带来的革命的必然性。文章有小说笔法，也带杂感家的幽默，洋洋洒洒之间，思想的亮光照耀着苦难之世，让人在彻悟里有走向十字街头抗争的冲动。

因为有过苏联生活的经验和北伐的经验，他对世态的感受没有书斋里的隔膜，看人看世，能够顾及社会的方方面面，对于政治的敏感是超出常人的。但因为没有政客气，其言及社会文化与政治风云的文字，又多见知识分子的味道，乃思想的审问者和追思者。他是左翼，却很少左翼腔，又像文人，但拒绝士大夫气。这就使他既不像周扬、夏衍那样有领袖气，也没有京派那样的书斋气。这样的选择，在路径上有现实的感召，许多左翼作家并没有类似的本领，就文章而言，他的独特性，是衔接在鲁迅传统中的。

他的古代文学修养很好，对于六朝、唐宋元明的文人生活，都有一些心得。评价历史人物的时候，多少见到一些立体感。这些感受与鲁迅极为接近，或说受到鲁迅的影响也是可能的。另一方面，他与鲁迅一样，对文人的批评很是尖锐，在思想上有出离旧的营垒的果决。从他对周作人、沈从文、曹聚仁的态度上，可以见到鲁迅的影子之长。鲁迅死后，聂绀弩持续与书斋里文人的论战，倒暗合了左翼文学的另一种精神。

聂绀弩的文字带有血性，没有孱弱的样子，是热风的喷吐，以炽热的光照着周边的世界。这种行文，趋于斗士的风格，都非象牙塔中人喜欢的存在。他的好恶，让人想起鲁迅晚年的选择，但较之鲁迅宽阔的胸怀，还显得格局简单。他言及周作人，嘲讽的因素多，不能以文化的逻辑思考其精神的来龙去脉，自然少了鲁迅式的理解。对于曹聚仁，他的批判显然过火，没有意识到在大的灾难中，多元文化的思路可能避免一些人间悲剧。这些争鸣，他在晚年很少提及，从精神发展看，他晚年的情形，倒是与曹聚仁仿佛一二了。

杂文的写作，倘没有学识的杂，会流于轻巧。聂绀弩在40年代后的文坛引人注意，乃学识与见识的超众。他面对现实，常常以古论今，回旋反复里，有立体的影像。比如对野史的喜爱，对旧小说的领略，在读解现实的过程中得以渗透，大有纵横捭阖之气。较之唐弢对鲁迅文体刻意的模仿，聂绀弩有些词语是内化出来的，似乎运用得更为自由。

在他诸多的杂文里，与偏于自由派的论战，给读者的印象殊深。他与曹聚仁的纠葛，看出彼此精神逻辑点的不同。这两个人，都欣赏鲁迅，可是着眼点迥异。这也看出鲁迅的丰富性和复杂性。曹聚仁偏于对鲁迅黑暗面与怀疑主义的认可，聂绀弩则礼赞鲁迅的革命精神。对前者而言，思想的灰色和绝望，乃精神自新的内力；而后者则以为，鲁迅已经克服了早期的意识，不能简单地认为鲁迅是自由主义者。他们之间的矛盾，与对周氏兄弟的评价有关，他们对周氏兄弟的不同理解，倒现出某种蹊跷来。

周作人附逆，左派人士共讨之，形成很大的声势。曹聚仁却另有心解，说的是同情的话。曹氏的精神背景，多停留在章太炎、罗素的层面，与左翼的理论多少有一些隔膜。他论述事理，没有列宁主义痕迹，倒是多了中国历史的参证。所以，他对士大夫的文化的变迁，能以同情心解之，自是一种道理。但作为五四精神的拥护者聂绀弩看来，周作人的方向，与鲁迅背离无疑，乃退回到士大夫的路径，说是倒退也未尝不对。新的时代要求的是新的知识阶级的出现，而责任正在那一代知识人身上。曹聚仁对于周作人的同情，可能弱化读书人的进取意识。

那一篇《从陶潜说到蔡邕》文笔甚好，起笔的气势与鲁迅略有仿佛之处。这文字对古人的理解，不是一般的对错之识，而是不同侧面的反诘，没有拘于儒家的层面。隐士背后的复杂性因素，被意义还原出来，确是不俗之文。聂绀弩与曹聚仁不同的地方，是相信知识人应有一个底线，不能陷于虚无主义的泥潭。而评论历史人物，也不能随着古书转，人物的标签，有时候掩饰了本质，倒要有自己独立的眼光。

曹聚仁看待历史，有虚无主义的一面，这是聂绀弩所不满意的地方。这是两个人分歧的根本点。曹聚仁在《"五四霉菌"补正》中说：

> 我觉得知识分子最靠不住，固然善于义愤填膺，同时也会卖身投靠。梁启超推许杨度为最有血性的青年，而捧袁世凯上皇帝宝座的就是他；在上海做爱国运动领袖的赵欣伯，他现在在那儿做第一号汉奸；如黄远生所自述，他自己做学生代表，自己先去投考所谓"专制"的南洋公学。知识分子的游离意识是最可怕的，把五四运动的学生代表，当作纯洁的社会运动者来描写，那是最危险的……学生代表肯自始至终为社会服务，真太少了！[1]

聂绀弩的《关于知识分子》则对曹文不以为然。他公开写道：

---

[1]　曹聚仁：《"五四霉菌"补正》，《申报·自由谈》1935年10月8日。

知识分子容易动摇是周知的。可是因此认为会宿命地变坏，给以过分的轻蔑，却反使知识分子走投无路，那也大可不必。被奴役被蒙混了几千年的无智的大众，不用说是被全部地夺去了知识，在把知识夺回以前，在争取自身解放的运动中，正迫切地需要着进步的知识分子的助力，知识分子如果能把最大的努力献给他们，在群众运动中的作用是不会小的。①

这个争论，对解释五四后知识界分化，是有价值的。鲁迅与周作人的分歧，其实也在这一点上，一个积极，一个消退。聂绀弩赞佩鲁迅，因为那思想里的积极因素。而周作人则滑入闲适的世界，对社会进步意义减轻。在聂绀弩看来，曹聚仁的文章乃周作人思想的翻版，对急剧变化的世界来说，鲁迅式的精神界的战士，才是最为重要的。

出于对社会改造的考虑，聂绀弩欣赏走在战场上的斗士，礼赞为社会进步的殉道的人们。他对于为学术而学术、超功利等字样，都不以为然，态度恰好像鲁迅对待自由主义文人一样。从30年代和40年代的杂文看来，聂绀弩对于京派文人周作人、沈从文、林庚均有微词。比如，林庚曾经礼赞天文学家的超然感，意在为学术而学术说几句公道话。聂绀弩则云："从这'言论'看来，却并未贯彻他的'不为什么'的宗旨。因为宣传'不为什么'，其实就大大地为了什么。为要阉割文学最强力的部分，使它成为无用的东西。"②我们对比鲁迅对废

① 聂绀弩：《关于知识分子》，见《聂绀弩全集》第1卷，武汉出版社2004年版，第230页。
② 聂绀弩：《天文家是"不为什么"的么？》，见《聂绀弩全集》第1卷，武汉出版社2004年版，第234页。

名的批评、对朱光潜的微词，可以看到逻辑的一致性。从这个层面上说，聂绀弩很好地运用了鲁迅的资源与现实对话。鲁迅的朋友中，有此种论辩笔法者，的确不多。

五四之后，周作人、废名、曹聚仁的思想停留在非激进的学问的层面。他们涵咏着书斋里的学问，游移于时代，但暗暗与时代进行孤独的交流。此为哈姆雷特式的犹豫，在思想史上自有自己的价值。但在聂绀弩看来，如果只会在象牙塔里吟哦，却不能如鲁迅那样走到旷野里呐喊，世界永远是灰色的。此乃堂吉诃德的精神。而聂绀弩自己，也愿意做一名这样的堂吉诃德。

那时候的文化，左翼是要解决现实问题，自由主义则停留在"文化趣味"中。前者不得不考虑思想的明晰和战斗的有效性，后者却在文化的多维性里关顾文明的建构。聂绀弩在面对现实的时候，不能忍受自由主义的温吞，有一种殉道的快感在，勇猛的样子，与鲁迅很像。但鲁迅晚年其实是在译介中思考现实问题的，没有把思考单一化。聂绀弩只是后来意识到此点，他晚年对舒芜等人不一棍子打死，甚至怜悯，都与内心的转变有关。

鲁迅去世后，聂绀弩有一阶段时间一直为捍卫鲁迅而战，有《鲁迅的偏狭与向培良的大度》《从沈从文笔下看鲁迅》《鲁迅——思想革命与民族革命的倡导者》《关于哀悼鲁迅先生》《"现在中国人为人的道德"》《人与鲁迅》《从〈狂人日记〉说到天门县的人民》等。他对鲁迅文本与思想，都有别人少有的体味，而且在批评一些文人歪曲鲁迅的时候，能以智性为之，都是难能可贵的文字。

在为数不多评论鲁迅的文章里，他对鲁迅思想的把握颇为生动。他认为鲁迅最大的价值是思想革命与民族革命的践行者。而这时候需

鲁迅遗风录

要的是勇猛的战斗精神，鲁迅的不朽之处是他的批判精神的彻底性，这完全颠覆了过去的知识人的温吞、柔弱的形象，带来了刚毅不屈的精神。聂绀弩写道：

> 不错，鲁迅先生的思想，并不比差不多一个世纪以来的改革思想的综合更多，他不是空想家，也不是什么思想界的怪杰之类，和每一时期的最进步的改革思想有什么本质的差异。然而鲁迅先生以前的改革思想中的人的觉醒的要素，有的只是不自觉的潜伏着的多少萌芽，有的又只闪着一鳞片爪的光辉；只有鲁迅先生的思想中"人"，才显著，自觉，贯串组成而为有机的整体。[①]

把鲁迅韧性的战斗意识看成其留下的遗产中最宝贵的存在，就与周作人、沈从文眼里的形象不同了。其实，聂绀弩何尝不知鲁迅更多的价值呢？但在社会黑暗的时期，这样面对鲁迅遗产，也可说是真实的内心的表露。

鲁迅生前身后，被人诟病最多的是其冷酷的文笔，似乎没有温情。沈从文自己喜欢周作人，对鲁迅的赞佩中，也婉转说出自己的不满，以为缺少周作人的温情。聂绀弩对此颇不以为然。他认为鲁迅的冷酷背后，爱意深深。他其实看到了鲁迅文本的复杂性。鲁迅的表述，看似无情无义，但外冷内热，有大爱于斯，怎么看不到其悲悯之意呢？深味鲁迅文本的聂绀弩，其实已经形成了辩证的逻辑。在微明里看到

---

① 聂绀弩：《鲁迅——思想革命与民族革命的倡导者》，见《聂绀弩全集》第1卷，武汉出版社2004年版，第182页。

暗影，于无序中读出精神的确切性。聂绀弩对自由主义者带有贬义的话语，其实多少从鲁迅那里来的。

许多关于文学的论述及文化现象的论述，他都重复着鲁迅的话，以至看不出彼此的差异。比如《追论京派海派什么的》说：

> "京派者"，官僚化、绅士化也。"海派者"，市侩化、流氓化也。"新京派者"，党棍化也。如斯而已！①

这与鲁迅所云京派近官、海派近商，是相似的言论。聂绀弩推崇这些文人之外的独立的知识阶级的视角，恰是那代左翼人士精神的一种解释。理解这样的话，只有在紧张的压迫时代，方有可能。

聂绀弩的语言有沉郁洒脱之气，亦会在修辞上多见智慧。鲁迅在《小杂感》里有一种缠绕的幽情，聂绀弩的笔锋亦似亦同。《强与弱》云：

> 强者，应该是弱者面前的弱者。
>
> 弱者，往往在弱者面前是强者。
>
> 强者面前的强者，才是真强。弱者面前的强者，才是真弱。②

显然，这是对鲁迅的主奴观的一种仿效，但运用并不自如。鲁迅

---

① 聂绀弩：《追论京派海派什么的》，见《聂绀弩全集》第2卷，武汉出版社2004年版，第107页。
② 聂绀弩：《强与弱》，见《聂绀弩全集》第2卷，武汉出版社2004年版，第275页。

背后的尼采的影子，聂绀弩似乎并没有。但他以自己幼稚的笔，重注鲁迅的主题，倒是见出其审美的偏好。

聂绀弩一生颇多传奇，其写作的兴趣亦广。他的古代文学研究与语言学研究，都有别人没有的因素。其中的观念，受到鲁迅的启示，思想显得不入时尚，而深意在焉。他评论金圣叹，笔笔有味，点到穴位，且妙思涌来，因为有鲁迅的参照，遂感叹其未能成为伟岸之树，连带对李贽，亦多惋惜。他以为如果李贽有金圣叹的文采，金圣叹倘有李贽的思想，二人庶几可成大家，但历史没有给他们机会，真的可叹者也。他研究《红楼梦》，说出别人没有的话来，可谓学林里的奇葩。这些有自己咀嚼的偶得，也多鲁夫子的思想的启示，非一两句话可以道清。

直到晚年，他在旧诗中，可说找到了真的自我，修辞与思想都以生命的体验为依，没有了对鲁迅简单的模仿，而在另类的叙述里，表现出鲁迅精神的另一面。比如以无畏面对荒谬，在无路中走路。比如笑对天下邪恶，困苦皆成虚烟一过。日常之物均可入诗，且自然无伪，大气淋漓。他叙述北大荒"劳动改造"的文字，没有孱弱的文人的吟哦，反倒多了庄子式的放达。描绘读史的心得，有览万物于一瞬的通透。自嘲、观世、读人，将不可能的诗化的词语诗化，完全是前无古人的独创。那首礼赞鲁迅的诗，乃非同寻常之作，对其精神体味之深，早非晚年所能言之：

晚熏马列翻天地，早乳豺狼噬祖先。
有字皆从人着想，无时不与战为缘。
斗牛光焰宵深冷，魑魅影形鼎上屛。

176

我手曾摊三百日，人书定寿五千年。①

诗歌中完全没有士大夫的样子，杂文笔法和新文人笔法在旧体格律里自由跳跃，真真神来之笔。全诗是对现代以来苦境中的思想者的礼赞，灰暗中突生奇气，卷地潮声中，荡涤着污泥浊水。自从五四旧体诗式微之后，聂绀弩以神思与素心点铁成金，旧瓶新酒，味道醇烈。我们从中也能嗅出几分鲁老夫子的遗绪吧。

---

① 聂绀弩：《题〈鲁迅全集〉》，见《聂绀弩全集》第5卷，武汉出版社2004年版，第125页。

鲁迅遗风录

诗人冯雪峰

文学史家早已意识到，如果不是冯雪峰、瞿秋白出现在晚年的鲁迅面前，后来的关于鲁迅的叙述，可能是另一个样子。瞿秋白过世过早，没有经历左联的风波，但对于鲁迅思想的列宁主义式的定调，由他而起。其后，鲁迅左转的过程，冯雪峰的影响不可低估。是他第一个把毛泽东的名字代写在鲁迅的文章里，而在鲁迅葬礼的过程中，治丧委员会出现毛泽东的名字，也是冯雪峰的安排。20世纪40年代后，共产党人对鲁迅的言说，调子趋于一致，而毛泽东对鲁迅的评价，也是在他们基础上的延伸。把这个过程梳理清楚，鲁迅的身后叙述基调也可以得以一定的注解。

在左翼批评家中，冯雪峰与周扬属于两个世界。冯雪峰的存在留在了批评史的深处，而周扬则在思潮、运动史中被一般性地叙述着。前者关乎左翼知识人的良知与信念；后者则是政党文化的符号，乃意识形态下的审美体系。这种差异演绎出后来激烈的摩擦，乃至酿成一个悲剧。左翼文化的分野，成为后来知识分子不同选择的起点。

无论学界如何描述周扬的学识和思想，人们对他的印象，似乎都不及冯雪峰深刻。一部《回忆鲁迅》，足以超越诸多关于鲁迅的纪念文章，冯雪峰的这本著作，幽婉、深邃的情思背后，有现在知识人的无边的心绪。《回忆鲁迅》开篇对于鲁迅精神暗色的描述，有着诗一般的旋律。那时候喜欢鲁迅思想的许多学者，似乎都无法达到冯雪峰的水平，他对于鲁迅的知识分子的复杂性的勾勒，以及左转时的心绪

鲁迅遗风录

的描摹，都被后人不断引用。朱正先生说，冯雪峰对鲁迅的陈述，也感染过他，而他自己的那本薄薄的《鲁迅传》，也是冯先生促成出版的。[1] 对鲁迅研究而言，冯雪峰的劳作，是有着奠基性的价值的。

当他出现在鲁迅身边的时候，质朴里的稚气以及做事的韧性，很快引起鲁迅的好感。以批评家身份出道的冯雪峰，是左派里的一个异类，完全没有盛气凌人的样子。当创造社、太阳社的青年围剿鲁迅的时候，他还并未接触鲁迅，但他很快发现了围剿鲁迅者的问题。1928年，他发表的《革命与知识阶级》，批评了李初黎、成仿吾等人对鲁迅置于死地的态度，对鲁迅充满了理解和信任：

> 鲁迅自己，在艺术上是一个冷酷的感伤主义者，在文化批评上是一个理性主义者，因此，在艺术上鲁迅抓着了攻击国民性与人间的普遍的"黑暗方面"，在文化批评方面，鲁迅不遗余力地攻击传统的思想——在"五四""五卅"期间，知识阶级中，以个人论，做工做得最好的是鲁迅；但他没有在创作上暗示出"国民性"与"人间黑暗"是和经济制度有关的。在批评上，对于无产阶级只是一个在旁边的说话者。所以鲁迅是理性主义者，不是社会主义者。到了现在，鲁迅做的工作是继续与封建势力斗争，也仍立在向来的立场上，同时他常常反顾人道主义。[2]

---

[1]　朱正：《我的怀念与感激》，见包子衍等编《冯雪峰纪念集》，人民文学出版社2003年版，第390页。

[2]　冯雪峰：《革命与知识阶级》，见《冯雪峰选集·论文编》，人民文学出版社2003年版，第5页。

冯雪峰朦胧地感到了问题的核心，但理论的表述还浮在表面。不过他对创造社诸君提出了一种警告，这倒是意味深长的：

> 一大本杂志有半本是攻击鲁迅的文章，在别的许多的地方是大书着"创造社"的字样，而这只是为要抬出创造社来。对于鲁迅的攻击，在革命的现阶段的态度上既是可不必，而创造社诸人及其他等的攻击方法，还含有别的危险性。[①]

指出创作社具有一种危险性，这在当时要有相当的勇气，陈涌先生后来评价冯雪峰这个行为，认为是左派人士最早肯定鲁迅文字，"在30年代，不但在鲁迅一般朋辈之中，而且在共产党人中，雪峰同志是少数真正理解鲁迅的人之一"[②]。可以说，冯雪峰的批评之路，与创造社以及后来左联的周扬的逻辑点并不一致。他在一开始，就以非意识形态的方式理解鲁迅，又在鲁迅那里引申出属于意识形态的内容，从而因势利导地把鲁迅资源转化成革命文化的一部分。这是那时候的许多左派批评家都不会也难以做到的工作。

资料显示，他与鲁迅的频繁接触，催生出许多知识分子与革命的话语，他也因为一种爱意和执着赢得了鲁迅的信任。当他经历过二万五千里长征，并从瓦窑堡潜回上海的时候，其传奇的色彩中的神秘之旅，都成了鲁迅好奇的所在。因了这个出发点，他们彼此有了互动的内容。如果说瞿秋白使鲁迅看到了左派知识分子思想里的魅力，

---

①   冯雪峰：《革命与知识阶级》，见《冯雪峰选集·论文编》，人民文学出版社 2003年版，第6页。

②   陈涌：《关于雪峰文艺思想的几件事》，见包子衍等编《冯雪峰纪念集》，人民文学出版社2003年版，第390页。

鲁迅遗风录

11　诗人冯雪峰

那么冯雪峰则以自身的实践影子让鲁迅感受到了改变未来的可能性。鲁迅编辑瞿秋白的遗稿《海上述林》的时候，体味到瞿秋白思想里博雅、广阔的救世的情怀，他在冯雪峰那里则意识到瞿秋白的精神的另一种折射，那恰是鲁迅自己所没有的存在。这些青年的文学感觉中的殉道意识，唤起了鲁迅对新的知识群落出现的渴望。这种挚爱，在旧的士大夫那里是难以见到的。

对冯雪峰而言，在鲁迅那里发现的精神不亚于俄苏文学理论里的光芒，他在这位党外文人身上看到了更迷人的存在。鲁迅的深刻不仅仅在俄苏话语逻辑层面，也在中国现代知识分子自发的逻辑中，即从鲁迅的资源中看到了中国知识人本身具有的合理的革命基因。而由此延伸出的批评理论，和周扬式的教条主义便有了根本的差异。

作为诗人和批评家，冯雪峰在鲁迅那里找到了现代新文化的本质的所在。除了《革命与知识阶级》一文，他关于鲁迅的论述渐渐趋于成熟。《关于鲁迅在文学上的地位》《鲁迅论》《鲁迅和俄罗斯文学的关系及鲁迅创作的独立特色》《论〈阿Q正传〉》《论〈野草〉》都集中体现了创造性的观点。这些几乎都是心灵攀谈的结晶，没有俄苏文学理论生硬的痕迹，泛意识形态的因素较他人甚少。印象里，他的鲁迅观是带有一种心灵呼应的情感的，又能在冷静中判断其间的变化轨迹。与一般人对于鲁迅性格呆板的评述不同的是，他看到了鲁迅精神的多面性和思想表述的分寸性。比如，对那些恶的势力发出的声音，他是以刻毒的语言回击对手的，而对于善意者的误会，他不过只发一点牢骚而已。冯雪峰发现，鲁迅在《野草》《彷徨》里体现的精神和在《华盖集》里体现的意识有别。晦涩与朗健的东西皆有。有人将此看成一种矛盾。冯雪峰则以为，这只是鲁迅的两个侧面。

他在忧郁、痛苦里表现的情绪，同时被其以另一种方式否定或克服着，即在绝望的表述里，是有突围的渴念的。知其无可奈何却非安之若命，这是鲁迅的基本的状态。早期的许多左翼青年批评家没有看到鲁迅矛盾中所流露出的进击意识，而只有冯雪峰与瞿秋白最早发现并阐释了这一点。

《回忆鲁迅》对于他们间的对话的描述相当丰富。彼此真诚的对谈间的动人之声看出了鲁迅内心最为柔软的一面。冯雪峰以沉静、舒缓的语言，再现了鲁迅面对自我的困惑那种解剖自我的情形，仿佛心灵与上苍有了交流，现出形而上的光环。他发现鲁迅面对着许多对立者，自己也是自己的对立者，于是在不满的过程中，一面拷问着对象世界，一面审视着自我。这是中国士大夫与绅士阶级从未有过的状态，犹如陀思妥耶夫斯基式的挣扎，但又多了革命的内涵。对于这种复杂性，冯雪峰意识到以往的理论对鲁迅描述的尴尬，因为鲁迅不属于那些教条概念下的人物，即便早期的个人主义，也非胡适式的，那精神隐含里的革命基因，与后来的中国革命理念有衔接的可能。

吸引冯雪峰的是鲁迅的人格。他觉得鲁迅有儿童的天真的一面。有一次他和绿原说道：

> 真正的诗人是个儿童，鲁迅就是个儿童。有一次，我买了一堆杨桃去看他，我们两人一起站着吃。吃了几口，他一松手，吃了一半的杨桃掉在地上，跌出一滩水来。想不到他立刻弯下腰，抓起来又往嘴里送。一面吃着，一面和我哈哈

鲁迅遗风录

大笑，这不是儿童习气是什么？①

　　在对鲁迅的描述里，他刻画了一个天真、可爱、深切、真挚的鲁迅形象。在"横眉冷对"背后的情感与态度，得到一次暖意的表达。对比一下萧红的记叙，二人的调子何等相近。而左联的一些批评家及厌恶鲁迅的绅士们，是不会看到这一点的。

　　鲁迅逝世一周年的时候，冯雪峰发表了《鲁迅论》，赞扬鲁迅"以毕生之力作了民族图史，和中国民族衰弱史一同，就有更鲜明的中国人民的血战史陈列在那里"②。他看到鲁迅身上迷人的地方，除了智性和想象力，那种与旧的遗存搏斗的姿态，恰是其精神高度的呈现。他使用了"阿Q主义"这个概念，并从那里嗅出古老的幽魂的气息，而《故事新编》中"伟大的傻子精神"亦让其心醉。在鲁迅杂文世界，他发现了将诗和争论凝结为一体的文艺形式。而那文字背后，乃"战斗的意志和博大的爱"③。多年后，在《论〈阿Q正传〉》中，他认为前期鲁迅的作品有政论家的色彩，阿Q形象其实是"奴隶失败主义"的缩影，阿Q的身份是雇农，却又超越了雇农身份，具有非同寻常的意义。文章中，看得出作者不凡的洞悉力，他认为鲁迅自身有克服自身问题的潜力，这是鲁迅塑造人物时超越自己经验的内因。冯雪峰以自己的慧眼，从美学层面，勾画出鲁迅世界的迷人的亮点。

①　　绿原：《追忆雪峰同志的几点风范》，见包子衍等编《冯雪峰纪念集》，人民文学出版社2003年版，第276页。

②　　冯雪峰：《鲁迅论》，见《冯雪峰选集·论文编》，人民文学出版社2003年版，第49页。

③　　冯雪峰：《鲁迅论》，见《冯雪峰选集·论文编》，人民文学出版社2003年版，第57页。

在众多的批评文字里，他的落脚点在鲁迅的战斗性上。即便面对《野草》这样的文本，他从那些虚妄、痛楚的迷雾里，依然看到鲁迅孤独前行的影子，一个在否定中前行的思想者。《鲁迅和俄罗斯文学的关系及鲁迅创作的独立特色》一文，对于鲁迅摄取域外思想的论述颇多新解，在战斗性的文本中闪烁着人类进取的渴念，而鲁迅的革命性，是在多维的文化参照里完成的。在鲁迅还没有加入左联之前，他的思想状态和审美状态，已经具有左派文化的逻辑性，还没有成为马克思主义的一员，却比许多自称马克思主义的青年要多有一种智慧。冯雪峰写道："他保持着自己的独立思想和自己在思想领域上独立作战的路线，虽然他又绝不愿意自己独树一帜（不仅在政治上不愿，而且在思想上也不愿），而总是要和人民革命的需要相一致。"[1]这种状况使冯雪峰意识到自己的使命，他希望自己能够促进鲁迅与共产党的接近。瞿秋白与鲁迅的相识，是他亲自安排的，而鲁迅对延安的态度，也是他的影响所致。当"两个口号"争论的时候，他有意把党对于托洛茨基的态度写进鲁迅的口述里，也策略性地将其和毛泽东的思想联系起来。这是扭转文学史叙述的一个重要节点，此后鲁迅开始被红色文化不断演绎着。一个完全不懂政党文化的独立的斗士鲁迅突然进入政党文化的话语表达自己的思想，显得异常突兀，而冯雪峰恰是那突兀的制造者，他以自己的善意，将鲁迅叙述到政党文化的逻辑中来了。

显然，我们的批评家在此把复杂的鲁迅单一化地刻画到历史的景深里，对照晚年鲁迅的杂文和翻译之文，一切并非冯雪峰的叙述那么确然。冲突是越发激烈了，而思想则交织在多种语境里，这是冯雪峰

---

[1]　　冯雪峰：《回忆鲁迅》，人民文学出版社1952年版，第26页。

无力描述的所在。《回忆鲁迅》遗漏了鲁迅晚年的许多思想，革命性的因素虽然很多，而另类的文化精神也时隐时现着，岂是政党文化可以绘之？

《鲁迅回忆录》对鲁迅的列宁主义化的描述显得牵强，这是该书失败的部分。新中国成立之初，为了表现鲁迅遗产的正当性，如此描绘也可能是一种策略。但那些连鲁迅都没有体验过的俄苏式的逻辑，与鲁迅文本的差异显而易见。另一篇文章《党给鲁迅以力量》，史料也许不错，但一些观点也外在于鲁迅的世界。鲁迅倾向性的存在被描绘成确然的遗产，就放大了其精神的另一面。比如，论述鲁迅对毛泽东的态度，都没有具体的资料，多为主观的陈述，强加给鲁迅的东西是有的。从整体思路看，冯雪峰看到了鲁迅的独特性、无与伦比性，但背后的参照可能出现问题。同样是左翼，鲁迅的思想与共产党人的思想，的确存在巨大的差异。回避这个差异，也意味着冯雪峰内心的实用主义策略是何等深切。

这种实用主义，乃对周扬等人的一种抵制。他意识到只有复活鲁迅的遗产，才会避免把文学引向教条主义的歧途。而那办法是，只有把鲁迅与毛泽东并列起来，抵制才有成效。无论作者意识到与否，他的把鲁迅权威化的过程，既扩散了鲁迅精神的影响力，也将其纳入另一种意识形态之中，鲁迅的正襟危坐气，也由这类叙述呈现出来。神话鲁迅就是在这种多种精神元素里，被集体性地勾勒出来。

从20世纪30年代末开始，冯雪峰一直不满于左翼文学指导者的文学观念。主要的理由是，那些口口声声讲革命文学的人，常常忽略文学内在的规律性。与这种泛意识形态化的文学批评观进行对话和较量，构成了其批评思想的核心特色。而这些，都延续了鲁迅《二心集》《南腔北调集》的某些思路。应当说，这种用意是可佩的，但是他劳作的结果呈现出神话鲁迅的逻辑，也恰恰是远离鲁迅遗产的一种悖论。

具有诗人气质的冯雪峰显得机敏而固执，不像周扬那样一直处于政治的风头上。唐弢回忆冯雪峰与周扬之间围绕文学文本不同看法时的争执，都可以想见冯氏与后来主流批评观的差异。冯雪峰有良好的艺术直觉，理论水平虽然不及胡风、周扬，但在审视作品文本时的精准和表达的精细，也令人赞叹。那篇关于艾青诗歌的通信，对于诗歌内在性的美的勾勒，非一般人可以为之。而描述丁玲作品的内核的演变，寥寥数语，妙思已出，看出精神的高度。对于丁玲的评论，他有多篇文章，比如对《莎菲女士的日记》与鲁迅《伤逝》的比较，看得出慧眼里的意象之深，讨论《太阳照在桑干河上》，纵深感里的智慧散发着温情。他关于欧阳山、柳青的评论亦有特点，尤其对于柳青文体里流露出的意象的多重性的思考，既有所肯定，又提出建议，都看出其批评眼光的独到。

沉浸在鲁迅文本的冯雪峰著文常常单刀直入，没有温吞的感觉，对于不喜欢的作品，从来都直言相告。《论民主革命的文艺运动》对"国防文学"的批评一针见血，他在此文中对公式主义的批评，都有针对性，是延续鲁迅的某些意识的。40年代后期，胡风所担心的概念化的作品越来越多，冯雪峰对此也颇为不满。1953年，在一次会议上，他作了《关于目前文学创作问题》的演讲，对于创作落后于现实的情况颇为担忧，他认为，"在领导思想上，为政策写作，写政策，这不

鲁迅遗风录

11 诗人冯雪峰

是马列主义的概念，而是政策概念"①。他在文章中点名批评了老舍，以为那时候老舍的写作走了反艺术规律的路：

> 这种创作路线，影响了有才能的作家，也包括老舍先生。《春华秋实》是失败的，没有艺术的构思，这是奉命写的东西，"三反"可以写，但可以不这样写，这条路是走不通的，我们要把老舍先生走得很苦的道路停下来；我们要否定这条路，否定这条反现实主义的创作路线。②

在另一篇《关于创作和批评》中，他对杨朔、刘白羽的文本颇多不满，认为现实主义的因素是弱化的。"现在许多人中，确实存在着一种无斗争的精神状态，一种'胜利'心理，这是我们应该以高度的警惕性来注意、来指出的。"③在冯雪峰看来，批判意识、直面现实意识依然重要，文学要保持的恰是这种精神，他确然地发出"我们应该提倡讽刺"这样的声音，而他的依据，恰来自鲁迅杂文一再强调的精神。

新中国成立初期，他关于文学的批评主张多处显得不合时宜，对照一下流行的文章和作品，冯雪峰与胡风的感受是接近的。据许觉民回忆，"他认为把文艺分为政治标准第一，艺术标准第二说不通的，

---

① 冯雪峰：《关于目前文学创作问题》，见《冯雪峰选集·论文编》，人民文学出版社2003年版，第388页。
② 冯雪峰：《关于目前文学创作问题》，见《冯雪峰选集·论文编》，人民文学出版社2003年版，第390页。
③ 冯雪峰：《关于创作和批评》，见《冯雪峰选集·论文编》，人民文学出版社2003年版，第406页。

文艺首先是艺术品，就应该以艺术质量来衡量一部作品，好的政治内容必须通过高度的艺术表现力才能显现出来否则只剩下干巴巴的政治口号，算不得艺术"①。他与胡风意识到文学在渐渐离开鲁迅的传统，知识分子的功能也开始弱化。这给他们带来了困惑，随之而来的是抵抗。后来，冯雪峰把精力投入《鲁迅全集》的编辑工作，也有一种招魂的渴念吧。

1957年，冯雪峰遭到意想不到的批判，他偏离周扬思想的话语成了反革命右派分子的依据，以鲁迅为参照的批评思路已经不能给他带来护身符的便利。他和他依傍的鲁迅遗产都卷入黑暗之地。在周扬等人看来，无论鲁迅还是冯雪峰，无一例外地都缺失党性原则，而鲁迅晚年对于左联领导否定性的判断，是冯雪峰的导演所致，即以一种宗派的方式抵抗组织的神圣性。批判他的文章甚多，其中一种主张是，思想深处与胡风在一个层面，乃反马克思主义的一种偏狭存在，这种指责的背后，对鲁迅的不满也深含其间。

冯雪峰的遭难既是宗派的恶果，也存在着理论上的纠葛。他的理论与胡风的理论有接近的地方，也存在诸多的不同。有学者对此做了一种辨析："在文艺创作过程中，重视审美主体对于现实的肉搏、突进、拥抱，冯雪峰、胡风是继承与坚持了鲁迅的创作传统的。"②但另一方面也有着一定的差异，他们都强调了主观力的作用与价值，但冯雪峰认为"'主观力'只有从'深入人民生活和斗争中'去获得，主观力的提高，只能通过高度地反映人民力来显示。胡风则认为，作家

---

① 许觉民：《阅读冯雪峰》，见包子衍等编《冯雪峰纪念集》，人民文学出版社2003年版，第317页。
② 陈早春、万家骥：《冯雪峰评传》，人民文学出版社2003年版，第409页。

鲁迅遗风录

如果不先获得坚强的思想力，就容易被群众生活中的落后的现象所'淹没'"①。从上述的情况看，冯雪峰比胡风更具有政党文化的意识，思想一定程度上接近毛泽东的逻辑，但在根底上，鲁迅的经验在这里是以自己的生命体验而被陈述出来的。反对冯雪峰的人把他与胡风联系起来加以批判，也不是没有道理的妄议。

对比俄国十月革命胜利前后左派知识分子的艺术观念的建立过程，中国左翼批评理论只经历了极为简单的对话、交锋时光，在哲学层面和审美层面都还缺少思想的深度碰撞。瞿秋白从俄国那里运来了许多思想，他转译的马恩的关于艺术的理论，都还是片断性的，只有鲁迅在马克思主义和非马克思主义的理论译介对比里，开始形成自己的思想，那些鲜活的精神都与他的历史经验和现实经验交织在一起。冯雪峰、胡风一定程度上延续了鲁迅的精神遗产，但因为知识结构的局限与生命体验的经验的不足，不能像鲁迅那样厚实地面对艺术与政治的难题，他们显示了自己的先天不足。批评他们的人有许多观点充满谬误，可说在美学问题上，一些指责也并非没有理论的依据，只是原本争论的话题变为政治审判的时候，思想的演进也就终止了。

认真梳理冯雪峰和胡风的异同，可以看出，胡风把鲁迅与马克思主义的原理定型为一种原典性的存在，获取这个存在的能量比在世俗社会的一般性生存要高明得多。而冯雪峰更看重实践里的思想的鲜活性。胡风觉得在鲁迅传统那里，已经具备了消解教条主义的功能，与之略有差异的是，冯雪峰看到个体与群体可能通过党性准绳而达到一种新的境界。这一点与葛兰西的思想略有相似之处，"先进阶级为实

---

①　　　陈早春、万家骥：《冯雪峰评传》，人民文学出版社2003年版，第409页。

现自己的战略总目标，就必须同化在意识形态上战胜传统知识分子"①。但这种同化过程主体世界如何安放，胡风自然比冯雪峰考虑得深切。在左翼文化策略上，胡风很少列宁主义痕迹，而冯雪峰是受益于列宁的思想的。这个微妙的不同也导致后来的学术评价中胡风更具魅力的原因所在，中国左翼批评的分水岭也在此可以看清一二。

在后来的反省里，冯雪峰承认自己的失误，比如性急，比如在两个口号之争中的态度，都有可批评之处。但鲁迅的精神无论过去还是现在，都没有过时。"文化大革命"中他在暗地与友人抨击江青、姚文元，都说明其内心基本的底线依在，为社会殉道的精神依在。只是青年的一代，不易理解鲁老夫子，而由他自己奠定的叙述鲁迅的逻辑是否也有几分责任，冯雪峰没有说，但就内心而言，也未必没有醒悟过吧。

关于左翼文化的历史，尤其是左翼文学批评的历史，胡风、冯雪峰提供的经验似乎并未能被后来的批评家深入总结。他们的批评思想在战乱的、思想尚未统一的年代，具有相当的自由性和进取意识，而在思想定于一尊的时候，都溢出了周扬固有的审美模式，于是马克思主义批评的多种走向和可能性也遭到遏制。他们都希望能够像鲁迅那样以智性和趣味拥抱人间的绿色，并耕耘出诸种梦想，但收获的是无边的荒凉。在这个荒凉的世界，他们又以自己的陨落，保持了生命的纯洁。

年轻的时候，冯雪峰在《雪》这首诗里说：

① 田时纲:《译序》，见［意］葛兰西《狱中书简》，田时纲译，人民出版社2007年版，第9页。

鲁迅遗风录

为了净化大地，

他献出了自己。

　　现在想来，他也是"献出了自己"的人。遥想那一代人的选择，看出文化发展的悲欣交集的一幕。鲁迅在复杂性中呈现出一种纯粹性的追求精神，而冯雪峰则在纯粹性的追求里坠入复杂性的深谷。鲁迅死于爱鲁迅者的语境里，实在也是文化的非逻辑的逻辑。冯雪峰坚守中失去了自由，他悲苦的意识里缠绕着左翼文化的自戕意识。你或许可以说这是探索里的一种歧路，或者是历史的必然，至少这些苦楚的经验告诉我们，左翼理论如果与复杂的社会和鲜活的生命体验脱节的时候，消失的不仅仅是思想，还有一个个渴念解放与自由的生命。无论胡风还是冯雪峰，他们悲惨地与世间离别的时候，都带走了鲁迅灵魂里的不安的叹息。

台静农的寂寞

新近的学者谈论鲁迅，言及对京派文人的看法，以为他是看不上书斋里的人的。其例子是，鲁迅曾嘲笑过刘半农、钱玄同、周作人的书斋化，觉得他们不知外事，骨头是软的。其实鲁迅对专心于学问的人，并不都是嘲讽。像王国维这样的人，他就颇为敬佩，还赞扬过他的著述。鲁迅晚年在与曹聚仁的信中表示过，想写一部中国字体变迁史及文学史稿各一部。在他看来，中国学问，应重新整理者很多，许多领域的问题，尚待开发。但因为那时，鲁迅关心的大多是当下问题，学问的梦，终未实现。倘若真的抽暇从事这一工作，中国的学术史，当会多一些话题吧。

　　鲁迅的讨厌京派学人，大抵因了其间的士大夫气，以及学识浅薄者的故作高雅。在先生眼里，除周作人外，其他的弄文学与古董的教授，视野与境界，均有问题，不足为观。但对那些朴实、态度平和的人，他并不挖苦其治学的水准高低，有时甚至鼓励其为学术而学术。如1933年12月他写给友人台静农的信中就说：

　　　　北大堕落至此，殊可叹息，若将标语各增一字，作
　　　"五四失精神"，"时代在前面"，则较切矣。兄蛰伏古城，情状
　　　自能推度，但我以为此亦不必侘傺，大可以趁此时候，深研一

鲁迅遗风录

种学问，古学可，新学亦可，即足自慰，将来亦仍有用也。①

他劝台静农潜心治学，且以此自娱，也证明了他并不反对学者生活。其实鲁迅的一生，时常有一种矛盾心理。是作自由撰稿人呢，还是从事学术研究？二者皆爱，又不能兼得，便只好牺牲了学术，走出象牙塔，在人间世苦苦地走着。创作与治学并驾齐驱，在那个时代，确是大难的。

考察20世纪二三十年代的文人，追随鲁迅的人，大致也有类似的困顿，在创作与治学中徘徊着。谈及这个现象，我总想起台静农先生，其一生的足迹，可总结的颇多。台先生1902年11月23日生于安徽，1925年随同鲁迅组织了未名社。那时候他在北大听过鲁迅的课，便很快被吸引了过去。台先生的走入文坛，始于小说创作，因了小说集《地之子》与《建塔者》，名声大噪。但后来洗手不再涉足文坛，潜心做了学者，与作家们倒隔膜了。

台静农最初的写作，是模仿鲁迅的，连句式、格调，都颇为相似。《地之子》大多是写乡土生活的，情境暗暗的，有一点压抑。作者借用鲁迅的某些笔法，站在都市的角度，苦涩地打量乡下人的世界，且将己身的苦楚，糅于其中，读了不禁周身寒彻。那时的作者，还是二十几岁的青年，正在苦闷的年头。加之又受到了鲁迅的暗示，作品自然没有什么光亮。但它真实、透彻，至今的乡土研究者，还有感怀于他的。另一本小书《建塔者》，成就似乎不及《地之子》，小资的调子浓了，也证明了作者视野的窄。不过它的惨烈、低回和无边的痛楚，

①　鲁迅：《331227致台静农》，见《鲁迅全集》第12卷，人民文学出版社2005年版，第533页。

倒是写了人性的一面。难怪鲁迅编选《〈中国新文学大系〉小说二集》时，收录了台氏的四篇作品，在那书的序言里，鲁迅说：

> 要在他的作品里吸取"伟大的欢欣"，诚然是不容易的，但他却贡献了文艺；而且在争写着恋爱的悲欢，都会的明暗的那时候，能将乡间的死生，泥土的气息，移在纸上的，也没有更多，更勤于这作者的了。[①]

这样的评价，十分中肯，倘读一读台氏的作品，大约可以感受到此点。他的小说很有味道，像《天二哥》《拜堂》《吴老爹》等，都隐隐地含着凄苦，是绝望者的泪光，给人以悠远的哀伤。台静农的文笔殊佳，只是编故事时，稍显简单，精神不及鲁迅幽远，所以那些作品再版机会很少，遂不被后人明了了。

查鲁迅日记，与台静农的通信近50封，但信的内容，大多非文学创作之类，而是学问之类的东西。到了30年代，二人交往中，学术的话题多于创作，说明台静农的兴趣，已转移到治学中去了。鲁迅与台静农，都喜欢汉代的艺术，台静农还专门托友人拓印了200余幅南阳汉画像，赠送给鲁迅。他们的性格里有桀骜不驯的一面，想来也是一种必然。二人均钟情于汉代绘画的宏阔气象，因为那里绝无宋代文人的猥琐、小气。台静农的字与文，就分明有汉代余绪，这固然受到了鲁迅的暗示，实则也是与古人心有戚戚焉。十分有趣的是，台静农也喜欢魏晋文人洒脱的一面。其撰述的《魏晋文学思想述论》《嵇

① 　鲁迅：《〈中国新文学大系〉小说二集序》，见《鲁迅全集》第6卷，人民文学出版社2005年版，第263页。

鲁迅遗风录

12　台静农的寂寞

阮论》诸文，颇有见识。看他的论文，也让人想起鲁迅，似乎那思考的背后，也有着鲁夫子的投影。鲁迅也好，台静农也好，都看重魏晋文人放达的精神，台氏在《嵇阮论》中谈及嵇康、阮籍时，有别人少有的体味，或许正是民国间的战乱，使其与鲁迅一样，看到了士大夫苦苦挣扎的内因。以己身的体验而切入历史，自然就有了别样的气韵。作者写道：

> 嵇、阮所生的时代，刚刚跨着两个时期，即汉魏之际和魏晋之际。前者在朝的党锢，在野的逸民，他们的抗争与危惧，无疑的给少年嵇、阮以深刻的印象；当曹氏父子打着尧舜禅让的幌子，夺取了刘汉的政权，这又给少年嵇、阮以深刻的认识。后来司马氏重演曹氏父子旧戏，而司马氏的狼顾狐媚、猜忌残忍，又远在曹氏父子之上。阮籍与嵇康虽说没有如何效忠于旧朝，但不是绝无其政治关系及政治的意识，一旦屈膝于司马氏的新朝也非所甘心。在当时知识分子的人望同时又是朝士的人物，遇到新旧政权代替的时候，历史所留下的路，不作臣仆，便是抗拒，或者隐遁起来，可是这都不是两人所能走的路。因为作司马氏的臣仆，决不可能；抗拒呢，更无此力量；隐遁呢，则一时人望，忽然隐藏起来，那野心家的猜忌又必然的随之而至。正值历史的路不能再走的时候，刚形成的由何、王代表的新思想的潮流却给了他们一线生机……他们与何、王不同，宁可戕贼自己，而以放达的生活，嘲笑礼教，冷视权威，同时他借此伪装以保全生

命；那么，他们的颓废行为，是武器，也是烟幕。①

　　台静农从社会政治变迁看文化的发展以及文人自我意识的形成，思路与鲁迅庶几相近。他研究汉代乐舞、简书，以及魏晋士风，都非"纯粹的审美静观"。其冷静、沉着的笔触，是只有经历过五四低潮、且看够了政客文化后的一种心灵闪动。他一生不太热衷政治，但对政治文化的负面因素，颇有体会。后来在古文与书画间徘徊，实在是一种无奈。在对学问的态度上与鲁迅接近，也是两人友谊能久久持续的一个原因。从鲁迅与台静农的风骨里，能读出现代史的一道流脉。可惜研究者对此一深层问题，大多回避了。

　　读台静农的随笔集《龙坡杂文》，见其在丧乱年代的特立独行之迹，不禁生出感叹。他和五四的先驱者们，有许多是朋友。像胡适、陈独秀、沈尹默，与其均有交情，有的关系甚密。比如与陈独秀，就亲密得非同寻常。不过台静农和陈氏的交往，不谈政治，专事学术。陈独秀晚年潦倒的时候，台静农倒是常常出现在他的身边，并将陈氏旧作《中国古史表》转交编译馆油印。台静农对陈氏的政治选择，很少表态，但对其学术中的锐气和新鲜思想，颇为赞许，以为独立精神，是人间的至宝。将五四的精神实质，内化到学术思考里，是台静农后来的自觉的选择。他读古书，但不滞溺；弄书画，却无老气。鲁迅晚年与他频繁通信，且畅所欲言，或许是有感于台氏的真挚。这样的友人，对鲁迅而言，是较难得的。

　　台静农一生，大多时间在大学任教，曾先后任职于辅仁大学、山

---

　　①　　台静农：《台静农论文集》，安徽教育出版社2002年版，第111～112页。

鲁迅遗风录

12　台静农的寂寞

东大学、厦门大学、四川白沙国立女子师范学院。1946年，应许寿裳之邀到台湾大学工作，后做中文系主任多年，1990年11月在台北病逝。他在大学教书，一直过着寂寞的生活，自云"教书匠生活，僵化了，什么兴会都没有了"。但偶尔写下的关于古代文化的研究文章，出笔不凡。而他的书法，风靡台湾，影响颇广。所写的《两汉乐舞考》《智永禅师的书学及其对于后世的影响》《天问新笺》等尤见功力。他的书法，一直被世人称道。启功先生说"他的点划，下笔如刀切玉，常见毫无意识地带入汉隶的古拙笔意"，董桥有一篇文章，夸赞台静农的字"高雅周到，放浪而不失分寸"，都是发自内心的誉词。由作家而成为学者，其间有许多外人不知的故事。台先生在生前不太喜谈自己，许多事情，遂淹没于时光的空洞中了。

我每读他的文章，都感到有种浑厚冲荡之感，字里行间，有着别样的意味。他的学问非道学气，亦无旧式学人的拘谨气。他谈及明清之际文人创作，勾勒五四文人如陈独秀、沈尹默等，洋洋洒洒，有回肠荡气之态。先生崇尚汉魏文风，文字与书画，流着逆俗气息，一看便有狂放色彩。一个经历过五四新文化的人，由创作走向书斋，不仅无丝毫老态，且气韵生动，于旧学之中散出宏阔的气象，便也证明了其不失鲁迅遗风。台静农深味小说写作甘苦，又精研书画玄学，彼此融会，且放浪形骸。他一生看重大气的学人，以狂放为美。虽深隐书斋，而奇气动人，如《大千居士画学》一文，虽系对张大千的评述，实亦看出他内心的本色。借着对象世界，也感受了自己的存在，真是不可多得的妙文：

大千近年破墨诸作，瑰玮奇异，尤前无古人，下开百代，举世震骇，群伦慑服。所谓破墨法者，或云出于唐人王洽泼墨法，米元章曾用之，王洽之画已佚，元章之画犹存，据此以观，知非大千之破墨法也。余以为始参破墨法者惟石涛和尚，虽然石涛知之而未能至，世人昧昧然又不明其意，待三百年后大千之破墨出，方知石涛之说非玄解。其言曰："太古无法，太朴不散；太朴一散，而法立矣。法于何立，立于一画；一画者，众有之本，万象之根，见用于神，藏用于人。"又曰："笔与墨会，是谓细缊，细缊不分，是谓混沌，辟混沌者，舍一画而谁耶？得笔墨之会，解细缊之分，作辟混沌手。传诸古今，自成一家。"石和尚之言如此，大千之破墨如此，起和尚而问之，其必合十欢喜叹曰：大千居士真个辟混沌手矣。试观大千破墨，笔耶非笔，墨耶非墨，虚兮若虚，奇诡倜傥，变化无常，非能与造物者游，安得笼天地于形内，挫万物于笔端？吁，伟矣，圣矣。今大千幡然一叟，系天下艺坛重望，而神明未衰，益复清健。运思不穷，寄兴高远。万类毕罗，荒唐恣纵，老子其犹龙乎？[①]

观台静农的一生，忧世很深。他的埋入古董，精研旧学，并非外人以为的那么悠然自得，其间的苦楚，是很深、很深的。《台静农书艺集序》云："战后来台北，教学读书之余，每感郁结，意不能静，惟时弄毫墨以自排遣，但不愿人知。"可见其心的苦楚。他在大学教书多年，专著甚少，写作的欲望亦稀，有时万念皆空，枯坐书房，有

① 　　　台静农：《台静农遗稿辑存》，海燕出版社2015年版，第141页。

鲁迅遗风录

着难言的哀凉。晚年在致友人李霁野的信中，曾谈到对生的绝望，那文字倒让人想起鲁迅，彼此之间，确有相近之处。不过有深浅之别罢了。五四之后的文人，有许多始自于隆隆，终至于默默。这里有逃逸人生的一面，也有精神枯竭的一面。台静农说不上是一个思想者，却是一个高人。他的读史、看事，都有卓识，识人亦泾渭分明，有斗士风采。但他不愿意写出，任生命慢慢消磨。我看他的遗文，隐隐地觉出其苦楚难排的心境。人的一生，有时不需写太多的文字，台静农深味于此。比如，他与鲁迅通信多多，却未写过注释这些信件的文章，一些重要史料，便无人知晓了。唯1926年编的那本《关于鲁迅及其著作》的序中，他曾零星地写了对鲁迅的一点看法。那序文说：

> 最使我高兴的，是陈源教授骂鲁迅先生的那种"他就跳到半天空，骂得你体无完肤——还不肯罢休"的精神。我觉得，在现在的专爱微温，敷衍，中和，回旋，不想急进的中国人中，这种精神是必须的，新的中国就要在这里出现。[①]

此后不再见他谈及鲁迅的文章，也很少再见其谈及自己的文字。好像人的一生，所做的已经完结，有鲁迅的文章在，别人再置喙，大抵是多余的了。

---

① 　　　台静农：《酒旗风暖》，青岛出版社2011年版，第132页。

文章家唐弢

鲁迅在世的时候，模仿其文笔者就有多位，但多形似而神不似，或得意忘形，或得形忘意，真魂则渺乎而不得见之。鲁迅弟子何其之多，却难有步其后尘而成器者。但他们得先生的一隅而独立文坛，也是有趣的现象，总结起来，也算文学史的特别的现象。

作为鲁迅的追随者，唐弢是深解鲁迅文章之道的后学，但他不是以战士面孔出现在文坛的人。这个藏书家、散文家、文学史家，经由鲁迅而打造的文字之路，却没有延伸到精神世界的具有挑战性的一隅，反而走向京派文学之境。阐释鲁迅传统的人，只在文章学的层面思考问题，可能存在盲点。唐弢也恰在这个层面，为鲁迅遗产的传播提供了不同的经验。

唐弢最初是一名邮电局的工作人员，因为喜欢文学，且追踪鲁迅的文本，很快走向文坛。那时候他酷爱杂文，谈古论今的样子，与年龄不太相符，老到的文笔有点鲁夫子的样子。但细细察看，内蕴不及鲁迅，话语还在问题的表面。鲁迅文字背后的存在，他还是知之甚少，乃至于那些模仿的文字，显得有些轻飘。

关于他与鲁迅最初的接触，在其回忆文章里有所交代。1934年1月，《申报·自由谈》编辑黎烈文招饮于一家酒楼，请作者小聚。那天鲁迅与郁达夫、林语堂、胡风、曹聚仁均在，唐弢第一次目睹了鲁迅的姿容。唐弢引起鲁迅的注意，可能是那些模仿性的文字也刊登在《申报·自由谈》。年轻的唐弢那时候的价值态度，十分分明。据他回

鲁迅遗风录

忆，鲁迅见面就说："唐先生做文章，我替你挨骂。"①意思彼此的文章相近。这件事，成了他一生得意的记忆。

看他那时候的文章，喜欢古史，爱议时政，善谈幽思。《海天集》有一点鲁迅风，而《落帆集》则杂有废名、梁遇春式的幽婉了。在评论文章里，他试着去体味鲁迅的思路写下来，对于孤岛时期的杂文评论，多有见识，颇见功底。而在其内心深处，其实有一点布尔乔亚的调子，在波德莱尔、安特莱夫的影子里走来走去，倒见出京派文人的趣味来了。《落帆集》中的《路》《窗》《桥》《城》《渡》，意象取之废名的地方为多，而灰暗之气倒也仿佛鲁迅《野草》的片段，只是略显幼稚罢了。

据作者自己回忆，早期的读书中，南社的诗文，对其影响很大。②《国粹丛刊》《南社丛刊》都给他较深的印象，而桐城派的余音倒显得不及前者引人注意。但不久，新文学开始进入唐弢的视野，他遂将兴奋点从古文世界转移出来。以己身的体悟而谈天说地，或直抒胸臆的为文方式，给他诸多的快意。

唐弢在鲁迅那里找到了文章的入门之径，那是桐城派与南社诗人所没有的人生韵致，直面人间苦涩，唤出压抑的内觉，于风云流转里看人间万象，且有惊人的哲思的涌动。鲁迅的笔触跳跃的生死之叹和无量的苦寂，似乎也感染了这位青年。在词章学的层面，唐弢衔接了一个新的传统。那些关于社会、历史、己身的描述，已经看不到通常的士大夫意味了。

但细细打量他早期的文字，他对于小品文有自己的心得，民国初

① 　唐弢：《琐忆》，见唐弢《生命册上》，浙江文艺出版社1984年版，第124页。
② 　唐弢：《我与杂文》，见唐弢《生命册上》，浙江文艺出版社1984年版，第6页。

期文人的肌理很鲜明地镶嵌其间。旧式读书习惯和新文人的价值观杂然其间，不像巴金、茅盾那种文体的单一性。他的许多的文章，也很是关注周作人、林语堂的创作，虽然对于他们略有微词，而内心的暗自欣赏，也是有的。他引用鲁迅的思想，批评京派文人的为学术而学术的观点，几乎与左派的声音毫无二致。但那行文的趣味，确带有明末小品的调子，散落诸多鲁迅杂感的音符。但文脉深处，也有周作人式的散淡和悠然，周氏兄弟的相似之处，他也多少捕捉到了。与他同期的青年小品文作家黄裳、金性尧，也很有相似的文章状态。

唐弢早期杂文《新秋杂感》《别字和正字》《杂谈礼教》《亲善种种》《喜雨和苦雨》，很类似鲁迅《二心集》的文字，连口吻也有仿佛之处。思想是左翼的一枝，而文气则带着书斋里人特有的东西。较之胡风、徐懋庸、冯雪峰的文章，能够看出一丝古雅的味道。一方面坚持社会批评的立场，一方面带着旧式文章的音韵，这在上海青年那里，只有黄裳等人略有此等气象。可以说，他的一开笔，就隐含了审美的多种趣味。在左翼倾向的青年中，他带有较浓的学者气味。

太平洋战争爆发前，他出版了《文章修养》，对白话文、古文、文体做了深入探讨。一方面梳理了文章学的历史，一方面从鲁迅、周作人、茅盾的经验里讨论题材、主题以及文气，显示了极好的修养。他的知识趣味多从明清的文人那里来，对句子、词章的营造颇多会心之语。还不到30岁的唐弢以老到的口吻叙述中国文章内在的隐秘，左翼的峻急和激烈之音几乎在这里消失了。

但战争很快打乱了他平静的写书状态，孤岛上海陷入空前的恐怖中，一些杂志却顽强地坚持下来。《鲁迅风》聚集了唐弢、周黎庵、金性尧、王任叔、周木斋等人，他们中有几位参与过《鲁迅全集》的编辑，唐弢是其中的工作人员之一。不久他又亲自编辑了鲁迅的《集外集》。面对鲁迅遗稿，在仔细校订的过程，唐弢了解了先生知识结构的一隅。因了许广平被日本宪兵抓捕，白色恐怖加剧，唐弢与文坛不能正常往来，连出行的自由也颇为受限，那时候所写的文字大有忧患之感，士大夫的调子是稀薄的。在随后严酷的斗争年代，他的学术爱好受到抑制，战斗的精神成为主导的选择。现实不允许书斋趣味的缠绕，精神被身外的斗争吸引去了。1940年末，在总结孤岛一年的创作时，他说：

> 贯穿着以上这些作品的，是一种高度的战斗精神。杂文也诚然免不了"鸡零狗碎"的讥评，然而是匕首，是投枪，是破坏旧生活的武器，也是遥远的风沙长途上的里程碑，它指示我们什么是路，哪里是路，走完了多少路，向前去朝着哪一条路。[1]

在唐弢的精神状态里，战斗的价值，是高于书斋里的自乐的，虽然他那么迷恋书斋里的文字。抗战期间，他的审美偏好既带有鲁迅的余风，也紧随着茅盾现实主义的精神，这两点，作为文学思潮的波光，在他那里是此起彼伏的。因为抗战和内战的持续，他的选择有了较浓的政治意味。

但在精神气质上，他与鲁迅的距离显而易见。《鲁迅风》的几位作者，趣味是在鲁迅与周作人间游移的。金性尧就说《鲁迅风》编辑

---

[1]　唐弢：《暗夜棘路上的里程碑——"孤岛"一年来的杂文和散文》，见刘纳编选《唐弢文论选》，人民文学出版社2009年版，第196页。

的初衷是模仿《语丝》，多一点考据、常识类的文字。①唐弢的文字与金性尧就有几分相似，他们内心深处，还有京派的遗风。就精神逻辑的展开而言，胡风的个性主义和萧军的狂傲之风，在他那里寥寥。而在紧张的革命年代，他听命于组织的时候多于听命于个人内心的呼唤。鲁迅弟子一个个受难，而他安然无恙，倒也说明了什么。

文章之道，倘与世风密切，便有一种时代的痕迹。新中国成立，对于他是一种生活状态转折的标志，他可以坦然写自己喜爱的文字了。但时代的变化与其文章趣味则颇为不同，新生的共和国，需要大众的文学和大众的艺术，而他自己的词章、书趣，倒有些落伍了。许多时间，他不得不介入自己陌生的话语领域。他的分裂的人格，也是在这个时候开始的。

唐弢的文章学理念是通过周氏兄弟与明代小品建立起来的，没有介入左翼批评的理论，周扬、胡风的那套话语逻辑，与唐弢颇为隔膜。但20世纪50年代批评胡风的时候，他却笔锋一转，写起周扬式的文字。1957年，中国青年出版社推出他的《鲁迅在文学战线上》，已经没有了孤岛时期的儒雅之气，完全是斗士之风。他批判胡风、许杰，行文不免布尔什维克的口吻。《鲁迅彻底否定了武训》《不许胡风歪曲鲁迅》《宣传资产阶级右派思想的"鲁迅小说讲话"》，都未必是他内心精神的整体展示，而成了外在理论的呼应，乃听命之作。而《从理论斗争中学习鲁迅的战斗精神》《鲁迅重视反映迫切的政治斗争与重大主题》等文，实用主义的痕迹历历在目，并非精准的理论讨论。在这类文章里，列宁主义与斯大林主义话语外在于其间，鲁迅的存在被

---

① 金性尧：《〈鲁迅风〉掇忆》，见上海社会科学院文学研究所编《上海"孤岛"文学回忆录》，中国社会科学出版社1984年版，第126页。

抽象成几个名词。这是唐弢一次失败的文章转型，在运用理论来讨论问题的时候，他似乎无法进入话题的深处，洋八股几乎轰毁了他固有的文章气脉。

同样是欣赏鲁迅，胡风看到鲁迅主体的巨大的精神隐含，拒绝外在的空泛的理论对其思想的凌迟。而唐弢认为，《在延安文艺座谈会上的讲话》发表之后，"胡风却以改头换面的手段，重复着'重个人、非物质'的主张，推荐'论主观'，片面地强调'主观战斗精神'，并以此解释鲁迅的'为人生'，解释现实主义"①。这种叙述有自己独立思考的成分，也有周扬等人观点的复制。他内心中丰富的鲁迅，也在笔下变得极为简单化了。

当这种批判之风不断演进的时候，他未必没有意识到自己背叛了自己的时候增多，同时期类似的文体把文章的意蕴窄化了许多，那些标榜学习鲁迅的文章，其实离先生的距离越发遥远。这给了他一种两难。他不得不调整自己的思路，于是开始回到历史，回到民国的文本之间。在50年代末，面对日益粗鄙的文字，他有了另类的反思。于是在文章的角度讨论时弊，以审美的方式保持与现实的距离，还算留下了一批好的文字。

在内心的世界，唐弢知道中国文学其实已经远离了鲁迅的方向，新的时代可能不再需要鲁迅那种直面人间的选择。但他个人的审美偏好，还停留在五四文人的世界，与时代的隔膜也是自然的。

那时候在有限的范围里，他有意偏离流行的话语，和泛意识形态的词语保持着距离。而障眼法，是谈论文章，谈论鲁迅，他知道这里

① 　　　唐弢：《鲁迅在文学战线上》，中国青年出版社1957年版，第151页。

212

有最大的安全系数。

关于文章学理念，他总体在新文学的框架里，支撑其思想的也多是五四以后的经验。但后来他意识到晚清的桐城派的价值，对于词章、考据、义理颇多会心之处。其实鲁迅、废名、钱锺书的文章都有桐城派所云的道理，就规律而言，古人所说未必都错。唐弢在新旧文学之间，还是有自己的所得的。

60年代初期，他出版了《创作漫谈》，集中表现了自己的文章学观念，较之青年时代的《文章修养》，纯粹的审美静观隐去了许多，但早期形成的理念基本还保存其间，涉及文章的神理、气脉、结构以及方言、格律等。因为这是普及性的作品，只能浅尝辄止，不能进入问题的深处。有趣的是他很少引用红色经典的材料，例子多出自《红楼梦》《水浒》等书，也偶尔借用《典论·论文》《文章别流》《文心雕龙》《诗品》等审美的思路。他甚至抛弃了左翼的文学观，直接衔接古代文论的传统，其用意也是清楚的。在《关于文风》中，他对无趣的文字提出了批评："记得早先攻读古书的时候，领教过所谓'桐城义法'，现在也似乎还有一个不成文的义法存在着：凡写理论，必须收起笑容，把句子拉长到一丈二，否则就是不严肃，不正经。"①其间的忧虑，漫溢于字里行间。

他以鲁迅为例论述文章之道的地方很多，但所谈的鲁迅，不是注重讲思想、主义，那些周扬都已经言之甚多，何须自己为之？他能讲的，多属技巧与形式。就文学理论与批评而言，他算不上大家，相当长的时间，人们对他的印象，只是小品文的作者而已。将鲁迅窄化到

---

① 　　唐弢：《创作漫谈》，作家出版社1962年版，第155～156页。

文章学的层面，将创作聚焦于词章、气韵的世界，其间遮蔽掉重要的思想资源，对于他自己的写作与研究，不能不说存在着致命的缺陷。

在当时单色调的文化秩序里，少说思想、主义问题，而多说文本、词章，这或许是一种策略，但从根底说来，与自己的爱好有关。这也恰是他批评过的林语堂、周作人的把玩古董的心态。鲁迅一生很少说文章的义理、章法，那些都隐含在精神的追问中。而其文章的来龙去脉，建立在翻译体味与古书的整理中，而这些本领或者说暗功夫，对唐弢来说是难以拥有的存在。

不过，从所留下的文章看，鲁迅的许多趣味，也恰是唐弢的趣味，前者的影响，在后者身上显而易见。比如有人说鲁迅不喜欢梅兰芳，于是断言鲁迅远离戏剧。唐弢则著文《鲁迅不喜欢戏剧艺术吗？》，批驳此论。有人认为鲁迅的作品乃象征主义为多，唐弢则站出来指出，说象征主义不过陪衬。那时候唯苏联传来的理论为正宗，他以策略的语言对应他人，是害怕有人将自己的导师推向意识形态的反面。这样的研究，都不能算真正意义上的学理思考，而那时候，他能做的，也只有这些。

鲁迅逝世二十周年的时候，他发表了《鲁迅杂文的艺术特征》，对鲁迅杂文内在肌理有一次有趣的梳理。他在形象的世界里看到逻辑的力量，又在逻辑中发现"曲笔"。他总结鲁迅杂文的形象有三个特点：一是"无论是故事、形象或者形象化的描写，他所采取的都是平易近人、为读者所熟悉、而又具有新鲜感觉的事物"[1]。二是"总是真

---

[1]   唐弢：《鲁迅杂文的艺术特征》，见刘纳编选《唐弢文论选》，人民文学出版社2009年版，第33页。

实的、令人可信的，然而往往又是漫画化了的"①。三是"选用的故事和概括起来的形象，总是十分有趣而且充满着幽默感，它常常引人发笑，但内含的意义却是严肃的"②。但这样的描述，其实很难捕捉精神更幽远的存在。我们的作者于此遇到了无力感的袭扰，但他朦胧感到鲁老夫子哲学式的反诘的价值。在众多的笔墨里，一再强调鲁迅文笔内在的美质，从中看出超出常规的精神向度。他意识到以流行的思维大概不能够解析鲁迅的艺术隐秘，那里有哲学的影子和诗的余荫。典型的例子是分析《〈出关〉的"关"》，鲁迅在指出别人误解自己的小说本意时，"并不列条声辩，只是从容地把作者的言论，在复述中加以形象化，突出矛盾，使它自己暴露自己"③。许多年后，他又写下《鲁迅杂文一解》，从语言上阐释内在的美。比如，他发现鲁迅与一般文人不同的地方是，"善于将普通语言加工成形象语言，在复述或者重演对方文字的时候，注入新鲜的血液，既不改动原意，又能使内容更为清新，文字倍见精神"④。这个发现，在旧的词章学里没有，连新文学家也特别少见。就文章脉络的把握而言，唐弢是出类拔萃的人物。

鲁迅一百周年诞辰的时候，唐弢发表了自己以为颇为重要的文章《论鲁迅小说的现实主义》。这不是一个贴切的概念，但他使用这个流行的概念别有新解。在他看来，鲁迅小说不是一般意义上的现实主义，

---

① 　唐弢：《鲁迅杂文的艺术特征》，见刘纳编选《唐弢文论选》，人民文学出版社2009年版，第34页。
② 　唐弢：《鲁迅杂文的艺术特征》，见刘纳编选《唐弢文论选》，人民文学出版社2009年版，第32页。
③ 　唐弢：《鲁迅杂文的艺术特征》，见刘纳编选《唐弢文论选》，人民文学出版社2009年版，第35页。
④ 　唐弢：《鲁迅杂文一解》，见刘纳编选《唐弢文论选》，人民文学出版社2009年版，第95页。

而是特殊的现实主义，即在作品里容下了象征主义的元素，本质乃现实主义。这个说法，有些模糊，生硬的一面也是有的。解释《狂人日记》的时候，他写道：

> 《狂人日记》采取了日记的形式，鲁迅着重抒写的是人物的心理活动。狂人对生活的种种猜疑和错觉，作家是实写的——深刻的细致的一事一物的实写；相反的，引起狂人猜疑和错觉的客观生活，作家是虚写的——折光的反射的若断若续的虚写。实写的是主观想象上的狂人的猜测，虚写的是客观现实中正在进行的生活。①

这里存在一种含混和错位，在审美上没有达到逻辑的一致。所以这样论述，作者存在一个鲁迅的政治正确的问题。在现实主义理论成为正宗的、唯一正确理论的时候，把鲁迅写成异端者流，成何体统？唐弢小心翼翼地为鲁迅辩护，却将鲁迅作品的审美纳入本不属于鲁迅的理论框架，那是那代人不能摆脱的窘境。而这些，只有在他的学生汪晖出现后，才有所改变。

唐弢不敢在文学理论上越雷池半步，退步到文章学的层面思考问题，在五六十年代也算一道风景，我们说他以此拉开与周扬等人的距离，也未尝没有其道理。60年代出版的《书话》，就把新文学的传统以版本学的方式呈现出来，趣味与晚明的文人略像，而词章则带有"苦雨斋"主人的痕迹。以知堂的笔法究文学史变迁之迹，是他特别

---

① 唐弢：《论鲁迅小说的现实主义》，见刘纳编选《唐弢文论选》，人民文学出版社2009年版，第51页。

的选择。

80年代后期我参与编辑《鲁迅研究动态》，编辑部常常收到唐弢关于现代作家的随笔，印象是他的文章精善秀雅。与那时候人们热衷大文化的话题相反，他所凝视的多为审美中的问题。这与60年代所写的文章学的小册子和《书话》的底蕴颇近，在众多的鲁迅研究者里，他的文章学理念，使其一直保持着民国文人特有的趣味。而李何林、王瑶在这个层面与他的隔膜，也是显而易见的。

我们看李何林、王瑶的文章，多是从左翼传统来，京派的痕迹是寥落的。但唐弢内心有着京派的余痕。他自己不承认，可是文风与鲁迅渐远，情调与周作人接近，是可以辨认出来的。五六十年代谈周作人，是一个危险的话题，即便到了80年代，亦讳莫如深，难有人出来细细玩味。可是就文章的逻辑而言，鲁迅式的直面在唐弢那里已经消失，只能借着文史资料谈天说地，这恰是周作人当年的选择。一个以鲁迅研究专家身份发言的人，后来却呈现出周作人的韵致，对于唐弢而言，也不无讽刺之意。

他的思想是从鲁迅那里来的，章法上得周氏之神，恰恰说明其内心也有两个灵魂。这双重的存在纠缠着他，也就把五四的重要基因，在自己的躯体里嫁接出来。现在看来，他和二周有一个很微妙的关系，只谈鲁迅对他的影响，还不够全面。鲁迅文体背后的周作人文体，更能体现其审美的核心点。

晚清以来，梁启超、章太炎的文章观念影响很大，促进了文风的转变。但真的有现代意识的，是周氏兄弟，他们拓展出不同的现代路向。我觉得唐弢其实是在周氏兄弟的思想中找到了他需要的东西。他的读书趣味、藏书趣味，很多地方和周作人四大弟子是接近的。他们的文思彼此有相通的地方。但他又警惕这些人的文章，怕滑到士大夫的路上。这原因是他来自底层，有过苦难的经历。加之思想近于"左"倾，便又有与周作人冲突的地方。他认为鲁迅是好的，鲁迅思想里的一些元素比周作人要高，那是脱离士大夫痕迹的缘故。但是周作人散淡、迟暮之感对他亦有引力。其间的快慰与自得其乐之情与其思想相吻。这是士大夫的遗存，那种书斋气，衔接了中国古风的余脉。他觉得这个东西也未尝不好，至少在文章学层面，亦有价值。

我曾经说过，作为文章家的唐弢有许多贡献，他的文章有以下三个特点：

第一，有一种史家的笔法。他注重材料，善于考订，有朴学的功底，所以能够论从史出，不涉虚言。他的史笔，使文章有了分量。比如谈藏书票，能够从德国1480年前的作品讲到近代的叶德辉、阿英，掌故中的趣味悠然而至，历史的画面也栩栩如生呈现出来。东西方藏书家的历史，在丰厚的文字中有了感性的交代。而他评论士大夫的文章和自由主义文人的作品，也能考辨源流，由远及近，不像他同代人那样单一的文体。

第二，是隐笔的运用。他在50年代写过好几篇文章，批判八股文。他觉得当时的文风不对劲，写了很多文章，用的都是隐笔，不直接说。有一篇文章很有意思，30年代天津有个左翼杂志叫《当代文学》，非常有战斗精神，第一期刊登的是周作人的文章，后来刊登郁达夫的文章，他说非常喜欢这两篇文章。但是为什么这么一个左派的杂志发表周作人老气、思想有一点颓废气的文本，人们觉得不可理解，唐先生以为是障眼法。其实他内心知道，好的文章并不都是激进的，平淡里也会表现出一种思想来。

他后来的文章，包括在60年代发表的文章，多谈文章的章法、技巧，谈到题材问题、版本问题、知识趣味问题，用的是隐笔。他欣赏周作人早期文章，但只用周遐寿这样的字眼，不被人察觉其深意。一些想法隐得较深。我读他的这类文章，觉得是其心性中最主要的东西，而跟风写的批判别人的文字，有无奈的一面也是可感一二的。

第三，作为文章家的唐弢的特点，是喜欢用闲笔。他在平实自然里，通常笔锋一转，闲情悠然而至。比如那些书话作品，正经的话说出不久，忽然笔锋一转，谈起版本目录、掌故，士大夫的趣味出来了。他后来以书话名于文坛。他说，书话就是要有一点史事，有一点观点，一点抒情的气息，给人知识，给人艺术的享受。怎么解决文章八股的问题？他以周氏兄弟为参照，用杂家的思维、非抒情化的文学理念，把性灵与思想内化在文章里。

这三个特点，就使其文章客观冷静，有鲁迅的现实精神，有悲悯的情怀的折射，有论从史出的春秋笔法，有自由快慰的精神漫步，既敏锐、深切，又悠然自得，采二周之长，形成自己的独特的风格。

印象中，他晚年有两篇重要的文章都刊发在《鲁迅研究动态》上。一篇为《关于周作人》，一篇是《林语堂论》。他的文字极为老到平和，针对这两个人的文章与思想，说了诸多心里话。他借用周作人谈自己的话，认为周作人与林语堂身上都有两个鬼，一是绅士鬼，一是流氓鬼。他们的写作一直纠缠其间，矛盾的地方殊多。其实今天看来，可以说这个评论也适用于他自己。一方面是儒雅的文人之风，我们不妨姑且也叫其绅士鬼；另一方面乃激烈的批判意识，自然也属于所谓的流氓鬼。具体来说，他一生的写作，也在这两极中，既思想上依傍于鲁迅，又趣味上接近周作人。这与民国的京派式的作家极为接近，从周作人、林语堂再到唐弢，精神之路何其相似。

唐弢一辈子写鲁迅，那本《鲁迅传》却没有写完。他想以《红楼梦》的笔法描述鲁迅，却搭不出宏阔的架子。鲁迅世界有实的存在，也有虚的遗存，贴着实体写易流于琐碎，而过虚则空泛不得其妙。虚虚实实之间，隐隐显现之中，有天地之气的缭绕，古今中外的亮色恰在其间。《鲁迅传》是没有完成的，唐弢先生的思想也没有完成，都是在不断地进行中。这仿佛是一个宿命。不过，有趣的是，他写鲁迅，多用的是周作人的笔法，对于谣俗、古风、社会心态的把握，都是苦雨斋式的。我读这半部《鲁迅传》，觉得开笔的风格，多少受到《知堂随想录》的暗示，举重若轻，从容地来，自由地去。开笔与收笔冲淡婉转，笔记的风格历历在目。只是处处考虑周到的时候，显得力不从心，影响了作品的深度。以鲁迅的笔法描绘鲁迅，是高难的选择，而偏向周作人的风格，亦有迟暮之风。他在其间的犹移、徘徊，是一看即知的。较之于周作人、林语堂的内心矛盾，唐弢并不逊色。他在革命的时代以非革命的话语逻辑表达革命性的内涵，其实也是自我确立与自我消失间的一种肉搏。

唐弢在一个单色调的文化时代，要完成对鲁迅的描摹，自己却陷入了一个表达的尴尬里。且不说他与鲁迅的知识结构的差异使其无法完成对鲁迅的塑造，就其内心隐隐的士大夫趣味而言，那种词语与鲁迅的距离也是无奈的。许多人认为他是《鲁迅传》最佳的人选，我也曾这样对他寄予希望。而现在看来，唐弢的气质、学识和艺术能力，似乎不能担当此任。描述一个完整的鲁迅不易，因为在进入其精神王国的时候，有许多精神的盲区。当这些盲区还没有被照耀的时候，我们与鲁迅的距离，的确是遥远的。

徐梵澄的『多』与『一』

鲁迅逝世的第二年，徐梵澄在纪念自己的老师的诗中写道：

> 逝矣吾与谁，斯人隔九原。
> 沉埋悲剑气，惨淡愧师门。
> 闻道今知重，当时未觉恩。
> 秋风又摇落，墓草有陈根。①

那时候的徐梵澄，精神在漂移之中，思想里纠缠着诸多的文化概念。战乱突起，日寇使国土色变，他便开始了迁徙的生活，先后在多地教书。他后来与鲁迅熟悉的青年人几乎没有交往，因为不在文坛里，其声其影，隐没在遥远的边地。而鲁迅内心富有的知识宝地，却一直在他的内心深含着。

关于徐梵澄，近来才渐渐被更多人注意，他的简历与同代人大异。1909年生于湖南，1928年入复旦大学西洋系，后赴柏林大学、海德堡大学读书。1933年起在鲁迅的催促下译介尼采著作，并在同济大学任教。1946年至1978年在印度治学，先后在泰戈尔创立的印度国际大学、印度室利阿罗频多学院国际研究中心任职。晚年在中国社会科学院工作，2000年辞世，享年91岁。

---

① 　　孙波：《徐梵澄传》，社会科学文献出版社2009年版，第101页。

鲁迅遗风录

徐梵澄年轻时代追随鲁迅，批评文章颇有风骨，思想与激进文人略有暗合之处。留学之后，他意识到学理的重要，兴趣遂转到学术上来。他自从在鲁迅影响下翻译了尼采的《苏鲁支语录》，精神之门大开，文章之风遂见出汉魏之气。尼采哲学与鲁迅文章，使他对文明的根源有了很强的好奇心。日本投降后，他有志于对印度文化的研究，于1945年底飞抵印度，潜心于一个古老民族的学术。关于那段岁月，孙波所著《徐梵澄传》有详细的描述，不禁让人感到他的选择的别样意味。

在印度生活的30余年中，他的思想在浩大的精神之海里游历，所译《薄伽梵歌》《五十奥义书》惊动学界。自鸠摩罗什、玄奘后，有气象的印度经典的译者我们记得的不多。金克木先生说，这样的译作常人难以为之，赞佩之情，溢于言表。

鲁迅学生的文章，基本是沿着鲁迅的气韵为之，模仿中现出皮毛之相。但徐梵澄是另类的选择，他逆老师的文体而行，到中外文化的元典里广采众果，穷源溯流。印度哲学、传统儒学、德国玄学、希腊艺术悉入笔端，在阔大的背景里走进鲁迅，而非从鲁迅语境里思考问题问题，这是他深知鲁迅的高明处。

他的文章踪影倏忽，可比天籁之音，仿佛从隐秘的古堡飘来，有几许寂寞的暖意。他曾说，人们只羡慕西方的成果，却很少关注那成果的由来。而关注由来者，复古的意识居多，却又鲜知现代，都造成了文化上的偏执。徐梵澄的兴趣是多样的，对于各类文化源头的存在都有打量的冲动。他在每一种文明面前，都非泛泛之思，有刻骨的体味，又能以高远的目光跳将出来，说出东方古国才有的妙言。他的开阔的视野，不都在梦语之中，而是寻找人间的共有之路。他说：

224

求世界大同，必先有学术之会通；学术之会通，在于义理之互证。在义理上既得契合，在思想上乃可和谐。不妨其为异，不碍其为同，万类攸归，"多"通于"一"。①

在这种理念下，他没有一般左翼学者的那种单一性，给他启发的一是鲁迅，二为尼采。他读鲁迅，看出其内在知识结构与心理结构的元素，以为鲁迅站在高高的层面审视世间。尼采是高蹈于云间的叛逆者，但徐梵澄发现，这位哲人虽不满意于德国的一切现状，独对于故国语文"特加认可"，在路德（Martin Luther）、歌德（Goethe）而外，走出第三条道路。他发现鲁迅译介尼采，用的是《庄子》《列子》的语言，恰是其对母语的一种自觉。于是他对尼采的语录体的文体有一种特殊的理解，写作也连带出类似的精神。讨论《苏鲁支语录》文体时他说：

单从语文学看，这部书里出现了些新字，及以二三字相结合而成的新词，皆戛戛独造。全书未尝用一个外国字，以德文论，极为纯洁。有些名词及其铸造，近于文字游戏了，然表现力强，也非常生动，必然是精心出之的。②

徐梵澄的感受，与博尔赫斯对于尼采的体味极为接近，那种从智性里延伸的不易腐朽的词语，将人从枯燥、冷漠的深渊救出，精神的光笼罩着将醒未醒的人们，不仅有语言的自觉，也有生命的自觉。

① 徐梵澄：《徐梵澄随笔：古典重温》，北京大学出版社2007年版，第31页。
② 徐梵澄：《徐梵澄随笔：古典重温》，北京大学出版社2007年版，第35页。

鲁迅遗风录

在南印度的年月，故国的现代书籍，唯鲁迅之书让他心动，默默对读先生的文本，不禁情思万种，得思维的大自在。他回国后所作《星花旧影——对鲁迅先生的一些回忆》，文体奇崛，笔锋陡峭，开合之中，直逼历史深处的神秘，鲁迅词语的内在结构焕然而出。他对于鲁迅的读解，有哲学层面的，也有文章学的功夫。比如在《野草》里看佛教、拜火教（琐罗亚斯德教）、基督教的痕迹，尼采的超人也是有的。而在文本上，鲁迅的妙处，来自其治学的功夫：

> 文章简短，专论一事，意思不蔓不枝，用字精当；而多出之以诙谐、讽刺，读之从来不会使人生厌。——这渊源，说者多以为出自唐、宋八大家和桐城等派，因为先生是深于古文的。这，很有可能。但更可能的，乃是出自治古学或汉学的传统。治古学，如编目录、作校勘、加案语、为注解等，皆需简单明白，有其体例之范限，用不着多言。此在文言与白话皆同，文章技巧，已操持到异常熟练了，有感触便如弹丸脱手，下笔即成。即可谓此体出于治学。①

如此强调治学的意义，是徐梵澄的一种策略。他在回忆鲁迅的文章里，专门讨论鲁迅与佛学的关系：

> 先生在日本留学时，已研究佛学，揣想其佛学造诣，我至今仍不敢望尘。但先生能入乎佛学，亦能出乎佛学。记得

---

① 　　徐梵澄：《徐梵澄随笔：古典重温》，北京大学出版社2007年版，第248页。

和我讲起几个禅宗的故事，当时只觉得有趣罢了。我至今尚未曾听过一次参禅。后来看些语录之类，于身心了不相干。但在现实似乎不然。是得力于那一长时期看佛经和抄古碑的修养呢，抑或得力于道家的修养——因为先生也深通老、庄——胸襟达到了一极大的沉静境界，仿佛是无边的空虚寂寞，几乎要与人间绝缘。如诗所说"心事浩茫连广宇"，外表则冷静得可怕，尤其在晚年如此。往往我去拜访，值午睡方起，那时神寒气静，诚如庄子所说"老聃新沐，方将被发而干，慹然似非人"。①

从词章到学问，是鲁迅给徐梵澄最大的影响。战士风格和革命情结在他那里弱化了。这似可以解释他沉浸在印度文明里的一个原因。他后来的路，即是学者的苦径，对域外经典有痴情的地方。徐梵澄在印度的时候，完全沉浸在古代文献中，以赤子之心面对林林总总的文化典籍，从中获取思想的灵光。这些有多少来自鲁迅的暗示，都值得研究。他后来的自述中对鲁迅学问之路的描述的惬然之意，也能证明彼此的心心相印。经过战乱，他发现国人的汉语水平渐渐下滑，乃无思想所致。有信仰而无学识，有学识而鲜信仰，都会遗漏了什么。学习鲁迅的人，仅知道其然而不知其所以然，乃认知的盲态。而由古而今，由中及外，不知身在何处又显于处处，恰是通人的耐人寻味所在。

我对于他的许多学问都不懂得，那些关于梵文、德文、法文、英

---

① 　　　徐梵澄:《徐梵澄随笔: 古典重温》, 北京大学出版社2007年版, 第242页。

鲁迅遗风录

文文献的思考，维度已过鲁迅，是沿着智性之径攀援的奇思。他私下说这是鲁迅给自己的内力。在怀念鲁迅的文章里，萧红、徐梵澄最为深切。前者以心悟心，感性的画面激活了精神的瞬间，乃天底下的妙文。后者则因学识的厚重，得鲁迅风趣多多，庄子与尼采的气息弥漫其间，直逼一个悠远、深广的存在。他从一个我们没有经验过的时空中走来，犹如天外来客，散下诗意的落英，闻到了天国般的余香。因为有这样的人与文在，我们才知道自己远离智性的时间过久了。

对于各种文明的兴趣，也连带着多种语境的交汇，那结果是诞生了其特有的语言方式，诸多表达与时代的语境隔膜深深。恰因为那隔膜，便有了另类思维，以古老的文明流泻出的情思与诗境，照着周边的世界。在众人扰扰的时候，以冷境里的哲思唤出我们沉睡的悟性与灵思，那恰是鲁迅遗产的一种延续。

徐梵澄翻译和写作中，善于思考文章的理路，在不同语境里寻找最有张力的文字。译介《薄伽梵歌》的时候，他以古代的楚辞对应其体，又有儒家心性之学的互动。在大量翻译里，他意识到，从梵文到汉文，有转换的机制，佛经翻译已说明了此例。但从汉文回到梵文就不容易。单一音节的汉语是有自己的短长的，译介中可以看到此点。他对比汉字与西方拼音文字，看到彼此的差异和优劣，对汉语的自信溢于言表。而在许多著作里，他对汉字的运用得心应手，将德文、梵文的句法也列于其间，无中生有地开出别样的花来。

1966年，徐梵澄在印度南部写完《孔学古微》，这是他的一本英文著作，后来一直为域外学者所关注。徐梵澄的著作向以古奥见长，从诸多的著述看，已经没有东方本位的调子，阅之忽觉时空大开，又有诗意的顿悟。《孔学古微》对于儒学的优劣有颇多创见，看到其内在的合理性以及先天的欠缺，即便讨论孔子的盲点，依然对其思想有颇多赞许的地方。比如对周礼的描述颇为神奇，黎明前的篝火照着祭祀的高台，诵诗者在舒缓的旋律里与远古的灵魂对视，其境神异得不可思议。徐梵澄说，就庄重而言，这与欧洲宗教的仪式比，并不逊色。在面对儒家经典的时候，他联想起佛学的精神要义，虽然差异显然，但境界庶几相近：

> 孔子并未说明为什么要爱人。但是"仁"本身不就是原因吗？我们需要在源头活水上附加任何武断的理由吗？在瑜伽的义度上，说"爱是存在于人性中的神性（the Godhead）"，即是说并非只爱人或人类，而是爱一切存在中的"自我"。这正是一个转折点，韦檀多哲学由此向内，儒家由此向外。我们可以确认，同为儒家人物的孟子觉得了"自我"（the Self或者Atman）。如果采取严格的历史学之视角，仅凭文字记载判断，我们无法全然确定孔子是否也觉得了"自我"。自我延伸之路线有两条，一条是转向道德伦理领域，扩展至处于同一平面上的大众；另一条是向内或向上转对在上的神性，即形而上学领域，个人得以纵向提升。儒家学者认为，"如果个人圆成只是为了自己的救赎，而非为了全体，那么有何用处呢？"儒学向外转的努力旨在社会进步，大众成长，人类整体最终得以超越。这使我们想起"地狱不空誓不成佛"的菩提萨埵。[1]

---

[1] 　徐梵澄：《孔学古微》，李文彬译，孙波校，华东师范大学出版社2015年版，第58页。

鲁迅遗风录

14　徐梵澄的"多"与"一"

这些叙述文字是对一般儒学研究者的套路的颠覆，在古印度、古希腊诸文明的话语间，徐梵澄重审儒家要义，与那时候我国流行的著述不同，他在一种超国界的文明对话里，演绎着古老中国的兴衰史。其思其想不乏朗照，一个封冻的文明，在飘逸的词语间蠕活起来。

徐梵澄谈儒家之学，是接触了《薄伽梵歌》《五十奥义书》之后，深觉古印度的文明有许多与中国的儒学接近，而中土道家思想，亦可与印度某些精神对应。他在翻译《薄伽梵歌》的时候，发现其文也类似儒家内圣之学，也有"体天而立极"之义。此书成于公元前年，是战乱年代的作品，对于人间事理与天地经纬，自有一番妙悟。佛教未出现之前，印度人已经能够以淡薄之心对万千世界，处乱不惊，说出人间妙理。与儒家不同的是，印度人"超以象外反得人理之圜中者"，而儒家则"极人理之圜中，由是以推之象外者"。①古印度文明的驳杂精神，刺激了徐梵澄重新认识中国固有之文化，他在多重对比里思考人间世的历史，多了一层思想的境界。

徐梵澄发现，"道教、佛教和基督教或还包括伊斯兰教，都是从社会底层兴起，然后在大众中平面式地广泛传播"，"而儒家更趋向于等级或纵向"，那结果就是变为官学。但尽管如此，儒学的迷人之处是和平、爱，这种爱不是个体的行为，而是指向整个天地。徐梵澄以多致的语境将封闭的儒学系统打开，在不同文明中看到孔子代表的儒学的特殊的价值。这个态度既不是五四激进主义式的，也非新儒学式的，他给学界带来的是另类思维。

在徐梵澄那里，紧张的、忧郁的气息殊少，那些飘忽不定的意象

---

① 　　　徐梵澄:《薄伽梵歌》，崇文书局2017年版，第10页。

里呈现的是另一种精神。即便如尼采那样惊异地跳跃，而内心满蕴着温情，那种静谧得神圣的文字，在我们的面前熠熠闪光。他有强大的综合性，比如对于今文经与古文经，均有吸收，并不偏袒哪一方。谈到秦始皇的焚书，他也顺便论及欧洲迫害基督教焚烧《圣经》的历史，也把希特勒的烧书丑行连带起来加以分析。文明的脆弱与其不可战胜的伟岸之处，都被一一点明。在这样的视野里讨论中国的经典，以及文化的过程，其思其想是非跨语境里的人难以为之的。

与鲁迅不同的是，他不是在与当下对话中寻找人生的要义，而是以当下经验重返古典学。在他眼里，东西方的文明以会通的方式处理最佳，而人类大同乃最高的理想。鲁迅用人类经验面对当下，而徐梵澄觉得中国人缺少的是对于人类不同经验的整合。这种整合并非生硬地嫁接，他其实在古印度、古希腊与古中国文明里，看到了同一性的东西。"此心，此性，此情，此体，此气，中西古今不异。"① 徐梵澄忧虑的是文明的中断，人类的错误乃是遗忘了人性中最为永恒的遗存，让生命与伟岸的精神互感，乃学问家的使命。这里看出他内心的乌托邦的梦想，在更高的境界上，他与自己的老师鲁迅多有交叉的地方。

徐梵澄研究儒家经典，思维里缠绕着现代人的智慧。比如谈及《易经》，他注意到安定和恒定、简易与繁复、测及不测，词语所含的精神在不同所指里隐含迥异，一转而成多义，一变则另见玄机。他所熟悉的《苏鲁支语录》与《野草》，不也有这样的维度吗？讨论儒学，都在具体语境，孔子之后，儒一变而为八家，不同时期的儒者精神的侧重也不同，于是有了复杂的体系。在一种限定的话语里考量旧的遗

① 　　徐梵澄：《薄伽梵歌》，崇文书局2017年版，第10页。

鲁迅遗风录

14　徐梵澄的"多"与"一"

产，就避免了论述中的偏狭，与一些新儒学家的单面思维比，那是受过五四精神沐浴的结果。

常有人问，待在印度的时间如此之长，是什么让他有了这样一种耐力与信念？他几乎斩断了尘缘，一心沉浸在古老的文明里，一面翻译域外文化，一面也向域外介绍中国文化。他对中国儒、道学术的介绍，以及东方绘画的研究，都有彼时学界罕见的心得。而言及晚清的诗人，所述心得也深矣渊矣。天底下一切可爱、可感的遗存，都让他心动，他在静谧的语言王国，采撷精神的遗绪，一点点闻出远去的清香，并召唤那些亡灵回到人间。仿佛自己的久违的朋友，他在那里得到的是大自在。

徐梵澄的文字，韵致悠远而清俊。他谈儒学，讲道家之学，探鲁迅之思，都不是流行的热词，而是从静谧的文明里折射的一缕波光。这波光穿透我们世俗的时空，在天地间铸成亮眼的图章，印在精神长卷的边角。文章呢，亦古亦今，时东时西，取人间万象而化之，就文体而言，造成白话文的另一途径。如果说当代有谁对文章学有大的贡献，他应当算是一位吧。

会通人类的古今之思，在东海西海间觅出寻常的道术，是几代人的梦想。但这件事做起来却难之又难。鲁迅年轻的时候，在《人之历史》《科学史教篇》《文化偏至论》《摩罗诗力说》《破恶声论》里试图回溯人类精神的逻辑起点，然而后来因需解决现实难题，这样的工作没有持续下去。徐梵澄是他的学生里唯一继续着精神哲学工作的人，他自觉地成为我们的学术地图的绘制者，将不可能变为可能。我读他的书，觉得有无量智慧与爱意，如在浩瀚的沙漠里流动的甘泉，虽涓涓细流，而我们终于见到了稀有的绿色。

15

废名的转向

鲁迅生前不太喜欢废名，这可能与周作人的冲突有关。周作人攻击鲁迅最厉害的时候，废名恰是与周作人走得最近的一个人。看废名留下的文字，对于鲁迅印象总体不坏，即便有一点微词，也是趣味不同的缘故。鲁迅自己在编辑《中国新文学大系》的时候，也选了废名的作品，虽然评价有所保留，但作为文学史片影的一种勾勒，并没有因为彼此的隔膜而遗漏了这位作家。

民国的京派文人中，周作人、废名的名气很大，他们崇尚学理，对古希腊传统的重视，以及人类学打量的视角，都与马克思主义颇有冲突。在马克思之前的遗产里寻找自己的心灵对应物，使他们与近代理念有了不同的轨迹。他们远离革命的态度，遭到左翼的批判也是自然的。当革命胜利后，京派失去了自己的园地，书斋式的冥想已成昨日之梦。这个无路可走的阵痛，曾久久折磨着诸位京派文人。

20世纪40年代末，废名的思想开始变化。他在阅读了毛泽东《新民主主义论》之后，世界观受到很大的震动。他思想出现转折的因素复杂：一是经历了抗战后，认为国民党不行，没有管理国家的能力；二是在为人民与为君的话题上，共产党优于国民党，主张里有为人民服务的要素。而为民的问题上，他所期待的是，保持尊敬孔子的遗风，延续民间对佛教的信仰，则国家无乱也。废名在《一个中国人民读了新民主主义论后欢喜的话》中，以他特有的学理方式，表达了自己对于新来的政权的期盼。

鲁迅遗风录

但他没有料到，50年代初自己会被迫离开北大，到陌生的东北工作。许多人猜测，废名的调离，与他的背景有关。在北大人中，他与周作人关系最好，据说每年过年都要给周作人送一车煤。他的精神还与京派文人牵连甚深。离开北大，切断了与帝京的联系，他后来对此很有抱怨。东北之行，不仅时空大异，他的心绪也开始变化。在参加了各种活动之后，他的思想渐渐由自由主义向集体主义靠拢，毛泽东思想在撼动他年轻时代建立起的空中楼阁。这结果是，教学的思路出现变化，思想也靠近组织。在学术上，他接受了左翼的一些理论，先前的调子弱化起来。具体表现在对鲁迅的态度上，他由一个远离鲁迅的作家，变成一名推崇鲁迅的学者。

这个转变，说起来耐人寻味。京派文化的式微，他是明确感受到了。五四的遗产，一个个受到批评，资产阶级的学术，早已不合时宜，唯有鲁迅成了不倒的旗帜。他在新的变故里，一遍遍重读鲁迅，渐渐觉出先前所没有感受到的东西。开悟的样子，在其文字里表现出来。在《鲁迅先生给我的教育》一文里，他写道：

> 鲁迅先生给我的教育，不是鲁迅先生生前给我的，是鲁迅先生死后，是中国已经解放了，有一天我感得我受了鲁迅先生很大的教育。说起来是我的痛苦的经验，我想告诉爱好文学的青年。
>
> 学习文学的人，如果不热心政治，那是没有前途的，简直是个危险的道路，我的痛苦的经验告诉我如此。在"五四"后，我对文学发生兴趣，想把毕生的精力放在文学事业上面。起初我并不脱离政治，对政治是热心的，我最早

写的一篇小说就是写自己同北大的同学向那时的北洋政府请愿挨打的事情。不久就一天天地逃离现实了，自己以为自己的小说越写越好，其实是受了欧洲资产阶级文学观点的影响，把中国的宝贵的现实主义传统一下子给扔了。那时鲁迅的《彷徨》正出版，我对它就不如《呐喊》初出版时那么热心，《呐喊》我是预约的，如饥似渴地盼望它出版，一出版就去取书，拿在手上就看那一篇"自序"，非常受其吸引地读下去。《彷徨》也买了一本，翻开一看，没有著者自序之类的东西，只在卷首引了屈原《离骚》里面的几个句子，"朝发轫于苍梧兮，夕余至乎县圃；欲少留此灵琐兮，日忽忽其将暮。吾令羲和弭节兮，望崦嵫而勿迫；路漫漫其修远兮，吾将上下而求索"。我看了之后就很不懂了，也没有求懂的兴趣，扔了。这一扔，不但扔了鲁迅，也扔了屈原，也扔了司马迁等等。我自己的文学活动也继续了几年罢，几年之后就停止了，因为走进死胡同里去了。①

在废名的成长史里，周氏兄弟的影响可说很深。他自1923年到北京读书，很快被周氏兄弟吸引。最初的时候，他很佩服鲁迅的文章，但后来与周作人关系甚密，觉出激进的问题，便成为苦雨斋的常客。亲周作人而疏鲁迅，在他有很多的道理，因为周作人提供的学理与趣味，与自己的生命感觉很近，且多逆俗之响。鲁迅的高耸、峻急，都有超人的痕迹，且凌厉之气彻骨之冷，望之而生怯，也是自然的吧。

---

① 　　　废名：《鲁迅先生给我的教育》，见《冯文炳选集》，人民文学出版社1985年版，第392页。

鲁迅遗风录

15　废名的转向

鲁迅的文本最初给他的感觉极为惊异，他在多篇文章里写到那文字对于自己的刺激。那时候北京知识界派别林立，他曾经逍遥地游走于学林，欣赏的眼光里，有一丝脱世的快慰。在鲁迅与陈西滢论战的时候，废名是态度鲜明站在鲁迅、周作人一边的。因为在周氏兄弟那里，他看到了个性的真与思想的深，没有绅士阶级的痕迹。他自叹自己的文字是天下太平之中的光景，而鲁迅则在沙漠里走来走去，蹚过荆棘，那是非常人可及的存在。从早期的文字看，鲁迅的超俗之笔，还是深深吸引了他的。

在最初的写作里，周氏兄弟的影响都可以看到一二。乡土之趣得自鲁迅，文章的安静则从周作人那里来。他捕捉乡间人的痛苦的人生，分明有《呐喊》的影子。《浣衣女》里的李妈，我们似乎感受到鲁镇的女人的不安，《阿妹》写乡下姑娘的死亡，都有一点压抑的氛围，颇多苦楚之音。《菱荡》刻画勤劳的陈聋子，乡下人朴素、寂寞的感觉，依稀也有鲁迅那样的爱意。废名写农村人，用的是童话的笔触，这些似乎受了鲁迅翻译的爱罗先珂作品的影响，而韵致则是鲁镇与未庄式的。我们不妨说，没有鲁迅，废名可能还不会有一种描写乡土的冲动，恰恰是《呐喊》的世界，让他悟出小说写作的某种道理。

不过，他借用鲁迅审美的风格，还仅仅在几个狭小的点上，根底还在自我的圈子中，目光不够广远，对于俗世里的阴暗与残忍之态，只是表层的勾勒，无法抵达人性复杂的领域。鲁迅说他"珍惜他有限的'哀愁'，不久就更加不欲像先前一般的闪露，于是从率真的读者看来，就只见其有意低徊，顾影自怜之态了"[1]。这描述真的精准而客

---

① 鲁迅：《〈中国新文学大系〉小说二集序》，见《鲁迅全集》第6卷，人民文学出版社2005年版，第252页。

观。鲁迅对于废名的才华的赞佩中还带着惋惜，那是让人一看便明的。

卞之琳在分析废名与鲁迅的关系时说：

> 鲁迅是大家，废名是奇才，不能相提并论，但是即使对比一下，也能发人深省。鲁迅也曾看出过废名的"特长"，说在1925年出版的《竹林的故事》里，"以冲淡为衣，而如著者所说，仍能'从他们当中理出我的哀愁'的作品"。鲁迅早期写乡土小说，笔墨凝练，好像进行铀浓缩，早有火药味，废名早期以至到更炉火纯青时期，写小说却像蒸馏诗意，一清如水。[①]

鲁迅只给了废名寂寞地写作的感觉，而在内心深处，废名对于恶的存在尚无拷问的勇气。因为喜欢宁静的文字，要让他走进鲁迅的惨烈之地，也并不容易。他的天性有一点书斋气与庙堂学者的文气，自己在安静的世界里居多。周作人的世界的温文尔雅和博杂深切，很快吸引了他。精神的天平不久倒向周作人，也是自然之理。他的文字有时候与鲁迅开一点玩笑，并非不恭，而是远距离地欣赏、玩味，审美的判断里有古典的趣味。看得出他还没有能力以自己的知识体系对应《呐喊》《彷徨》的精神意象，与其说他和鲁迅气质迥异，不如说知识结构颇有差异，这在那时候的青年中，是不乏其例的。

左联成立之后，鲁迅的左翼倾向引起京派文人的不满，周作人有多篇影射鲁迅的文章，废名并非不知道其间的因由。那时候周作人身

---

① 卞之琳：《序》，见《冯文炳选集》，人民文学出版社1985年版，第7页。

边的人，许多对鲁迅都有一点微词，刘半农、钱玄同都对鲁迅的个性有所不满。而废名对鲁迅的意见，还是知识论层面的因素为多。比如鲁迅过于局限于现实的矛盾，而周作人则能够从古希腊与西方人类学等知识入手思考问题，精神要开阔得多。在为《周作人散文钞》写序的时候，他说：

> 鲁迅先生与岂明先生重要的不同之点，我以为也正就在一个历史的态度。鲁迅先生有他的明智，但还是感情的成分多，有时还流于意气，好比他曾极端的痛恨"东方文明"，甚至于叫人不要读中国书，即此一点已不免是中国人的脾气，他未曾整个的去观察文明，他对于西方的希腊似鲜有所得，同时对于中国古代思想家也缺少理解，其与提倡东方文化者固同为理想派。岂明先生讲欧洲文明必溯到希腊去，对于希伯来，日本，印度，中国的儒家与老庄，都能以艺术的态度去理解它，其融汇贯通之处见于文章，明智的读者谅必多所会心。鲁迅先生因为感情的成分多，所以在攻击礼教方面写了《狂人日记》，近于诗人的抒情；岂明先生的提倡净观，结果自然的归入于社会人类学的探讨而沉默。鲁迅先生的小说差不多都是目及辛亥革命因而对于民族深有所感，干脆的说他是不相信群众的，结果却好像与群众为一伙，我有一位朋友曾经说道，"鲁迅他本来是一个 cynic，结果何以归入多数党呢？"这句戏言，却很耐人寻思。这个原因我以为

240

就是感情最能障蔽真理。而诚实又唯有知识。^①

此文可以说是京派文学青年的基本审美观与价值观的表述。废名等人与鲁迅的分歧点，已经十分清楚。而我们看他那时候的创作，精神偏于希腊式的宁静和古人的博雅之趣，则真的和左翼距离甚远。

周作人对于废名极为欣赏，在其身上看到自己所喜爱的品质。文章有趣，且向学问之地延伸，恰符合京派学者的口味。废名礼赞厌世的文章里的清寂、古雅，连带对佛学的思考，都有超俗之韵。因为向内的深入，便与窗外的风雨颇隔，自己走在古人的幽径和记忆的深处，也少了一般文人的燥气。内省的文章，在顿悟中增加学理的沉思，在周作人看来都很难得。而左翼文学缺少的，可能就是这样的韵致。

废名与周作人，是以文明论的眼光思考问题，那必然是书斋里的遥思，与当下拉开了距离。鲁迅是跳进苦海，去救那些苍生，就有几分殉道的悲壮气味，是现实的变革的参与者。但废名与周作人都没有看到鲁迅的济世之思里的伟岸和情怀，在改变社会的背后，有巨大的精神热流，这是人间思想的迷人之所，其实是把古人智慧活化在人间的一种选择。这个道理，只有后来经历了精神阵痛之后，他才开始有所明白。

新中国成立前后几年，北大的风气和过去大不相同。随着周作人等京派文人的消退，废名固有的阵地丧失，除了改造自己，已经别无他路。他先前的思想与共产党的理论完全不同，他开始渐渐适应，而且觉出阶级论自有其精神的道理，似乎可以解开许多现象之谜。而确

---

① 废名：《〈周作人散文钞〉序》，见止庵编《废名文集》，东方出版社2000年版，第120页。

鲁迅遗风录

15　废名的转向

立新的思想的参照，在他那里，也只有鲁迅。通过对鲁迅的重新读解，他才有可能融入新的社会之中。

他在东北的工作并不顺利，有时候还受到一些外在因素的干扰。其思想经常受到同行的批评。这些批评有些是善意的，有些则带有攻击性。他渐渐接受了其间的一些道理，思想中的鲁迅的分量，重于周作人了。

在废名的眼里，鲁迅的价值在两方面。一是革命性、民族性的深切；二是文章学层面的变革的不朽之力。转变后的废名在《跟青年谈鲁迅》中，分别阐述了这两方面。

在讨论《阿Q正传》的时候，他重点强调的是鲁迅对民众的革命的理解与辛亥革命的教训，使用的多是那时候流行的观点。阿Q其实非常复杂，废名也只能从革命性的话语里分析人物，把鲁迅文字背后丰富的存在消解了。《阿Q正传》的内涵，恐怕不能以一种理论论之，里面有鲁迅复杂的感受，夏目漱石、果戈理、吴敬梓等人的思维，这里都有一些。我们甚至读出塞万提斯式的智慧。鲁迅的发散思维里，消解了许多确切性的东西，他自己许多朦胧的感受，也恰是使人物复杂化的原因。废名只从一种理论中强解其意，看出转变的时候思考的匆忙。

这个时候的废名，在许多研究者看来有些可惜，因为他用一种并不熟悉的理论面对熟悉的文本的时候，自己可能走入了另一个盲区。不过，显示废名解析文本才华的，是对于语言的思考。他从旧的文章学层面出来，以灵动之笔探索鲁迅文字的魅力，则有别人不能道及的味道。《鲁迅对文学形式和文学语言的贡献》说：

鲁迅在五四新文学运动开始时，他的语言特点，同古代陶渊明有相似的情况。陶渊明写诗的语言去掉了陶渊明以前以及与他同时的诗人所用的辞藻，所以历史上曾有人批评陶渊明"词采未尤"，他们不知道陶渊明的特点就在他能够白描。鲁迅的小说，比起中国近代的戏曲以及章回小说来，其特点也正是白描，选词造句去掉了一切不必要的东西……①

陶渊明是废名一直推崇的诗人，其不凡之笔，逆转了词章上的旧风，一洗旧尘，迎来清朗美妙的天地。鲁迅在文章上的革命，毫不弱于陶氏，在文白之间，鲁迅的熟练手法也令其叹为观止：

鲁迅有时采用文言的句子，念起来还很顺口，如《论雷峰塔的倒掉》里特别有这么一句："现在，他居然倒掉了，则普天之下的人民，其欣喜为如何？""普天之下"虽是古语，但在当时还是很习用的，所以鲁迅采用在文章里。同一篇里他又用了这么一句口语"活该"。那是采用口头语入文，用得真好。从这里看到他的语言的丰富，对他说来可谓要什么有什么。②

这些感叹，都是他过去文章学理念的延续，谈新诗的时候，就用这样的观点。他在民国年间给北大的学生授课，注重的就是新的文章

---

① 废名：《鲁迅对文学形式和文学语言的贡献》，见《冯文炳选集》，人民文学出版社1985年版，第429页。
② 废名：《鲁迅对文学形式和文学语言的贡献》，见《冯文炳选集》，人民文学出版社1985年版，第430页。

鲁迅遗风录

15　废名的转向

学的知识。从六朝到五四，词章的奥秘被一一道及。而鲁迅的创新的表达，确乎开一代新风。不过仅仅是词章之美，还不能说及思想之深，废名发现，新的理论可以把过去自己朦胧的感受条理化，引进阶级的观念，那对于历史与文学的看法，就多了另一种眼光。所以，除了文章学的话题，对他来说，用马克思主义阶级观思考文学的本质，不妨说也是一种重要的参照，比如谈及杜甫，他这样写道：

> 我还认为应该把杜甫和现代的鲁迅比。我引杜甫最后在湖南写的一首《朱凤行》：
> 君不见潇湘之山衡山高，山巅朱凤声嗷嗷，侧身长顾求其曹，翅垂口噤心劳劳。下愍百鸟在罗网，黄雀最小犹难逃。愿分竹实及蝼蚁，尽使鸱枭相怒号！
> 这里"愿分竹实及蝼蚁，尽使鸱枭相怒号"，不很像鲁迅的"横眉冷对千夫指，俯首甘为孺子牛"吗？杜甫虽然自比为凤凰，但他一点没有知识分子的骄傲，只显得他一个有良心的剥削阶级知识分子的处境艰难。杜甫和鲁迅，都是憎恶本阶级的感情极重，自己愿意站在"蝼蚁"的一边，愿站在"孺子"的一边。①

这已经完全是左翼的理论了，已经看不到多少周作人的思想痕迹。他在《新民歌讲稿》《美学讲义》里，透露的是相近的思路。这个转变，是力度很大的。他由苦雨斋走向社会，聆听到另外的声音，知道

---

① 废名：《杜甫的价值和杜诗的成就》，见《冯文炳选集》，人民文学出版社1985年版，第458页。

自己在象牙塔里的叹息多是无用，而从阶级分析的角度打量历史留下的诸多遗产，也许更有价值。从这里看出，他关闭了向精深内部挺进的大门，思想与外部世界有了对话的渴念。而那时候外部世界提供给他的，也只是这类的存在。其话语与革命的话语对接，给他带来了另一种收获。

废名的转向，引来后人诸多的议论。有人说是内心的脆弱使然，有的则看到其自身审美逻辑的延伸的必然。在我想来，社会的巨变，使他认为旧文人的独善其身已经不太可能。人不是孤立的存在，社会结构已经让人成为阶级链条的一部分。周作人的落水缘自己身的消极与外力的挤压，而自己的落伍可能是失去与外界对话的能力的原因。巨变的世界没有孤岛，他坦率地意识到，这一点，鲁迅比周作人高明得多。

但是讲阶级的理论和革命文化，他的基础并不很好，论述鲁迅的文字中，皮毛的东西是有的。那时候冯友兰、金岳霖、朱光潜都在转变之中，改造知识分子，重新寻找自己的话题，是不能不面对的选择。理解鲁迅，除了德国古典哲学传统，还有俄国文学的传统，这些都要关顾，可惜他还没有这样的基础。不过，这一转化中，他看到了过去没有看到的鲁迅，那些没有进入视野的思想与诗意，倒给了一种转变的理由。他的老师周作人那时候只能写点鲁迅的史料和掌故，而他则走近思想者鲁迅的世界，步幅大了许多。否定旧我，需要大的勇气，他为此付出的，的确很多。

废名是一个好的文章家，他的六朝式的笔意和禅风里的神采，本可以在深的领域延伸下去，有一个更为丰硕的成果。但他在鲁迅的世界发现了自己的短板，终止了属于自己的文学之旅。自己的本然的消失，并未能使他成为鲁迅的深的知音，反而失去固有的优势。晚年的他，对自己并不满意，然而，还有别的路途可以走吗？那个时代的到来，他没有充分的心理准备。知识分子必须改造自己，在那时已经是大势所趋。鲁迅的谜一样的所在真的是博矣、深矣，他仅仅得其片段，还没有精心沉潜其间的时候，便匆匆离开了人世。张中行说他"重礼，常常近于执"①，真的是知人之论。

———
① 张中行：《负暄琐话》，黑龙江人民出版社1994年版，第70页。

16

背叛的选择

王元化去世的消息传来，脑里便浮现出他的一些著述的片段。记得一年前友人捎来他的口信，想起那些热心的话，不禁有些伤感。我没有见过王先生，可很佩服他的学术文章。他到晚年还热心关注近代史的研究，使许多人为之感动。比如《九十年代日记》《思辨录》，就很有分量，别人是写不出这样的文字的。他在哲学与美学领域的建树，都不可小视。许多学人的书，读后可以不去再读，可是他的书可以常常翻阅。在我的眼里，他的阔大与深切，延续了我国近代学术的一个传统。

1939年，只有19岁的王元化写了一篇惊世的文章《鲁迅与尼采》。那是30年代关于鲁迅的最有分量的论文之一，除了瞿秋白，还没有人如此深刻地描摹鲁迅与现代德国哲学的关系。这篇文章显示了青年王元化的哲学功底，思辨的高度在那时是少有的。谈尼采和鲁迅，是个挑战。至今也没有多少人敢碰这个题目。我觉得他不仅谙熟鲁迅的文本，也深味哲学的流脉，那时他仅是据苏联的著作简单地了解德国哲学，基本的分寸把握却是到位的，不失一家之言。在反近代的尼采哲学与进化论思想之间，鲁迅摄取的方式与欧洲人是不同的。王元化以自己的灼见，敲开了进入鲁迅思想的大门。90年代，我和友人在编《吃人与礼教——论鲁迅（一）》"回望鲁迅丛书"的时候，选取了这一篇稿子。那时就感叹他的目光之深，也暗想道：如果不是后来遭遇磨难，他的学术思想，会很奇异也说不定的。

鲁迅遗风录

16　背叛的选择

40年代他与胡风相识，成了七月派的作者。在胡风周围，有一批很优秀的作家和批评家。他是那里的一员。待到1952年他出版的那本《向着真实》，审美上依然有着不小的高度。世风虽然也影响着他，可是在精神的内力里，有不合流俗的地方。比如谈契诃夫、车尔尼雪夫斯基、别林斯基、罗曼·罗兰、果戈理，和周扬的看法是不同的。他算是七月派的批评家，可是支撑他思想的却是黑格尔辩证法与马克思的社会学理论。那个年代的理论有些教条的痕迹，他还能保持30年代的某些姿态，实在是难得的。

他的《向着真实》《文心雕龙创作论》《王元化评论选》《思辨录》，印象中都是很厚重的思考，没有一般文人的那种职业的单调。他是个在旋转的坐标里静思的人，对美学、佛学、史学有独到的理解。他给我的印象是主张综合研究法的，从不孤立地看待问题。在对艺术的思考里，除了哲学的因素，还有史家的考据的功底。60年代，他孤独地研究着《文心雕龙》，使其文风大变，在什么地方有点与钱锺书暗合。黑格尔、鲁迅、魏晋玄学、刘勰、龚自珍、王国维都在一个调色板里被演示着，巍巍然有大家之气。这部审美的著作，包容了太多的信息，不同于黄侃之作，和学院派的单一化学科设置是相反的。他的学术语言儒雅、晓畅，考据与玄想暗含其间，将文学、史学、哲学打通了。全书爬梳、辨析很具才华，东方思维一直与西洋的美学理论对话，你不觉得生硬，一切都那么有趣地交融着，两种思维被一体化了。当年读他的书，不太懂得深意，后来才知道，那里有他的生命的寄托。不仅超出了五六十年代的理论格局，连周扬这样的理论家，也难以与其比肩。在色调齐一的时代，他独奏一曲，从远古的地方走来，又向远古的地方走去。他和钱锺书相似的地方是，把狭隘的世俗思绪引向了精神的高地。我们只有读这样的书，才知道文史哲融会贯通的要义。

1981年，鲁迅百年诞辰的时候，他写下了一篇沉甸甸的文字《关于鲁迅研究的若干设想》。在我看来那是那一代人最有深度的论文，与其说是鲁迅研究的宏观思路的开拓，不如说是他学术理念的宣言。我一直很喜欢他的观点，以为现在还没有过时。鲁迅研究界有他这样气量的人，还不多见。这篇文章里，他谈到了中国学术的难题。那时候的学界还有许多禁区，形式主义的痕迹还没有消失。他却看到了我们思维里的盲点。比如鲁迅知识结构的形成，旧学与新知的关系。他从人类思想史的角度，看到了鲁迅审美境界的精神含量。当人们对现代文化的认知还停留在简单的意识形态里的时候，他却看到了纯粹的精神静观的形态。那时候我觉得他似乎更倾向于胡适式的态度，在学理上有着启蒙的用意。比如他对真的传记文学的理解，就和众人相反，希望国人能从更开阔的景观里审视世界，其间弥散着精神哲学的期待。他强调对比与综合，就受到了黑格尔与刘勰的影响，看法鲜活而有力。我在阅读他论述鲁迅与章太炎的文字时，感到了他对学术史的敏锐目光。只有深泡在史学与审美哲学的人，才会有那样的儒雅的锐气。而且他渐渐钝化了早年的锋芒，和胡适、钱锺书式的温润感叠合在一起了。

越到晚年，他的文字越古朴，对学识与人生境界的理解越有书斋的特点。其兴奋点在德国古典哲学、魏晋玄学、新儒学、莎士比亚研究、近代学术、戏曲等方面，广而杂，博而丰，早期的激烈与冲动被儒者之风代替了，所以一直处在热与冷之间。在对青年的影响上，他不及李泽厚的广泛的热度，也许黑格尔方式已无法如康德方式更让人兴奋吧。在精神景深里，他也没有钱锺书那么汪洋恣肆，似乎缺少伟岸的灵光。我的印象，他是介于钱锺书与李泽厚之间的人物，当下的敏感与历史的敏感都有，却没有推向极致。这多半来自他的特殊经历。胡风事件后，他的状态由批评家转为学者式。也自然，由鲁迅式的峻急变为胡适式的安宁。他对五四的反省，引来不同的看法，在坚持基本理念的同时，对那个时代意图伦理、功利主义、激进情绪、庸俗进化论的批评，也许还有可商榷之处，但这里也有深的焦虑与痛楚，只是这些掩藏得太深罢了。

当年王元化很欣赏熊十力的为学态度，魏晋文人的洒脱令其颇为兴奋。他读了《佛家名相通释》后，感叹书中"分析与综合，踏实与凌空，四者兼顾而不可偏废，诚为读书要诠"①。熊十力身上的"沉潜往复、从容含玩"②之气，缭绕其身，已没有早年为人欣赏的鲁迅之风了。就我所接触的有限的他的文字来说，他是个"踏实与空灵"兼备的人。与"意图伦理"下的功利主义越发远了，狂放的东西被什么置换了。这个转换意味着什么，后人可能比我们清楚。他的这一点与费孝通极其接近，看费先生晚年的著述，他们差不多交叉到一起了。

查看王先生晚年文章，凡涉及鲁迅的时候，观点与青年时代已经不同，检讨的地方很多。他已经不是把鲁迅作为信仰的对象，而是研究的对象，对于鲁迅的精神盲区，多有微词，甚至有诸多的挑剔。对他而言，鲁迅传统，在这个时代已经出现自身的问题，比如鲁迅的反传统性，鲁迅刻薄的文风，以及毫不妥协的斗争精神，都可能破坏文化的生态。反而是胡适，更有他的价值，那种宽容、自由的理念，建设性的态度，恰是左翼传统中稀薄之物。从鲁迅转到胡适，可能更符

① 　王元化:《王元化集》卷5《思辨录》，湖北教育出版社2007年版，第230页。
② 　王元化:《王元化集》卷9《书信》，湖北教育出版社2007年版，第364页。

合中国文化建设的需要。

对他来说，从鲁迅的话语中走出，回到自由主义之路，才是晚年必需的选择，或者说，鲁迅弟子们的那种生活方式与言说方式，应当终结。

这种思考，对于恢复当时被破坏的文学生态，不无意义。而于学术，亦是建设性的观点。但王元化是在一个超历史逻辑的语境言说这段精神史的，实际的情况是，当文化面临专制统治和帝国主义入侵的时候，胡适的超然，必然是失败的选择。对水深火热的民众而言，鲁迅的价值，绝非一般人的思想可以代替的。

朱学勤、谢泳都呼应过王元化的思想。前者《鲁迅的短板》，后者《胡适与鲁迅》，都是沿着王元化的思路的表达。90年代，学术自由的空气中，那些散淡、有趣、多元的词语飘散在学术空间，给人多惬意的享受。相对于这些京派式的表达，鲁迅式的紧张、冲动的词语在他们看来似乎是病态的一种。衣食无忧的人，忘记了饥馑时刻的感受。王元化对于贵族气的学术的崇仰，实在与他优越的条件的增多有关。鲁迅那种孤独地攀援在精神之峰的选择，不是和平环境的人能够关注的存在。

回到陈寅恪、熊十力的传统并非错误，对学者而言，乃一种必修的课程。但是王元化忘记了，在面对死亡、无路、无助的困境时，鲁迅思想具有不可替代的价值，那些是陈寅恪、熊十力的思想不能穿越的硬物。而鲁迅的刀子般的笔，却可以穿过罪过的防线。30年代的王元化所以选择鲁迅而非胡适，因为那个时代召唤他必须面对鲁迅所面对的一切。而这，和平时代的人和象牙塔中人，是不能理解的吧。

彭小莲在驳斥王元化的思想时，指出了他晚年的问题，对于其背

鲁迅遗风录

16 背叛的选择

叛的选择，有一种可惜和痛惜之感。鲁迅、胡风的价值，以学院派的学识和自由主义的态度，不易解释。王元化当年受难的时候，其身上的枷锁，恰是鲁迅、胡风要打碎的旧物。左翼不是罪过本身，产生左翼的封建土壤，才是要清理的历史垃圾。鲁迅、胡风当年要做的，不正是这样的清道夫的工作吗？

告别鲁迅在20世纪90年代的出现，乃学术风向转换的标志之一。其实，胡适重要，鲁迅何尝不也重要？只是胡适的资源被掩埋的时间过久，要努力恢复方可。近来胡适研究者所做的工作都颇有意义，但以为只有胡适对，鲁迅错，那可能也是"破坏文化的一种逻辑"（郜元宝语）。在文化转型的岁月，鲁迅遭到当年的信仰者的扬弃，其实也非大惊小怪的事情。

观王先生一生，一个重要的特点，是在学问上一直是今日之我与昨日之我相战。早先相信黑格尔式的本质主义，后来知道泛规律的理念有问题，转而佩服康德式的人物，承认人的有限性了。早期是左翼的文人，慷慨激昂，晚年有点儒者的平淡之气，俨然是个硕儒。我读他的《思辨录》，在文脉上嗅出熊十力、冯友兰式的书卷之气，虽然他与这些前辈颇不相同。在学术里，他自己的寄托是深切的吧。文字里的暖意我们常常可以感到。他的存在，让我们可以反观学术之路，思考百年来的风风雨雨。在大变动的世纪，思想者的选择是悲欣交集的。这些究竟能给世人提供的是什么呢？我们从中能体味的独到的存在是哪些？与五四那代人比是进化了还是退化了？他给后人留下的话题，实在是冷热相间、晦明不已的。

17

孙犁的鲁迅遗风

一

孙犁的热，在其身后一直持续着，成了文坛的趣话。总结其一生，话题颇为丰富，牵连着文学史诸多神经。他早年文字清纯如童子之音，晚年多了一点旧文人的痕迹，但总体不在士大夫文化和绅士文化之列，有人间的真气。我个人常注意的是，其遗著里挥之不去的鲁迅的那些声音，成了他精神史的一部分。假如细读他的作品，灵魂深处，摆脱不掉的是现代文学的一个主题。理解他思想与审美特点，不能不考虑到这个因素。

我读他的全集，总能碰见他与鲁迅默默对话的地方。孙犁看鲁迅，有崇仰之处，但又不亦步亦趋。他知道理解经典的时候也要有所择取，要有相应的距离感。不过，在大多的时候，他是以心仪的先贤为参照，从中获取智性的维度。他进入鲁迅的世界，恰是抗战时期，在地区小报上发表了许多文章。20世纪40年代他出版了《少年鲁迅读本》，有美质的流动。那时候他看的资料不多，只是据鲁迅自己的文字串联为文，形成传记，不免单一。但他对描述对象气质的把握，以及心绪的点染，都有味道。鲁迅的存在，在他笔下以童话般的韵律呈现出来，这在后来的鲁迅传播史里，是极为少见的。他还出版了《鲁迅、鲁迅的故事》等书，透露出自己的真爱。他在延安的时候，对鲁迅的认识已经形成较成熟的看法，只是还限于小说美学层面。其创作，不都是

鲁迅遗风录

17 孙犁的鲁迅遗风

鲁迅的暗示，还有俄罗斯文学的影子。抗战时期，他有一个梦想，就是在边区普及鲁迅的思想。他在《关于鲁迅的普及工作》里说：

边区已经有许多同志开始鲁迅的研究工作，但我想这种工作的目的，应该是使鲁迅普及，普及到农村，使男女老幼对鲁迅都有一个清醒的认识，使他们很熟悉鲁迅，像他们熟悉孔子一样（当然鲁迅不是孔子，而我们使他们熟悉鲁迅，也不是叫他们像熟悉孔子那样）。这种认识和熟悉，是要在人民中间散发一种力量，一种打下新民主主义文化的根基的力量。

因此，我们马上就应该开始下面这几种工作：

第一、编制通俗详细的鲁迅传。这里面要包括鲁迅一生的事迹。学术研究，创作成绩，及其人生观，为人民斗争的功业等等。这传记一定要和中国近代史配合起来。

第二、改编鲁迅有名的小说，成为通俗故事或短剧。如《阿Q正传》《故乡》《祝福》等。其实鲁迅的作品是很大众化的，不过有时在章法上过于严密，或有时用了些古典，在民间阅读，有时还不方便。最好我们把它改编成一种朗诵小说，能随时讲述朗诵，使妇孺也能懂，但不能过多损害原作的精神和艺术性。

第三、鲁迅一生，对大众文艺努力的成果很大，并且替后来者规定了方向。如对神话传说，新文字，木刻画。我们要把鲁迅的这种精神和成果告诉大众，使大众自己来继续这种工作。

我们要把鲁迅的精神，广播于华北的农村……①

这是边区鲁迅传播的最为恰当的办法。他自己就着手做了大量的工作。在那前后，他写下了《人民性和战斗性——纪念鲁迅逝世十三周年》《"五四"运动与中国文学遗产》等文。战争期间，鲁迅给他的是洞穴里的烛光般的温暖，他对鲁迅的读解与那时候的需要有关。而进入其世界的均为鲁迅明快的思想和现实情怀的部分。这些都抓得很准，其认知的深切，在那时候是极为难得的。

在相当长的时间里，孙犁对鲁迅的理解都放置在与文学、历史、现实对话的层面，所写的专门研究文章数量可观，但大多数散在一些批评性的文字和随笔之间。直到晚年，鲁迅的话题从未中断过。鲁迅对于他，不是学术的话题，而是生命的话题。孙犁从未想做一个研究家，也不甚关心那些八股化的学术研究。我们从他的短篇文字里，零零碎碎地可以看到一些对鲁迅的议论，多有灼见，流动在文字的血液里。现代作家，忠实于鲁迅传统的，他算最有代表性的一个。

晚年的孙犁，阅读趣味与写作趣味都有变化。批评性的小品多，且按照鲁迅的书单购书，在知识结构上去贴近自己的心灵导师。文字肃杀老到，有峻急的美，但一面也带有京派文人的趣味，只是价值观与现实态度与其有别罢了。他在最后一本书里把自己定位为一个战士，恰是他的精神的写真。鲁迅的战士形象重叠在其心绪里，有了一种悲凉的美。

从气象上来看，孙犁文章的规模和厚度都与鲁迅不在一个层面上，

① 　　孙犁：《〈鲁迅、鲁迅的故事〉后记》，见《孙犁全集》第10卷，人民文学出版社2004年版，第398页。

鲁迅遗风录

17　孙犁的鲁迅遗风

但形成了自己的特质。他文章的律动和情思，得先人精华之处颇多，实可看出彼此的近似之处。他们都有济世的热情，但一面也多孤独的忧戚。他们都不在流行的地方出没，而清醒里的冷静超越了时代。越到老年，他的文章越带有鲁夫子的痕迹，又加上了自己的经验，遂自成一格，独步文坛，于津门散出无量的情思。因为有了他的存在，左翼文学的丰厚性才得以延续。

二

孙犁佩服鲁迅多个方面。他在文章学层面把握精华，是别人所不及的。唐弢曾有过类似的感受，强调研究鲁迅词章的价值，似乎也没有引起人们的注意。后来的研究者，在此方面所下的功夫不多。而孙犁一生在此领域的讨论，不仅上升到学理层面，也在小品文的写作里呼应着相关的话题，以至带有着强烈的感觉。

1939年，他在《论通讯员写作诸问题》中，把鲁迅的文章看成热的文章，乃与现实交织的存在。文章不能回避问题，是作者的要义之一。他不止一次谈及写作与现实对话的价值，且从《呐喊》《彷徨》《热风》里找到依据。1941年，他在《文艺学习》的小册子里较全面展示对文章学的看法。这里没有士大夫的痕迹，连俄罗斯文化的八股气也没有。孙犁写这一本书，对文章结构、人物、内心、语言都作了会心的阐释。其逻辑出发点，建立在鲁迅的文学观念中。在他看来，鲁迅作品以下内涵值得研究：

一是直面的精神。《文艺学习》谈及鲁迅精神的特质时认为，鲁迅文字对于民众的唤起，是他纲领性的存在，一切都围绕改造社会来做的。

二是人物形象折射出社会的问题。在分析《阿Q正传》时，看到内在的话题已经不是自我精神的表达，有民众的意识，瞭望的是广阔的空间。

三是语言简约而传神。有民间口语，有外来语，也有古语，但最终还是中土式的表达。

四是结构取舍的得当，在没有规矩的规矩里形成文章的脉络。《孔乙己》"结构粗看起来没有什么，自然得很。但细研究一下，便知道了那艺术的严谨"。

孙犁的这一本小册子，从文章学的笔调从容道来，以鲁迅作品为例，写得洋洋洒洒，有内在的韵味，就文章学的理路来说，是对五四后新文学观的总结。新文学的经验在他那里形成了一个一贯到底的气脉。旧文人气和书斋气，在其文字里是稀少的。

从他对作品的感觉看，是小说家的感觉，起点来自五四白话文的传统，但偏于写实的精神。除了果戈理、契诃夫、普希金的小说作为参照，主要得自鲁迅的小说、杂文的经验。这显得有些窄，不及茅盾、郁达夫谈论文章时候的古今中外的驳杂。但恰是这一单纯，使他直接衔接了五四的精神，把自己定位在一个鲜明的位置上了。

此后，他关于鲁迅的论述文字越来越多。他勾勒鲁迅作品的精义时，有许多妙悟。这影响了他的文章观念。比如，鲁迅的文章特点其一是"新鲜"，概念来自《中国小说史略》的启发。用到鲁迅那里，就觉得恰如其分。其二是简约，文章不必写得满，要留有余地。"写作，要想得多一些，写得少一些，我们的毛病是写得多一些，想得少一些"①。启发来自鲁迅的杂文。其三是驳杂，以《故事新编》为例，"就其历史知识，文学手法，哲学思想来说，都不是轻易就可以否定，更不是轻易就可以超越的"②。这种感受，有对妙不可言的审美形态的会心之悟。对于文章与作品的内在在性的把握，可谓十分到家。

但他对鲁迅的定位，不是知识分子的话题，而是革命的话题。当学界和批评界强调鲁迅的翻译、编辑、个性主义的时候，他则侧重从革命的层面理解鲁迅，并且将自己从事的事业当成鲁迅遗产的赐予。他说：

> 鲁迅回忆的，写的，是战斗动员的时代，我们是处在战斗正酣热的时代。在鲁迅的作品里，我们常见那些被旧社会毒害的，带伤疤的，疯狂的，多病的人。常见寡妇孤儿。这些辗转在痛苦里，生活在麻木里。而今天，就从我们的《冀中一日》看，也有了海中波光，天空星云一样多的新的人群。这些人辗转在战斗里，生活在理智的欢快里。
>
> 这就是一个飞跃。当然，其间流了先烈的血……③

到了1949年，他在《人民性和战斗性——纪念鲁迅先生逝世十三周年》里写道：

---

① 孙犁：《作品的生活性与真实性》，见《孙犁全集》第3卷，人民文学出版社2004年版，第376页。

② 孙犁：《文林谈屑》，见金梅编《孙犁散文选集》，百花文艺出版社2009年版，第271～272页。

③ 孙犁：《文艺学习》，见《孙犁全集》第3卷，人民文学出版社2004年版，第223页。

不能把先生的工作，局限在"思想"里。不能把先生的工作只罗列为创作翻译，印书编刊物，培养青年作家和关心木刻运动。

我们应该记起：在段祺瑞的黑暗时代，他怎样声援了三一八；在蒋介石的漫长的血腥统治年代，他怎样声援了革命人民；他怎样亲自到德国领事馆，抗议了希特勒的法西斯残暴；他怎样号召了人民的抗日战争。

先生不只是中国人民革命文化的伟大启蒙者、思想家和作家，他是中国人民革命战争年代坚强的旗手和严肃的战士。①

这是孙犁的鲁迅观的逻辑起点。文章学的美质都附在后面。思想性与艺术性高度的统一，在孙犁看来才是伟大作家应具的品格。明乎此，我们才能对他的鲁迅观有一个全面的认识。不管后来的状态如何变化，他都没有离开这两个层面来思考问题。

三

1949年新中国的成立，给他带来了欢喜。但新生活并非所料的那么顺利，而他自己的写作，依然在顽强进行着。在这个过程中，他却与主流文化，有着小小的偏离。

---

① 　　孙犁：《人民性和战斗性——纪念鲁迅先生逝世十三周年》，见《孙犁全集》第3卷，人民文学出版社2004年版，第334页。

从《风云初记》《铁木前传》可以看出和周围语境的差异。小说延续了早年写作清晰的风格，童贞般的生命感受不减，有文人本色的存在。《风云初记》写抗日的故事人物是活泼的，战争年代的不幸以及百姓反抗的意志，都逼真地跳在眼前。他回忆那段历史，以生命之笔为之，曲直之间，大爱的情思弥漫，悲壮的感觉弥漫在作品之中。那段时光对他来说，不是夸耀的资本，而成了生命旧迹的一种回溯。但这种回溯多个体化的内省，看得出是红色小说里异样的存在。

易代之际的文化，对士大夫和绅士阶层而言，有着痛楚的过程。胜利者是难以意料于此的。但孙犁与别人不同，革命胜利后，他的快慰之日很短。自己的趣味在审美的世界里，对外在的利禄是不屑的。这使他没有进入权力阶层，还保存着战争年代业余创作的状态。

1956年，他由于身体原因而退出文坛时间很久。他的病，使他远离了政治旋涡，有了冷思的时间。当全国在政治运动的狂热里的时候，他却在冷寂之所煎熬着自己。不久就是"文化大革命"之变，精神仿佛进入炼狱。这使他对生活的看法有了一丝变化。《彷徨》《野草》里的意象一再进入其世界。鲁迅的另一面，不经意闯进他的世界，给了他诸多的暗示，他也因此有了与鲁迅全面对话的机会。

从那时候留下的点滴文字来看，孙犁早期清秀、明快的调子被忧郁的低语代替了。用他的话说，由相信人性善，度到人性恶的观念里，但依然保存着残梦，苦苦挣扎于灰暗之地。我们看那时候留下的《书衣文录》，是文化萧条时期的自我吟哦，几乎没有光色，一切都在黑暗里。他在旧书的书衣上面涂涂抹抹，释放郁闷。自己与自己对话，心绪浩茫，凄苦无边，仿佛在地狱里煎熬。家事、国事均系文字之间，绝望和不安以及不甘于死灭之情弥漫在文字间。那些文字，多系借书而谈己身经历，或涉琐事，或旧事片段，古人之迹，今人之想，碎片般闪在字里行间。"文化大革命"文网颇广，几无喘息的空间。他的书写，压抑得不行。1975年11月22日，题在《茶香室丛钞》上的短语颇值思量：

> 昨日清晨，将所养小鸟一只，开笼释放。彼将奋志飞去，不失方向，觅得山林同类乎；或将遭遇强暴，冻死中途乎，余不得而知矣。总之，彼已结束此一次网罗之惨祸，牢笼之悲苦矣。笼居，日有饮食，且免猫噬鹰攫等危，然彼固不愿也。同群之思，山林之想，无时不萦于怀。每闻同声，则啾唧触笼以求之，状至可悯。今一旦自由，虽死不反顾。余知其必能归至旧巢，迎日光而鸣也。①

词语间处处有埋伏，笔笔带隐喻，其心求得解放之想，历历在目。同年底写在陈老莲《水浒叶子》书衣的文字则显得极为感伤：

> 此册系亡者伴我，于和平路古旧门市部购得。自我病后，她伴我至公园，至古董店、书店，顺我之所好，期有助我病速愈。当我疗养期间，她只身数度往返小汤山、青岛。她系农村家庭妇女，并不识字，幼年教养，婚后感情，有以致之。我于她有惭德矣。呜呼！死别已五载，偶有梦中之

---

① 　　孙犁：《书衣文录》，见金梅编《孙犁散文选集》，百花文艺出版社2009年版，第45页。

会，无只字悼亡之言，情思两竭，亡者当谅我乎！ ①

我们在他的这种心绪里，读出在苦海里的不幸。自此之后，他的文章风格为之一变。平淡里多了沉郁之气，古风里的惨烈之意缭绕，令人想起《野草》的诗句。这里是一个受难者的低语，好像进入安德烈耶夫式的抑郁之境。

战争年代，他的写作是为人民而歌，有自愿的冲动和自由。而在"文化大革命"中，思想被囚禁，恶人主导着文化。这使他意识到鲁迅当年内心的灰暗与复仇意识的根由了。

"四人帮"垮台后，孙犁一度心境颇好，但不久又进入困顿之中。诸多杂音混入文坛，他多有不适，与时代的隔膜越来越多。直到90年代，忧郁的文字不仅没少，且不断环绕着周身。他与人论战时，勇气不减，而面对自我时，悲楚的意味又暗自袭来，于是常借花鸟草虫，寻找隐喻。对英雄的悲剧，他有切身的体味。他将自己一生最浓厚的意识，归为"残破意识"：战争时代的故土残破，"文化大革命"中的精神残破，后来的婚姻残破、亲情残破。意识到此点时，鲁迅的挣扎感和反抗理念，被其不断召唤。既然我们在并不圆满的世界里生存，而寻路的过程，就是舒缓苦闷的过程，也是对美的追求的过程。意义也恰在那个漫长的、没有终点的跋涉之中。

不拥有完美而直面残缺，恰是鲁迅给他的启示。所以，在为人之道与为文之道上，他永远是低调的，既不去搞宏大的叙事，也不自占山头。拒绝热闹，抵挡虚名，远离世俗之乐。于是就把自己放逐到荒

---

① 孙犁：《书衣文录》，见金梅编《孙犁散文选集》，百花文艺出版社2009年版，第46页。

原里，独自对着沙碛、枯谷，以带血的目光瞭望苍穹。而有时，我们又像听到夜莺般的吟唱，慢慢的节奏里，给无聊的夜以暖意。

在许多文章里，他一直认为，离热闹的地方远一些，才会另眼看世。在《我与文艺团体》一文里，他说：

> 我的一生，曾提出过两次"离得远些"。一次是离政治远一点，有人批这是小资产阶级的论点。但我的作品，赖此，得以存活至今。这一次是说离文坛远一点。①

在话语的中心，好像不宜找到自己。鲁迅如此，孙犁亦同。有人找他帮助影响茅盾文学奖的评奖，他回信说自己与人不熟，文化机构成了衙门云云。他不止一次批评那些图解政治的时髦的写作，以为不过速朽的东西。他的例子是，像萧红这样的作家所以独特，是因为与主流有一点距离，乃同路人的表达。在革命最激烈的时代，鲁迅何以没有翻译政治色彩浓厚的小说，而是选择了同路人的《竖琴》这些有艺术技巧，与革命略有距离的文章，孙犁的理解很独到：

> 萧红的创作生活，开始于1933年，而其对文学发生兴趣，则从1929年开始。此时，苏联文学中"左"的倾向正受批判。同路人文学，开始介绍到中国来。鲁迅、曹靖华、瞿秋白等人翻译的《竖琴》和《一天的工作》两书，其中同路人作品占很大比重。同路人作家同情十月革命，有创作经

---

① 　　　孙犁：《我与文艺团体》，见《曲终集》，百花文艺出版社1995年版，第123页。

鲁迅遗风录

17　孙犁的鲁迅遗风

验，注意技巧，继承俄国现实主义传统。他们描写革命的现实，首先通过对现实生活的描述。较之当时一些党员作家，只注意政治内容，把文艺当作单纯的宣传手段者，感人更深，对革命也更有益……萧红的作品明显地受到同路人作家的影响，她一开始，就表现了深刻反映现实的才能。当然，她的道路，也可能有因为不太关心政治，缺少革命生活的实践和锻炼，在失去与广大人民共同吐纳的机会以后，就感到了孤寂，加深了忧郁，反映在作品中，甚至影响了她的生命。①

孙犁对萧红的作品极为认可，认为其迷人处是赤诚，不自欺欺人；"她初期作品，虽显幼稚，但成功之处也就在天真。她写人物，不论贫富美丑，不落公式，着重写他们的原始态性，但每篇的主题，是有革命的倾向的"②。这些话，似乎也有点自况，心心相印的地方很多。中国文人的本色，乃在于安得寂寞，甘居边缘，而心拥抱着大地。古人的经验证明了此点，五四后的历史，也证明了这些。

看这些感悟，无疑都牵扯着鲁迅的传统。他也因此深味鲁迅之为鲁迅的内在原因。

---

① 孙犁：《读萧红作品记》，见《孙犁全集》第6卷，人民文学出版社2004年版，第318页。
② 孙犁：《读萧红作品记》，见《孙犁全集》第6卷，人民文学出版社2004年版，第321页。

四

我个人喜欢他晚年的文字，因为阅世深者其质也真。那里已经没有简单化的生命叹息，在苦味里依稀留着旧梦。经历了大病与离异之苦，于人于世，殊多体味，内觉之丰富，已非战争年代可比。这些有许多留在《芸斋小说》里。

《文虑——文事琐谈之二》说：

> 近年来了客人，我总是先送他一本《风云初记》，然后再送他一本《芸斋小说》。我说："请你看看，我的生活，全在这两本书里，从中你可以了解我的过去和现在。包括我的思想和感情。可以看到我的兴衰、成败，及其因果。"①

《芸斋小说》是晚年孙犁审美意识的一次跃进，其品位依然有旧时的印记，而多了鲁迅式的苦楚。鲁迅小说写了畸形的人生和失败的文人，天地是灰色的。孙犁的《芸斋小说》写"文化大革命"悲剧，差不多也是这样的题旨。他的挫折感、失败感，以及死亡意识，那么浓烈地汇聚于此。

许多作品介于虚构与非虚构之间，他与鲁迅一样，用反小说的笔法为文，别有一种味道。他的小说写疾病、天灾、人祸、死亡，惨烈之极。他学会了对恶人的打量，描绘了诸多畸形的人物，上至高官，下逮平民，丑恶之间，人世明暗变化，悉入笔端。

---

① 　　孙犁：《文虑——文事琐谈之二》，见《曲终集》，百花文艺出版社1995年版，第83～84页。

鲁迅遗风录

17　孙犁的鲁迅遗风

鲁迅经历了辛亥革命，失望之情多流露在《呐喊》《彷徨》间。阿Q的革命，魏连殳的遭遇，便是一个时代生活的注解。《芸斋小说》乃"文化大革命"命运的再现，孙犁所写《小D》，令人想起《阿Q正传》，只是内涵不及后者幽深，而意蕴暗袭其风，都是对国民劣根性的思考。"文化大革命"来了，地痞流氓成了造反者，沉渣泛起，小D由底层工作人员一跃为革命者，掌权害人，卑劣之状可叹云耳。孙犁说："过去之革命，为发扬人之优良品质；今日之革命，乃利用人之卑劣自私。反其道而行之，宜乎其为天怒人怨矣。"《小混儿》写一个社会底层的流氓气的人，将品性里的贪婪、浑浑噩噩，写得颇为传神。鲁镇、未庄的影子飘忽其间。《罗汉松》对一个从革命队伍中来，在运动中左右逢源的人进行了形象的勾勒。主人公取媚权贵，随机应变，在现实里得到实惠，但人性全变，已无纯然之色。游戏人生与游戏政治，乃精神的堕落。孙犁叹道："这场'大革命'，迫使我在无数事实面前，摒弃了只信人性善的偏颇，兼信了性恶论，对一切丑恶，采取了鲁迅式的，及其蔑视的态度。"他对人间百态的泾渭分明的态度，于文字间清晰可辨。

《芸斋小说》感人的地方，其实是写了一种失败感。小说真真假假，假假真真，或可当成自传，亦有借幻影为实意之旨。叙述者我，没有完美的生活，妻亡，再婚而又离异。被革命者专制，几无自由之所。《言戒》写言多有失，自己被批斗的苦相。《亡人逸事》有家庭变故之痛，无奈之音缕缕，是苦味的流转。《还乡》乃失落之行，一个革命者回到故里，却没有快意的留存。"富贵不还乡，如衣锦夜行"，孙犁对古意的另一种表达，深得俗世要义。《续弦》不怕家丑外漏，己身不幸，一一道来。失败的婚姻，也只能安之若命。不过，在一些文字里，依然存留他早期作品的爱意，在那些昏暗的天地间，美丽的花草令人心动，给无趣的时代些许有趣。《颐和园》描绘了自己养病期间受到友人的关照。《无花果》虽说是人生际遇的一个错位，而含的暖意是绵绵的。在无爱、无光的岁月，偶有温情飘来，都可以喜之、记之，聊备存照。这是怎样的无奈呢？我们于其不幸的文字间，看出那未被摧毁的爱意。《三马》的结尾云：

> 芸斋主人曰：鲁迅先生有言，真正的猛士，能直面惨淡的人生，正视淋漓的鲜血。余可谓过来人矣，然绝非勇士，乃懦夫之苟且偷生耳。然终于得见国家拨乱反正，"四人帮"之受审于万民。痛定思痛，乃悼亡者。终以彼等死于暗无天日，未得共享政治清明之福为恨事，此所以于昏眊之年，仍有芸斋小说之作也。[①]

读这本小书，看出悲剧命运里的奇光。鲁迅以来，有思想，有使命感的作家，一直困扰在善恶的主题之间。因善获恶，或因恶获善，或无辜中被假善真恶所误，或困于真善假恶之中。孙犁在小说里学会了以复杂之笔，写难解之世。老到的文字，有逆世之音。在人妖混杂的地方，不阿世，去伪调，远利禄，以绝望之笔写希望之声，这也是鲁迅传统的再现吧。

---

① 　　孙犁:《芸斋小说》，大象出版社2009年版，第25页。

五

晚年的孙犁，读书与写作，越来越带有京派的味道，其小品散文，直逼知堂，学识与诗意兼得，杂学与杂思同在，确为书林中难得之文。有人说他系左翼里的京派，怕是不无道理。不过，读书的趣味虽有苦雨斋的痕迹，但其调与京派诸人大有区别。倒是鲁迅的读书经验，在他的文字间得到延续。

他按照鲁迅的书单一部部购书，对野史、杂著渐生兴趣。买章太炎遗书，不忘鲁迅的遗训；读《世说新语》，引《中国小说史略》之语解之；览《流沙坠简》，有《热风》里的智慧；讲《蜀碧》《蜀典》，念念不忘的是《且介亭杂文》里的评点；阅《沈下贤集》，以《唐宋传奇集》对之。这种读书法，看出先贤的影响力之大，一面也多了他人所没有的感觉。鲁迅国学知识的方方面面，他都有所涉猎。他对古书的喜爱，受到鲁迅的提示很多，乃至有迷信的地步。《我的金石美术图画书》中有这样一段话：

> 我有一部用小木匣装着的《金石索》，是石印本，共二十册，金索石索各半。我最初不大喜欢这部书，原因是鲁迅先生的书账上，没有它。那时我死死认为：鲁迅既然不买《金石索》，而买了《金石苑》，一定是因为它的价值不高。这是很可笑的。后来知道，鲁迅提到过这本书，对它又有些好感，一一给它们包装了书皮。[1]

① 　　孙犁：《耕堂读书记》，大象出版社2008年版，第187页。

由鲁迅的经验而进入传统文化里，这在作家中不多。孙犁的书，一部分自己所购，一部分为朋友所赠。在大量的书话里，他对非儒家的、乡野气的书很是看重。比如汉代造像，为鲁迅所喜，藏之甚多。孙犁好奇，也购得书籍多种，暗自揣摩，多有心得。《题〈南阳汉画像汇存〉》云：

> 南阳为刘秀发祥之地，贵族多，墓中多画像，然此等像皆刻于墓内柱、梁、门、楣之上，石料粗，故刻画亦多粗犷，不清晰。而如武梁祠堂之画像，则作于石壁之上，石壁平整，故画亦细而清楚。这点知识，亦得自鲁迅写给王冶秋的信中。一九三五年，王氏为"饭碗"奔走，当无意于考古，然受先生委托，不得不全力以赴，完成任务。解放后，王氏领导国家考古事业，任文物局长，其知识之源始，也应归功于当年鲁迅先生的熏陶吧？
>
> 夏中无事，翻阅汉画，谨记一些心得如上，也是纪念鲁迅先生，为学博大精深，一言一行，无不惠及后学也。[1]

因古书而念及鲁迅，又由鲁迅而想起己身，遂浩叹于文。这样的例子很多。《宋贤遗翰》云：

> 一九九二年九月十九日装。
>
> 此过去故宫博物院出版物，印刷精良，为当时先进，鲁

---

[1] 孙犁：《题〈南阳汉画像汇存〉》，见《曲终集》，百花文艺出版社1995年版，第291页。

迅曾称许之。

　　故园消失，朋友凋零。还乡无日，就墓有期。哀身世之
多艰，痛遭逢之匪易。隐身人海，徘徊方丈。凭窗远望，白
云悠悠。伊人早逝，谁可告语。①

　　我以前读他的书话，觉得在一些地方与知堂的风格接近，杂趣和
杂识均在，苦雨斋的影子是有的。但细读其文本，则不然。他讨厌知
堂的平淡，虽然并不拒绝其文本，而内心则对其颇多拒绝。1987年1
月，他在《知堂书话》里有这样一段文字：

　　刘宗武赠。书价昂，拟酬谢之。

　　知堂晚年，多读乡贤之书，偏僻之书，多读琐碎小书，
与青年时志趣迥异。都说他读书多，应加分析。所写读书
记，无感情，无冷暖，无是非，无批评。平铺直叙，有首无
尾。说是没有烟火气则可，说对人有用处，则不尽然。淡到
这种程度，对人生的滋养，就有限了。这也可能是他晚年所
追求的境界，所标榜的主张。实际是一种颓废现象，不足为
读书之法也。②

　　文中所云"无感情，无冷暖，无是非，无批评"，恰与鲁迅相反。
鲁迅的文字是有感情，有冷暖，有是非，有批评的。这也是孙犁的追

---

①　　孙犁：《〈书衣文录〉拾补》，见《孙犁全集》第8卷，人民文学出版社2004年版，
　　第226页。
②　　孙犁：《书衣文录》，见《孙犁全集》第8卷，人民文学出版社2004年版，第
　　431页。

求。在周氏兄弟之间，他的取舍分明，不像学界那样，有折中的苗头。这是唯有战士才会发出的声音。在他那里，读书与读人，乃至人生，是一体的。在益智的同时，还有价值态度，就显得很是特别。我们由这些文字看，面上仿佛京派的闲适的笔触，实则革命者的谈吐。他在进入学术的殿堂的时候，没有忘记的恰是自己的民间本色。

六

有趣的是，孙犁是最早从知识结构入手讨论鲁迅精神特质的人之一。经历了大苦楚，他对鲁迅的复杂性也有了深入体味。鲁迅思维的特点在他那里被渐渐消化和理解。他意识到鲁迅表达的语境的特定性，离开特定语境，就难以理解先生。比如，鲁迅说要少读中国书，多读外国书，是针对复古主义思潮的，但没有古代文学修养，大概是一个问题。所以不能以鲁迅的是非为是非。再比如，有人写杂文，都是鲁迅的腔调，却不知那就把文章之道搞窄了。文章的写法，要像鲁迅那样广采精华，古今中外尽在眼中。但一味模仿鲁迅，那其实在创作上也远离了鲁迅。

孙犁不喜欢拿鲁迅的语录作为教条来用。比如关于古人的文选。鲁迅主张多看全集，不必信文选。孙犁认为颇有道理。但对一般读者而言，选本则很是重要。他也并不都随着鲁迅一个调子唱下去，有时候也看出鲁迅判断人与事时的失误，《文林谈屑》云：

鲁迅与北新书局为版税，发生纠纷。鲁迅有一次对人

鲁迅遗风录

17 孙犁的鲁迅遗风

说：李小峰不好好办书店，却拿出钱来，去办织袜厂。先生这话，是有些苛责了。北新书局还是印了很多好书，如果开列一个书目，那是要使当前的一些出版社，相形见绌的。[1]

如何看鲁迅的遗产？孙犁取其大者而用之。他特别留意人们对鲁迅的评价。优者贤之，劣者排之，不以名气大小为据。1990年，在看到郑振铎、夏丏尊、郁达夫、林语堂回忆鲁迅的文章时，他说：

郑文重情感；夏文重事实；郁文重全面、系统。林文重个人意气，以私情代事实，多臆想、夸张、推测之词，最不足取，且不足为训也。近日颇有人提倡反面文章、不同意见。但不管什么意见，也必根据事实，即死者生前之言行说话，以符天下公论。[2]

这很有点科学求是的态度，眼光是敏锐的。孙犁也有对鲁迅捍卫的文章，这些都来自自己的学术判断，很有力度。《散文的虚与实》说：

一些理论家，热衷于西方的现代，否定"五四"以来的散文，甚至有勇士，拿鲁迅作靶，妄图从根子上斩断。这种做法，已经不是一人一次了。其实他们对西方散文的发展、流派、现状、得失，就真的那么了解吗？也不见得。他们对

---

[1] 孙犁：《文林谈屑》，见金梅编《孙犁散文选集》，百花文艺出版社2009年版，第268～269页。

[2] 孙犁：《读〈文人笔下的文人〉》，见《曲终集》，百花文艺出版社1995年版，第172页。

于中国的散文传统，虽然那样反感，以斩草除根为快事，但他们对这方面的知识，常常是非常无知和浅薄的。人云亦云，摇旗呐喊，是其中一些人的看家本领。[①]

较之一般的鲁迅迷，孙犁有他的克制和理性。他对鲁迅精髓的把握，是文章家与思想者才有的气象。在《无为集·谈杂文》中，他说出自己心目中的鲁迅，以及如何能够成为鲁迅那样的丰富的人的道理：

> 学习鲁迅，应该学习他的四个方面：他的思想，变化及发展。他的文化修养，读书进程。他的行为实践，他的时代。
> 不能把鲁迅树为偶像。也不能从他身上，各取所需，摘下一片金叶，贴在自己的著作、学说之上。比如"改造国民性"，如果认为我们的国民性，一无是处；而外国的国民性，毫无缺点，处处可做中国人的榜样，恐怕就不是鲁迅的本意……[②]

这样的话，学界那时候很少有人谈及，尤其是鲁迅四个方面的精神。这是知人论世的本领，看到了鲁迅的知识结构与文化维度，在动态里把握鲁迅的思想，不是人人可以意识到的。

从留下的文字看，孙犁身上的鲁迅遗风很多，这些都被他个性化地呈现在短文里。比如敢于说作家的缺点，即使朋友，也好处说好，

①　　孙犁：《散文的虚与实》，见金梅编《孙犁散文选集》，百花文艺出版社2009年版，第292～293页。
②　　孙犁：《谈杂文》，见《孙犁全集》第8卷，人民文学出版社2004年版，第333页。

鲁迅遗风录

17　孙犁的鲁迅遗风

坏处说坏。八九十年代，他有过一些笔仗，对不同意的观点直陈己见。虽然观点亦可商榷，但真意在焉。他拒绝私情，坚持不为人作序，不写应酬文章，不题词。"与其拆烂污，不如岩穴孤处。"①因此得罪文坛，得罪老友。他最后一本书《曲终集》的后记，似乎也染有鲁迅遗嘱的气味，"一个都不宽恕"的勇气依在：

> 人生舞台，曲不终，而人已不见；或曲已终，而仍见人。此非人事所能，乃天命也。孔子曰：天厌之。天如不厌，虽千人所指，万人诅咒，其曲终能再奏，其人则仍能舞文弄墨，指点江山。细菌之传染，虮虱之痒痛，固无碍于战士之生存也。②

不管从哪个层面看，孙犁都可说是鲁迅的知音。他的内觉与自己的精神导师暗合，气质也有交叉的地方。战士鲁迅与战士孙犁，是在一个逻辑的延伸线上的。只不过鲁迅的西学本领他无法企及，那是时代环境使然，无可奈何。他还少了鲁夫子的狂狷、深广，和阔大的东西方知识分子的语境。比较二人，鲁迅古今情怀里有中外思想之辨；孙犁则得其前者而续之，少了后一个维度。鲁迅之后的作家，能有这样丰富的维度者不多。孙犁知道自己的限度，故老老实实地做人，老老实实地写作，不求完美，而人格不倒。这也可看出鲁迅遗风的另一种。从革命的路，到鲁迅的路，孙犁找到了一个交叉点。此点衔接了历史，也衔接了现实及艺术的美质。我们这些后来者来说，这确有深意的。

① 　　孙犁：《曲终集》，百花文艺出版社1995年版，第83页。
② 　　孙犁：《曲终集》，百花文艺出版社1995年版，第430～431页。

18

抵抗者的自语

在东京的书店里，看到竹内好的选集，内中印有他的照片。胖胖的，很有风采。因为不懂日文，面对那书自然变得有些茫然。但他的照片，不知怎么，竟那么深地印在我的脑子里，久久不能忘记。其实竹内好的名字之所以引人注意，是因为他写过鲁迅研究的专著，还译过大量的鲁迅作品，中国的学界对他很有一点亲切感。日本的鲁迅研究，他是一个重要的存在，至今东瀛学者，倘谈鲁迅，大多绕不过这个人物的。

我那时候仅读过竹内好的一本汉译著作，即赫赫有名的《鲁迅》，译著出版于80年代。这书最早问世于1944年，那时战争还未结束。但实在地说，现在无论日本人还是中国人，谈论鲁迅时，都很少有人超过竹内好的深度。《鲁迅》在某种程度上更接近于鲁迅本身。就学理的深而言，中国直到20世纪80年代的一批学人出现，才有了与竹内先生抗衡的对手。日本人看鲁迅，有时是一针见血的。后来的丸山升、木山英雄、伊藤虎丸等人，多少沿袭了竹内好的遗风。

《鲁迅》是一本札记性质的书，作者没有运用西方的哲学观念读解自己的对象，而是完全来自文本，通过解析、感知而形成一种看法。作者的许多看法更接近玄学，许多精彩的片段就是哲学化的谶语，让人感到东方思维的力量。中国的一些鲁迅学者，善于求助德国或英美法的哲学概念综合研究鲁迅，有时止于皮毛，觉得与先生甚远。但我们看竹内好的书，好像没有西崽的痕迹，但认知的深，也达到了形而

鲁迅遗风录

上的程度。所以要谈学术写作，我更喜欢竹内好的道路。那是真诚、自然的书写，好像心贴着心，而只有这时，鲁迅与我们是最近的。

当中国人因民族的解放，在战火与灾难中接受鲁迅时，自然而然带有一种道德感和意识形态的色彩。毛泽东也好，瞿秋白也好，他们描述鲁迅时，不可避免地带有这些痕迹。但青年的日本学者竹内好，以异邦人的视角，看到了鲁迅文本的另外的隐喻。《鲁迅》出版时，竹内好只有34岁，已显得老到深邃，出语惊人。我觉得竹内好的特点在于，他偏重从生命哲学的角度，看鲁迅与这个世界的悖论，一切不是通过确切化的思路完成的。作者看到了鲁迅无所不在的黑暗与悖谬。在非逻辑化的陈述里，形成鲁迅自身的逻辑。竹内好一开始就抓住了鲁迅的逻辑起点。且看他的诸种描述：

> 恰如他说"萧并不是讽刺家"（《谁的矛盾》《看萧和看萧的人们》）的时候，他如同在萧的身上看到了自己一样；在反语中能够看到的，实际上是他本质上所具有的矛盾的本身。他确实吐露过诓骗的话……保住了一个真实。因此，这才把他从吐露了很多真实的平庸文学家中区别了出来。
>
> 诚然，周作人所谈的这种见解，鲁迅自己在前面所引的《呐喊》自序中也讲过，在《我怎么做起小说来》中更清楚地肯定说："例如，说道'为什么'做小说罢，我仍抱着十多年前的'启蒙主义'，以为必须是'为人生'，而且要改良这人生。"但是，对于这样的表白，我并不原封不动地加以接受。因为，如果原封不动地接受的话，就无法说明它与作品之间的矛盾。那么，要说如何解释，下面，我打算从另一

方面思考一下。不管怎么说，在鲁迅和梁启超之间，有种决定性的对立；那种对立也可以认为把鲁迅本身的内在矛盾对象化了，因此，我认为，与其说鲁迅受了梁启超的影响，毋宁说鲁迅在梁启超那儿看到了被对象化了的自己的矛盾，难道不正是这样的关系吗？①

竹内好凭着自己良好的感觉，捕捉到了鲁迅身上超二元对立的精神矛盾。鲁迅是以自身的挣扎和抵抗而进入中国现代文学史的。对世界的理解，对鲁迅而言不是一个"是"与"不是"的问题。鲁迅首先是在否定自身的前提下，进入与周围的文化环境的碰撞里。竹内好看到了鲁迅精神的这种特异性，因此便在这个复杂的王国里体味到了无法确切化的存在。不确切性便构成了"确切性"。"我关心的事，不是鲁迅如何变化，而是鲁迅为何没有变化。他变了；但是，他又没有变。就是说，我在不动之中来看鲁迅。"②竹内好以鲁迅进入社会的方式而进入鲁迅的世界，因此获得了同代日本人很少有的视角，勾勒出了一幅迷离、神异的图画。我读《鲁迅》一书，惊叹于作者的悖谬式的视角，恰恰缘于此，我们便看到了现代东亚文化进程的问题纽结：以肯定或否定的思维方式理解被近代化的历史，终究存在盲区。倒是鲁迅的那种反抗奴役的心态，以否定特征进入自我更新的新徒者，才有可能在"被现代化"的过程中保留自我。这是一个很重要的思路。只有困顿里的挣扎，才构成新的历史。东亚人如果放弃此点，在精神层面，自然要沦为庸人。

① ［日］竹内好：《鲁迅》，李心峰译，浙江文艺出版社1986年版，第11、71页。
② ［日］竹内好：《鲁迅》，李心峰译，浙江文艺出版社1986年版，第39页。

鲁迅遗风录

竹内好的文章是漫步化的，写得很自由，却严肃、缜密。孙歌女士有一篇文章《文学的位置——竹内好的悖论》，有意味地写出了他与鲁迅间的对话关系："不曾以学院派的方式工作"。非学院派，便与鲁迅成了同党，因为鲁夫子向来讨厌正襟危坐。他连看问题的方式，也迥别众俗，竹内好是得其三昧吧。鲁迅的写作历史已经昭示，直面社会与自己时，首先要质疑的是主体世界那些"自明"的存在。一切以学者、导师、真理自居的人，大可以怀疑他的话语秩序。这便是海德格尔所谈的"有限性"。王乾坤先生在《鲁迅的生命哲学》一书中曾言及于此。那也是在竹内好、汪晖之后认识上的一种深化。贴近鲁迅，是要有一点哲人和诗人的气质的。

许多年后，我读到李冬木、赵京华、孙歌翻译的竹内好《近代的超克》，印象深的是他对于"东洋的抵抗"的描述。作为个体的存在，鲁迅的价值在于通过抵抗而进入现代。而日本的不抵抗式地进入近代和现代的选择，可能存在问题。他在《何谓近代——以日本与中国为例》一文里说：

> 鲁迅以身相拼隐忍着我所感到的恐惧。更准确地说，从鲁迅的抵抗中，我得到了理解自己那种心情的线索。从此，我开始了对抵抗的思考。如果有人问我抵抗是什么，我只能回答说，就是鲁迅那里所有的那种东西。并且，那种东西在日本是不存在的，或者即使有也很少的。从这个时刻开始，我形成了对日本的近代与中国的近代的比较性思考。①

---

① ［日］竹内好：《近代的超克》，孙歌编，李冬木、赵京华、孙歌译，生活·读书·新知三联书店2005年版，第196页。

抵抗的原因，可能是内心有着强烈的耻辱的记忆。竹内好自己对于日本战败后的感受的记录，与鲁迅的文本交织在一起。在竹内好看来，一般的日本知识人在讨论问题的时候，受西方的影响很深，基本是精英文化的思路。鲁迅也谈人道主义，但站在底层人的视角上，唾弃了精英姿态，而展示了存在的另一种突围的可能性。这种建立新的思想方式和逻辑方式的抵抗性选择，对竹内好来说是一种新奇的召唤。他的基于日本的焦虑而带来的对于鲁迅的好奇乃至欣赏，都印证了日本知识界自我批判精神的滋生。落后的中国提供的经验，比英美的思想不差，因为那时候的日本也重新沦入新的主奴关系了。

我喜欢竹内好的那些富有哲思的句子，这些多是从鲁迅的暗示和自我的审视而来，带有几分俳句的意味：

　　鲁迅是个文化主义者。不过，这种文化主义却是和文化主义对立的文化。

　　所谓的真文学，是把自己的影子破却在政治里的。可以说，政治与文学的关系，是矛盾的自我同一关系。

　　以前的否定自我，是因为以对方为绝对的缘故。在对方失坠于相对的现在，自我否定就应代之以自我肯定。

　　"不用之用"应变为"有用"。

　　鲁迅那样的人是无法产生于日本社会的。即使得以产生也不会成长，不会成为值得继承的传统。当然，鲁迅在中国文学中也是孤立的。但是，孤立着的形态却是鲜明的，而且他被继承着。①

　　孙歌在讨论竹内好的鲁迅观时认为，这位日本学者的不凡之处是，他"打破了鲁迅研究中潜在的历史进化论倾向"②，这是深入文本后才有的体味。竹内好在鲁迅那里发现了类似于佛学里的幽深的存在，他借用"回心"的概念描述鲁迅思想中旋转的面影，的确开启了认知的另一扇大门。这里牵涉鲁迅的思维方式和精神表达的分寸感，抓住了它，可能才不会为另一种时尚的理论所诱惑，得以保持自己的本原。但这种描述可能也遗漏了鲁迅思想的现实的一面，或者说把鲁迅的政治性话语省略了。他对于鲁迅与革命的关系的疏忽，实际上已影响了对于鲁迅的更为立体化的观照。他的这些空白，被后来的一些日本学人渐渐填补了。

　　还记得读丸山升、伊藤虎丸的著述时，隐隐地感到其中内含着竹内好的情结。他们大约都从否定自我的思路，或者说"焦虑与挣扎"里，开始了一种思索。伊藤虎丸似乎说过，竹内好是带着挫折感而进入鲁迅的世界里，因而就感受到了"抵抗"的意义。鲁迅就是在对自我的解剖与反省里，看到了现实存在的可怖性。他的精神资源显示出的困顿与深刻，直指着一个形而上的命题。这或许是理解日本人之于鲁迅的一种出发点。两国知识分子最有对话内涵的，且久谈不衰的人

① 　　[日]竹内好:《近代的超克》，孙歌编，李冬木、赵京华、孙歌译，生活·读书·新知三联书店2005年版，第134、139页。
② 　　[日]竹内好:《近代的超克》，孙歌编，李冬木、赵京华、孙歌译，生活·读书·新知三联书店2005年版，代译序第14页。

物，也许只有鲁迅。

据说现在的日本汉学家，大多已不关注鲁迅了。可是我接触的有限的几个日本人中，都还在深切地打量着鲁迅先生。丸尾常喜、尾崎文昭、藤井省三、刘间文俊、代田智明等，多少受到了鲁迅的暗示。在作家当中，大江健三郎在某些气质上，也让我联想起鲁迅。他在一些讲话中就公开谈到了对鲁迅的喜爱。从竹内好到大江健三郎，都在走一条反省自我、诘问本民族命运的道路。这也许在表明，日本知识界确有一种独特的声音，而这声音与鲁迅或许是有深切的关联的。

伊藤虎丸在谈到竹内好与他这一代人何以久久地关注鲁迅的时候，说过这样一段话：

> 于是，三十年过去了。在"文化大革命"的风暴之后，我们在中国知识人的"反思"中，开始感觉到了与我们战后的自我反省相交接的东西。竹内好的借鲁迅而做的日本近代文化批判，绝非仅仅是日本人的问题。如果思考一下的话，可知鲁迅所指出的问题，是一个超越日本与中国、资本主义与社会主义差异的人类共同的问题。我们终于明白了日中知识人携手追求的"共同的反省课题"的学术交流是可能的，也就是说真正通往友好的路展开了。[1]

这是伊藤虎丸去世前的文章，他在文字中呈现了一种乐观的态度。但我私下以为，中日之间，能在这个层面讨论问题的人不是太多，鲁

---

① ［日］伊藤虎丸：《鲁迅、创造社与日本文学：中日近现代比较文学初探》，孙猛、徐红、李冬木译，北京大学出版社1995年版，第353页。

鲁迅遗风录

18　抵抗者的自语

迅的知音是为数有限的。深味鲁迅的，无论在中国还是在日本，都是不太能合时宜的人物。要将那思路推向民间，是大不容易的。我曾说鲁迅是国民公敌，原因乃是其思路每每与世人相反对。他以异样的目光打捞了人间的隐秘，且颠覆了一种历史记忆，将以往的叙述模式统统改写了。域外的学人中，是日本人最早发现了鲁迅的特异性，并发现了他世界性的意义。我们应当重视这一文化现象。鲁迅的阐释史里可梳理的内容，实在是太多了。

忽记得多年前，日本国众议院议员保坂展人先生率团来北京，一下飞机就来到北京鲁迅故居。那一天我和他有过很好的交流，才知道他那么喜欢鲁迅。那次他转来了日本报纸上的一篇旧作，从中可以看到他的心史。这一切都深深地和鲁迅连在一起。文章的题目是《函授的老师》。作者写道：

> 我想鲁迅的时候，首先想起来的文章是《野草》开始的这一句话：
>
> "当我沉默的时候，我觉得充实；我将开口，同时感到空虚。"
>
> 看到这句话，我好像被打击到胸痛的感觉，同时离不开他的文章了。我才知道也可以这样写文章，这个感觉成了我自己小小的希望。
>
> 对于我来说，说什么就感到空虚，讲一句话就会后悔的时代，是很混乱的一九七〇年代。看时代流动敏感的人拿来自己组织的旗帜，后来知道沉默和秘密转身才是潮流，开始不说话。

当时是初中生的我进入这浊流，后悔只能做大学生运动的模仿，同时希望让自己年轻的感觉达到看不到的什么地方，不断一直寻找"自己的语言"。

黑黑的咖啡店的桌子上翻开着鲁迅的杂感文集。我念短短的一句好几次，经常努力消化意思，还写到自己的本子上。

"真的猛士，感于直面惨淡的人生，敢于正视淋漓的鲜血。这是怎样的哀痛者与幸福者？然而造化又常常为庸人设计，以时间的流驶，来洗涤旧迹，仅使留下淡红的血色和微漠的悲哀。在这淡红的血色和微漠的悲哀中，又给人暂得偷生。维持这似人非人的世界。"（《记念刘和珍君》）

十八岁的我退学了，逃避朋友，一个人游泳的时代。我渐渐地会开始在本子上写"自己的语言"。这样写好的本子超过三十本时，我发现产生了自己的语言。

一九七〇年代中间，学生运动已经进入斗争的时代。和我一起参加游行活动的弟兄们大部分大学卒业后变成一般公司的职员。他们都穿着新的西装，但是我自己没有回到他方，只能走自己的路。

进化论者鲁迅说的"青年杀青年"，这一句话给我很深的印象。到现在我的事务所还挂着"青年舍"的门牌子。访问过我的事务所的年轻人也不知道这个名字的由来。

自己打开自己的地方，我受到一九二七年鲁迅说的语言影响，在五十年后二十一岁的我在东京这样开始起步了。

我少年时代没有遇到过一位好老师，但是书里面的唯一函授老师就是鲁迅。①

真的，这一文章令我感动，虽不及竹内好有着理性的张力，却也看到了鲁迅给寻找自由的人的内在鼓励。我们谈东亚文人反抗奴役的历史，鲁迅大概是最具有魅力的参照。不仅学人，一般的民众、公务员，倘进入对当下生存质疑的状态，他们忽然发现，鲁迅已走在了自己的前面。

① 　　　笔者保存过作者的打印稿，此为抄件。

19

丸山升先生

2000年深秋，东京的一个雨日，我拜见了丸山升先生。那一天他打着伞，在东京大学的红门等了我们许久，让我和几位迟到的朋友颇感不安。这是一位慈祥的老人，他瘦小的身材和那善意的目光，使我想起了许多平凡的中国长者，相互问候的那一瞬间，便感到了他的力量。真的，直到现在，我依然未将其视为一位日本人，好像他就生活在北京的一所什么大学里。

这种感觉是奇特的。丸山升不像一些日本人那么客套，他随意的神情和友好的目光，射出道道暖意。那一天我在东亚研究所做了一次讲演，内容是有关鲁迅与中国当代文学之关系的。先生做的主持。他和众人交谈时，颇有见识，其温和的态度与严谨的语序，都像是有着无形的力量。晚餐的时候，我坐在他的身边，酒过三巡，听其吟唱中国的京剧，倒不见了老人的拘谨。那洋洋洒洒的神态，宛如另一个人。原来他还那么幽默与活泼。

回国好久，我一直默默地记着他，对那个雨日里的相逢，有着深深的怀念。

此后便注意到他的文章，凡在书刊能找到的汉译，都读到了。丸山升的论文，常常有一道激流。他的忧世，他的愤俗，还有那对民众的爱意，都染有鲁迅的色彩。他对鲁迅的把握，其出发点，来自日本的经验，诸如对绝望、挣扎之类的感悟，是带着日本学人的挫败感的。这种挫败感，与我们中国人的经验是那么接近，以至把我们两国学人的心理距离拉近了。

自20世纪50年代开始，苏联的文艺理论，以及文学史观念，一度左右了中国现代文学史的研究，其格局是苏联文学史逻辑的大范围的覆盖。这个现状到了80年代开始发生变化，欧美的文学理论开始进入研究者的视野，但那些理论还仅仅在价值判断的层面，如何转化为中国式的表达还是一个难题。真正影响中国现代文学研究的，应当是日本学者的著述，随着大量著作的翻译介绍，中国现代文学研究的话语结构也发生了诸多变化。中国学界与日本学界的对话，暗自影响了发展中的学术格局。

日本文化对近代中国的影响已经被世人有了多重性的勾勒。无论近代文学史还是现代文学史，日本的影子都一直深嵌在文本的背后。近代以来，我们许多概念是从那里借用过来的。梁启超、鲁迅、周作人、陈师曾的基本学术理念和艺术理念借助了日本的近代资源。但日本的思想多是拿来的，有的不过是一种欧美元素的引用，所以中国的文人不满意日本的思想，觉得有些浅薄。德国、美国、俄国的学术与文学文本反而吸引了中国的作家。我最近看到一个数据，民国期间，中学语文课本里所选的域外文学作品，最多的是法国的，俄国的次之，日本的则排在第六位。这说明影响力的程度。至于学术著作，欧美的比例也大于日本的。

在日本留学的青年有一种强烈的东方人的问题意识，对东方文化被近代化的感受是自觉的。在欧美留学的人回国后，思想还不能马上过渡到本土实践中。倒是像研究人类学的如费孝通等能进入母体文化中。鲁迅写小说虽然形式上借鉴的是俄国、东欧的作家，但对中国问题的展示是受到日本人的暗示的。夏目漱石、森鸥外、有岛武郎的批判眼光，鲁迅多少是学到的。

虽然国人对日本资源的理解不同，但在不同文明的互动里，彼此也有交叉的影响。中国的知识人后来影响了日本知识界，也是公认的现实。日本学界借助中国的历史而思考自己的问题，成了他们思想里的一个侧影，这反过来也刺激了中国知识界。一个事实是，关于中国现代文学史的描述，日本学者的深度一直为国际学界所承认。而这些年来，日本汉学家的著述对于中国学界的冲击力，是不容小觑的。

日本汉学家的中国现代文学研究，与左派文化的介入关系甚深，但同时夹杂着日本近代化的批判与反省。竹内好、丸山升、木山英雄、伊藤虎丸等人的学术研究，比俄国人与欧美学人更贴近问题的实质，一定程度弥补了中国同行的不足。竹内好对于鲁迅精神哲学的勾勒，丸山升关于革命中的鲁迅的描绘，木山英雄关于周氏兄弟的多重表述，伊藤虎丸讨论被近代化的悖论，其实是开启了中国现代文学研究的另一扇大门的。

中国学界一度对于竹内好的热情甚高，他的《鲁迅》几乎成为所有研究者必读的书目。其原因是文本里有另一种精神哲学的辐射。但一些深味日本学术史的人发现，竹内好对于鲁迅的误读很深，倒是不被人看重的丸山升，是真正读懂鲁迅的人。以丸山升为例，他的思维方式和进入中国文学的方式，受到了近期学人钱理群、王得后、高远东等人的高度赞扬。丸山升对于中国革命的敏感，超出我们国人的想象。他对于鲁迅生平的把握以及思想的理解，都不在中国语境里，却深入中国现代史的深处。从其文章著述里可以看到，他对于鲁迅的革命性一直颇为关注，而他自己就属于革命党的一员，因为反对日本天皇制而多次被捕。但后来中国社会的变化给他许多焦虑，导致其学术视点与中国同行不同。70年代初，中国的激进主义席卷天下的时候，他一直为革命的进程的复杂性所纠缠，有关鲁迅的话题一直吸引着他。那时候他对现代文学史的判断，是在更为开阔的空间。他可能是当时极少数对于鲁迅身后历史演变有着清楚判断的人。随着胡风、冯雪峰遭迫害，加之"文化大革命"中左联许多文人的遭难，丸山升思考的是，鲁迅遗产的延伸何以造成许多悲剧的产生，这内在的因由是什么？在残酷斗争加剧的时候，他的思考，都更具有客观性。

在王俊文后来所译的《鲁迅·革命·历史——丸山升现代中国文学论集》一书里，《"革命文学论战"中的鲁迅》《中国的文学评论与文学政策——围绕何其芳的一篇论文》《关于周扬等人的"颠倒历史"——"国防文学论战"与"文化大革命"Ⅲ》《作为问题的1930年代——从"左联"研究的角度谈起》《围绕施蛰存与鲁迅的论争——关于晚年鲁迅的笔记》等文是鲁迅遗产解释里最令人困惑的一章，在这里，他对鲁迅遗产有一种国际主义视野的理解，中国内部问题的紧张为一种日本革命者的冷静所覆盖。当时的中国，似乎还没有人有这样通脱、严明、深切的目光。

与竹内好的生命哲学层面思考鲁迅不同，丸山升对于鲁迅晚年的革命更有兴趣。他似乎意识到，只有把握了鲁迅的革命性，才能看出其思想的真意。但他对鲁迅的左转的认识不是在封闭的层面进行的，而是在鲁迅的翻译实践中把握其间的问题。他说：

> 竹内好氏将他第一本专著《鲁迅》的中心思想概括为立于"文学者鲁迅无限生发出启蒙者鲁迅的终极之处"，如果套用他的说法，可以说我的立场是探寻"将革命作为终极课

题而生活的鲁迅（倘若从他后来的话语中寻找形容这样的鲁迅最合适的词，我想应该是'革命人'吧）生发出文学者鲁迅的这一无限运动"。①

在梳理鲁迅从辛亥革命到左翼运动的过程中，他发现了鲁迅思想中最为迷人之处。鲁迅的写作看似极为精神化的劳作，其实他的一切都在政治革命的影子下进行的。虽然他的政治化的表达与政党政治不同，但通过社会改造而达到精神的进化，是他一直没有放弃的选择。我自己阅读丸山升的著作便感到，鲁迅参加左联的最好的解释，可能是丸山升的思路。由丸山升的理论出发，鲁迅晚年的许多选择，都可能找到一个较为恰当的说明。

但中国革命的复杂性完全超出人们的预料，其间内部的斗争与外部的矛盾，都非象牙塔中人所可感。对于中国革命的认可的丸山升感到了一种困惑，鲁迅身边的文学青年后来一个个消失，原因何在？他试图解释这种困惑。60年代中后期中国的大动荡给日本共产党人以莫名的苦恼，以致以为把其认可的基本价值理念涂黑了。丸山升说："我的最大的怀疑之一，就是它偏于将历史当成一贯正确的毛泽东路线克服一个个错误路线的自我实现过程，其结果便导致对于历史中产生的各种课题的重要性和伴随着这些课题的探索失误的意义几近于无视，并把被今天的视点认作负面历史的因素全部当成'异端'。"②他从"文化大革命"的大批判想起当年对于胡风、冯雪峰的批判，理论

---

① ［日］丸山升：《鲁迅·革命·历史——丸山升现代中国文学论集》，王俊文译，北京大学出版社2005年版，第30页。
② ［日］丸山升：《鲁迅·革命·历史——丸山升现代中国文学论集》，王俊文译，北京大学出版社2005年版，第140页。

鲁迅遗风录

19 丸山升先生

的模式几乎是一致的。丸山升意识到，革命内部的纷争与冲突，其实损害了中国革命的内在肌理。在这里，他既肯定了鲁迅的价值，也没有轻易否定周扬的意义。他认为"文化大革命"对于周扬的清算方式可能也存在一定的问题：

> 对于把在这一历史过程中产生出疑问和反对意见的人"轻易诬陷……为'内奸'，为'反革命'，为'托派'，以至为'汉奸'"，鲁迅感到愤怒，这确实十分正当。同样地，我认为"文革"开始之后中国出现的把"国防文学论战"直线地还原为"王明路线"与"毛泽东路线"的对立、资产阶级的口号与无产阶级的口号的对立的意见也是过于轻率了。①

在大量的论述里，丸山升对于鲁迅遗产的认可从许多细节中都可以看到一二，而左联后来的分化以及内部斗争导致的对于鲁迅精神的偏离，则是他一再担忧的问题。他认为在对于鲁迅及其同代人的认识中，以先验的结论来思考历史的过程，是一个错位，历史可能因之变得吊诡和不可思议。我们看看那时候国内的学者在讨论这些问题时，几乎还没有谁能够像这位日本的"左"派更为理性，具有历史的眼光。"文化大革命"的错误带来的鲁迅遗产的变形，对他来说是不能不做的工作。

我注意到，他对于30年代以来最为困惑的话题的挑战性思考，是外在于泛意识形态的话语的。作为一名鲁迅精神的知音，他学会了

---

① ［日］丸山升：《鲁迅·革命·历史——丸山升现代中国文学论集》，王俊文译，北京大学出版社2005年版，第146页。

对于复杂问题的辨析，不是从既成的概念出发，而是由事实加以判断，找出精神迷雾下的真的亮点，才是其精神的应有之义。

认识丸山升的时候，我正醉心于以远离左翼话语的方式诠释鲁迅。不仅是我，连同我的许多朋友几乎都是如此。但丸山升对于中国左翼的正当性是肯定的，他以为后人根据自己的经验来讨论30年代的革命，存在很大的问题，而把革命后存在的问题推到鲁迅那里，也是非历史主义的考虑。中国革命给他的启示是反抗非人道的价值，对于昏暗的抵抗不是一种错误，恰恰相反，乃一种解放的必然。至于用后来的问题而否定前人的选择，是存在认识论的偏见的。

这种历史的态度，使他的论述显得格外吸引人。其人格的魅力也闪烁其间。当中国学界弥漫着告别左翼的话语的时候，他对于左翼有着另一种思考。这里是否投入了日本人的经验而忽略了中国社会的问题暂且不说，至少在这一点上讲，改造社会与人的解放，乃东亚人未完成的使命。

丸山升的史学研究基础甚好。与竹内好的思辨性和诗化的表达不同，他的文章是有史家的气魄的，但背后的思想的穿透力，读来便会感到。这种研究方式，对我来说，一直是一种缺失。阅读他的文章，会感到学识与人格的双重魅力。如果不是他的独立思考，日本左翼学者可能不会引起中国学界后来的重视。恰恰是丸山升的世界主义的视角，给当时思想僵化的中国学界带来了一些新的启发。

以丸山升为代表的日本学人的研究之所以一直影响着中国的同行，按照高远东的理解，可能与他们的历史学的传记式表达有关。因为在讨论问题之前，资料的精准和人物环境的厘清，都是必做的工作。赵京华在总结丸山升的贡献时说，他是一个真诚的马克思主义者，"这

鲁迅遗风录

19 丸山升先生

一倾向使得他得以超越日本中国学研究界常见的两种倾向：一个是战前以内藤湖南为代表的'支那学'从'代替支那人为支那着想'那一种与帝国主义优越性视野相重叠的观察中国的方法；另一种是以竹内好为代表的将中国作为'方法'而目的在于重建日本民族主体性的立场"①。这种研究，对中国人而言，最不易出现，中国人看异域文学，缺乏的也恰是这样的精神。

在多维结构下，才能够看清问题的实质，这是以丸山升为代表的日本学人给我们的启示。中国的文学研究，曾一度受时风的影响，又多在单一观念中打量人物，有把历史人物分解化的危险。日本学者的整体性的观照，以及自身问题的反省，都增大了表述的空间。北冈正子《〈摩罗诗力说〉材源考》、伊藤虎丸《鲁迅、创造社与日本文学：中日近现代比较文学初探》、木山英雄《北京苦住庵记：日中战争时代的周作人》、丸尾常喜《"人"与"鬼"的纠葛——鲁迅小说论析》都有深度的力量感。对于这些经典意义的学术文本，我们当另眼相看，并视同我们学术资源的一部分。

我在北京鲁迅博物馆工作的那些年，多次见到丸山升先生，他给我的信件和书籍，带着暖意留在我的内心深处。他永远是微笑的样子，好像看不到自己经历过诸多的苦难。精神完全在一种灿烂的朗照里。他来华参加学术会议，每一次的演讲都有深度。记得是在绍兴的鲁迅纪念会上，他的出现引起了新旧朋友的兴趣，一时也变为会议的一个新闻。那也是个雨日，我们这些重逢的人，围绕着鲁迅谈了许多，大有乐而忘返的感觉。那一次见面，聆听了他的讲演。那一天他显得有

① 　　　赵京华：《周氏兄弟与日本》，人民文学出版社2011年版，第28页。

些激动，在主席台上谈了许久，题目至今还记得：《活在二十世纪的鲁迅为二十一世纪留下的遗产》。后来我看到了这篇讲演稿，被其思想的深和一股股激情深深感动着。其中有一段说道：

> 苏联建国时，谁也想不到仅仅十几年后斯大林的"肃反"这样的事件会开始。新中国诞生时，谁也没有想象仅仅十七年后"文化大革命"那样的悲剧会开幕。当然，虽然如此，我并不否定中华人民共和国建国的历史意义。但建国当时包括外国人在内的许多人怀了的希望和"文化大革命"这个结果之间有很大的径庭是不能否定的。这些事情是各位先生早已知道或者亲身体验过的，作为外国人的我不需要反复地说。但我看严重的是，这些历史悲剧不仅破坏了人们的"幻想"，使他们知道"理想"本来有往往化为"幻想"的危险，也留下了一个很深刻的结果。那就是人们找不出代替的新的"理想""理论"，似乎丧失了对"理想—理论"本身的信赖。①

这个老人的讲演充满了忧患，他对21世纪黯淡的描述，使人感到他深深陷入鲁迅式的哀凉里。不知怎么，丸山升的背影，使我想起了王瑶，我以为他们似乎有着相近的东西。作为学人，深味学海，又每每不忘情于人间，忧世之怀远过于书斋趣味，那是旧式文人不能比肩的。书斋的生活，固然可以愉性，但倘离了地面，不知道生民之苦，

---

① 孙郁：《求庇与废话》，北岳文艺出版社2002年版，第159页。

鲁迅遗风录

19 丸山升先生

难说是个真的知识分子。我上大学的时候，听过王瑶的几次报告，奇怪的是他很少讲审美之类的东西，强调的倒是文学之外的东西。借着新文化而言及社会的变革，那是几代人的责任。这个传统倘认真地总结，对当下学界浮夸之风，是个不小的警示。可惜人们已将这样的人，大抵忘却了。

有两种人的讲演，会让人激动不已的。一类像纯正的政治家，永远在激情里，给人的是久久的鼓动；还有一类，像丸山升似的，以慢条斯理的语序，讲述着一个人本的话题。那一天，听到他的讲演，心头一亮，好似和他亲近了许多。会后有一记者朋友采访他，谈及喜好的作家时，他说了这样一段话：

> 欧洲人倘流放到孤岛上，除了生活用品外，身边要带的
> 是一部《圣经》；我呢，作为一个日本人，如果也到了那样
> 的孤岛，带的仅是《鲁迅全集》。①

那一天的采访，我不在现场，朋友回到房间和我言及这一段话时，我的心急剧地跳了起来。我觉得在日本人中，能结识到这样一位前辈，那是一种快慰。真的，即便是在中国，可以如此与我们交谈的老人，也已不多了。

① 孙郁：《求庇与废话》，北岳文艺出版社2002年版，第160页。

20

关于木山英雄

日本学者在研究中国文学时，一直贯穿着复杂的心理。在第二次世界大战之后，他们对中国现代文学的读解，呈现出与古典文学研究不同的态势。其间的问题意识也大异于中国学界，于是便成了一个奇异的参照。考察日本学界的思维特点，自然存在着多种路向，几代学者形成了不同的传统。但一个共同的特征是围绕中国现代性的变迁，寻找日本人知识界的自我意识。中国作家提供的精神图景，作为一种对照，被内化为一些日本学人批判日本社会的精神因子。

竹内好在20世纪40年代曾写过一本《鲁迅》，在今天依然有着很强的影响力。这本书的出发点是典型的日本式的自问，即带着对人生疑问而与鲁迅发生了精神纠葛。此后丸山升从政治层面理解鲁迅文学，大江健三郎在存在的困惑的层面与鲁迅的相知，以及伊藤虎丸从"近代性"的视角考察日中两国现代性的起点，都有意味深长的发现。

但是在诸多研究者中，木山英雄的写作独树一帜，不仅突破了日本学界的惯性思维，更在于找到了有别于中国智慧的表达式。

直到今天，木山英雄的著作只有《文学复古与文学革命》《北京苦住庵记：日中战争时代的周作人》译成了中文。他的文本与一般日本学者不同的地方在于，更愿意从悖论的人生经验中考察日中文学的内在紧张度，而他颇富有玄学之力的内省，无论在日本，还是在中国，都是少见的。

木山英雄生于1934年，东京大学毕业后在一桥大学任教多年。

他对中国的研究内容很广，包括对章太炎、鲁迅、周作人、聂绀弩、胡风、启功、李锐等的深切解读。尤其是他对周氏兄弟的研究，目光独异。他在对周氏兄弟的研究中意识到了鲁迅、周作人身上的罪感意识，他的精神深处被诸多不确切性、互为否定的东西所缠绕。即便是讲到文学与革命的话题，他也发现了革命话题对于鲁迅的另一种意义。"而革命通过它使诚实的诗人感到幻灭，则证明了这革命是真的革命。"① "自己未被杀掉而活了下来，即是证明自己文章之无力的证据。"② 木山英雄看到，五四落潮后，胡适、陈独秀都把精神路向日趋单一化，将文艺与革命分离开来，把学术从政治中剥离出去。而鲁迅与周作人依然在艺术的深处表达着对政治的关怀和敬意。面对日中复杂的巨变，木山英雄发现周氏兄弟处理问题时的反常理性。比如他们都说文学无用，可是他们又积极地介入当下社会的诸多话题。他们厌恶纯然的文艺及唯美主义，但在另一层面则在杂文中将驳杂的灿烂的意象介于其中，有着诗性的骇俗之美。

在许多文章里，木山英雄语惊四座，颠覆常识。比如他说在政治理念与审美意识间，鲁迅保持良好的抽象概念与野性思维。这是把握了核心的论断，也解决了鲁迅认识中理性力量与审美力量并重的问题。中国的一般作家一旦嗜上理论，则损害了文艺。鲁迅却兼而得之。鲁迅的文本常常是在"是而不是，不是而是"中展开自己的主题。比如复仇，在鲁迅那里本来是一个确然的题旨，但非复仇的宽容也不能都一一加以指责，谁能说宽容没有善意，即便是对手的恶意的所为，也

<hr />

① ［日］木山英雄：《文学复古与文学革命——木山英雄中国现代文学思想论集》，赵京华编译，北京大学出版社2004年版，第80页。

② ［日］木山英雄：《文学复古与文学革命——木山英雄中国现代文学思想论集》，赵京华编译，北京大学出版社2004年版，第81页。

不能简单为之。木山英雄在鲁迅的复仇意象里找到了多重紧张的精神之力，施爱者却被钉在十字架上；失去上帝信仰的绥惠略夫（鲁迅所译俄国作家阿尔志巴绥夫《工人绥惠略夫》主人公），杀掉的不是自己的敌人而是无辜的看客；热梦的寻找收获的却是虚无。在分析《孤独者》与《铸剑》时，木山英雄写道：

> 以上两篇，在以自己的意志行动的人，有意识拒绝成为卑劣俗众欲望的对象而复仇的意旨这一点上，显示了共通的曲折性。而复仇的主题在小说方面又从不同角度连续地得到了探索，产生了两篇杰作。一个是绝望的改革主义者积极的"躬行我先前所憎恶，所反对的一切，拒斥我先前所崇拜，所主张的一切"而以"真的失败"获得"胜利"走向自灭的《孤独者》（《彷徨·孤独者》，1927）。如果说这是内攻性的复仇之极端化的场合，那么，另一个是为向杀父的国王复仇少年的头颅为交换，承担报仇任务的"黑色的人"，砍了国王和自己的头，三个头颅在鼎中演出了一场死斗之戏，最后连谁的骨头都无法分辨的《铸剑》。①

日本小说类似的镜头不多，但一些诗人的意象中含有类似的因素。木山英雄惊讶的是中国的鲁迅竟用一种如此荒诞的目光打量人生，而给人的冲击力完全是形而上的感觉。尼采、陀思妥耶夫斯基有过类似的表达。但是东方的文化也可以如此吗？现代中国文学吸引人的存在，

---

① ［日］木山英雄：《文学复古与文学革命——木山英雄中国现代文学思想论集》，赵京华编译，北京大学出版社2004年版，第327页。

在鲁迅那里萌生出来，对于一向推崇中庸、平和的东方人来说，实在是罕见的奇观，那些高远而低回的精神之维究竟是怎样诞生的呢？

使木山英雄念念不忘并为之激动的是鲁迅的《野草》。他知道那是个超逻辑的世界，自己也无法以什么理论体系来说明其原貌。木山英雄在此看到了鲁迅思想里本然的存在，自己是虚无的，却又不安于虚无。活着不是为了亲人，而是为了让敌人感到不适，让其知道世界的有限，虽然自己也希望速朽。鲁迅世界纠缠的是无法理喻的存在。五四文人提出的民主与科学的思想，都是闪着光彩的存在，胡适、陈独秀也是以新人的面目出现在文坛上的。而鲁迅独自在暗影里，与旧的存在是搏击与周旋的关系。他越憎恶过去，越觉得自己是一个旧的存在，必然要消失在时光中，于是自觉地去肩着黑暗的闸门，解放那些囚禁在牢笼里的人。有趣的是被放到光明处的人，却在诅咒杀戮开启闸门的殉道者。木山英雄感到了鲁迅在保守与进化间的非凡的目光。旧物未去，新物亦污。女娲以伟岸之美却造出了萎缩的人类，《颓败线的颤动》（鲁迅《野草》里的篇章）的老母以残破之躯养育了家人，未料遭到了子女的道德戕害。木山英雄意识到，鲁迅的认知哲学除了尼采式的决然，还拥有自己特有的东西。自我与他人都被罪感所缠绕，于是只能陷于苦难的大泽。解放的路应从心灵里开启，可是彼此隔膜的世界哪里是通道呢？他对鲁迅的回旋式语言的发现是在20世纪60年代，那时候的中国学者尚无深思于此者。80年代后中国学者的兴奋点，有的就是从木山英雄那里获得启示的。

如此深地捕捉鲁迅挫折感里的坚毅的东西，大概与木山英雄的日本经验有关。第二次世界大战之后，日本知识界意识到自己前人的失败，就在于过于迷信自己的确然性，以为掌握了真理，于是自我膨胀，法西斯主义也恰恰诞生于此。鲁迅所以刺激了日本学人，就在于一个承担失败的人，也能从灰暗里表现出精神的果敢。日本缺少的或许是这样的精神界的战士。而这种带着苦涩与罪感的心进入鲁迅内心世界的人，显然与中国大陆学者色泽不同。鲁迅的另一面被遮蔽着，日本人感兴趣的地方，恰恰是中国学界长期以来的盲点。一个作家的文本在域外传播中的精神延伸，是不同语境下的有趣的转换。而中国作家能像鲁迅如此引人的，的确不多。

作为一名日本人，木山英雄慨叹鲁迅与日本作家的区别。在《正冈子规与鲁迅、周作人》一文里，他解释了周氏兄弟与日本作家的不同。鲁迅的一些作品受到日本人的影响是无疑的，像正冈子规对于死亡的描述，直接暗示了鲁迅的系列文章。鲁迅和正冈子规都写过《死后》的文章。鲁迅表现了对世俗的批判与紧张对峙的关系。可是正冈子规谈死，似乎还有着一种宗教式的解脱，文章是安详的。木山英雄分析说："因好奇心的作用而多次亲临自己的死后这一体验，缓解了死这一断绝，潜在地给他的生死观带来了某种通融豁达的感觉。结果，这种与死紧密相邻的生之体验，甚至给子规这位精神健全者以非宗教性的拯救，也说不定。"[1]受到正冈子规影响的鲁迅，却对死表示了另一种审判倾向："可以看到那常常是纠缠于主观和客观的相互纠葛中的。就是说，有着在试图观照生生不已的生命之矛盾，以及以死之瞬间必须消灭的主观，直接面对客观上的死之矛盾意识。其中也包含了受伤的反抗者自我毁灭式的冲动，而在这些死的种种表象之后放进

---

[1] ［日］木山英雄：《文学复古与文学革命——木山英雄中国现代文学思想论集》，赵京华编译，北京大学出版社2004年版，第153页。

鲁迅遗风录

《死后》这一篇，这对《野草》来说极大地丰富了其内涵。"①木山英雄要寻找的恰恰是这个差异。在他看来，鲁迅文本无论在审判层面还是在认识层面，都有可借鉴的地方。日本知识界缺乏的不也正是这些逆俗的奇异吗？

有趣的是，木山英雄对鲁迅复杂意识的解释，也有着诗哲的痕迹。这大概在日本也是少见的。他敏感于鲁迅身上的"鬼气"与"毒气"，从中分离出的果敢、顽强之气亦让其动情不已。鲁迅从庄周、韩非子那里怎样借来内力，又如何从野性之中表达批判精神，这让木山英雄颇为兴奋。光明诞生于黑暗中，又不属于黑暗，鲁迅来自旧营垒，可又疏离于旧营垒，这对于日本左翼文人，是否是一个诱因？充分考虑鲁迅的复杂性，是竹内好以来日本学者的一个特点，包括丸山升、伊藤虎丸、丸尾常喜等都是这样。这种由日本人的自觉的批判意识而转向对中国经验的借鉴，就把鲁迅从鲁迅之后的意识形态剥离开来，进入日中文化的双重参照中。而中国学者对鲁迅的研究那时候一直在一种单一的意识形态层面旋转，鲁迅文本的人类性价值自然被漠视了。相比较于木山英雄的思考，20世纪80年代后的中国鲁迅研究才形成了对话机制。日本学者视角下的鲁迅研究对后来中国文学的研究，无疑有着不小的对比价值。

木山英雄对周作人的解析亦多精妙之笔。那一本《北京苦住庵记：日中战争时代的周作人》也系跨俗的文本。日本会有多少人注意这本书是难说的，却系着东亚现代史中迷离的一页。周作人的文本是厚重多致的，学问也非一般人可及，他的文章给人的多重感受也是有

---

①　　　［日］木山英雄：《文学复古与文学革命——木山英雄中国现代文学思想论集》，赵京华编译，北京大学出版社2004年版，第154页。

目共睹的。作者对周作人的学识自有评论，但其附逆也给木山英雄带来诸多的困惑。木山英雄是个有心的人，在周作人日记没有公布的时候，靠日本人的文献和口头记录，梳理了日本法西斯入侵北平后中国知识群落的变化。全书很深切博雅，像是个人的断代史，写出了中国思想界的困苦与曙色。有的地方看似资料的爬梳，其实像哲学的小品，有荡人心魄的感觉。

后来，木山英雄在《北京苦住庵记：日中战争时代的周作人》讨论会上，道出了自己的苦衷，即研究周作人并不是同情他本人，而是为了和周作人一起来承担一种责任，向多数的中国人谢罪。这是许多中国学者没有料到的。他说，自己从学生时代就喜欢和崇仰中国的革命。因为拥护中国革命，却又选择了不革命的周作人作为研究对象。周作人的失败主义立场里有他所关注的东西。周氏对日本文化的理解是反政治的，可是日本入侵后他陷入了反政治的政治困境。木山英雄说，周作人承认自己的失败与挫折，所以在那时又摒弃了反政治的政治立场，用一种政治主义的态度处世。[①]这个理解对于中国读者是很大的刺激，木山先生看到了问题的症结。他的审视对象世界的视角，在我看来是难得的，中国学者似乎没有类似的意识。

许多日本人接触中国作品，掺杂着自己的渴望。他们考虑中国问题的时候，是带着自己的目光的。典型的例子是鲁迅的思想对日本精神空白的填补，但周作人的失败主义的抵抗，似乎更符合他们的经验。战后的日本，不正是在失败里摸索着，建立自己的新精神之塔？木山英雄他们这一代，对政治的敏感使其带有悲剧的色泽。因为后来他们

[①]　参见2007年12月北京鲁迅博物馆《北京苦住庵记：日中战争时代的周作人》研讨会会议纪要。

鲁迅遗风录

20　关于木山英雄

就生活在一种非政治的校园里。每个人在自己的命运中都会遇到相反的窘境，在主奴关系存在的世界里谁能摆脱政治呢？在这里，周作人展示的漩涡并不亚于鲁迅。竹内好在与鲁迅相逢的时候，也碰到了类似的漩涡。日本战败后在日美关系上遇到的主奴问题，并不亚于鲁迅、周作人那个时代面临的矛盾。我们从这里可以找到日本汉学家在理解中国现代文学时的诱因。他们实际是借着鲁迅以来中国知识分子的反抗绝望的经验，对抗自己面临的苦恼与绝望。中国革命的激进主义对美国卵翼下的日本来说，未尝没有召唤的意味。

现代东亚的悲剧是，中日两国知识界一厢情愿地讨论彼此的问题时，却遭遇了政治话语与国家意识形态话语。木山先生与丸山先生的革命情结，现在的读书人就未必了解，而且还存有误会。正像欧美的左翼知识分子奇怪中国的一些走红的读书人为何对资本主义制度那么垂青。其实百年来我们和域外知识界一直存在这样的观照错位。只有在理解他人背景的基础上，我们才能明白学术对话的基础。当年泰戈尔来，与中国学者在对待东方问题上的不同看法，就可以证明些什么。

这也是彼此分担苦楚的一种碰撞。日本学者在鲁迅、周作人那里，发现了知识阶层面临挫折时的承担。而像周作人的苦运又恰恰与日本人有关，那么说来，木山英雄有着双重的压力。他的研究，其实是流淌着内心的苦意的。他在日本，何尝没有遭遇黑色的风暴呢？

较之于丸山升的浓郁的政治情怀与伊藤虎丸的史学的盘问，木山英雄更像个诗哲。2000年以来他在中国学界获得的呼应超过了许多日本学人。阅读木山英雄的文本大为快意，他的哲学修养与德国现代哲学传统颇有关联。而生命感受力中诗意的成分亦让人惊叹不已。日本很少这类人文学者，其文字在诗与哲之间，有时候也不免带有晦涩的

312

词句。他的句式是跳跃的，常规逻辑在他那里消失了。赵京华在介绍木山英雄的特点时说："与历史和研究对象保持一种紧张感和思想张力，不断将自己的问题和方法历史化，相对化，大概是其主要特征。"①这个看法很有说服力。我在木山英雄的文字间嗅出近代哲学与现代主义诗人的气息，那句评价鲁迅的话也同样适用于他自己：抽象的概念与野性的感觉。这是一个矛盾，像鲁迅一样，他把这矛盾对象化了。这不仅启示着日本的汉学研究，而且在21世纪以来，也给中国学人久久的冲击力。作为逆俗的研究者，木山英雄续写了东亚"被近代化"②的困顿，中国文学经由他的笔，获得了超越国界的思想隐含。在某种意义上说，借他人而照到自我，某些不明晰的存在终于获得了新奇的透视。只有在"他人的自我"里，才可能相逢到真的"自我"。跨国文学研究的魅力，大约与此有关。

① 　　　［日］木山英雄：《文学复古与文学革命——木山英雄中国现代文学思想论集》，赵京华编译，北京大学出版社2004年版，第405页。
② 　　　"被近代化"的概念最早在竹内好那里出现，后经伊藤虎丸的阐述得以流行。参见［日］竹内好《近代的超克》，孙歌编，李冬木、赵京华、孙歌译，生活·读书·新知三联书店2005年版；［日］伊藤虎丸《鲁迅与终末论：近代现实主义的成立》，李冬木译，生活·读书·新知三联书店2008年版。

鲁迅遗风录

21

伊藤虎丸

如果从青木正儿1920年在《支那学》上著文介绍鲁迅算起，日本汉学家的鲁迅研究已有一个世纪的历史了。这期间经历了清水安三、丸山昏迷、山上正义、增田涉、内山完造、小田岳夫、竹内好等几个时期，其成就是令中国学者瞩目的。在我接触的有限的几位日本学者的著作中，对鲁迅复杂性的深刻体味，常常令我惊异不已。东洋人对鲁夫子的内在世界，以及与外来文化间联系的把握，给国内学者提供的参照，比欧美甚至东欧汉学家显然要多得多。美国与苏联的许多学人，当描述鲁迅及其时代的时候，有许多观点让人感到隔膜。那种误读阴影下的文化错觉，在很大程度上削弱了西方人对东方文明的理解力。然而日本人并不这样。至少在伊藤虎丸这一代人那里，那种对东方文明深切的内省和感知，让我发现了东方人思维中某种相通的东西。尽管这一相通的情感来得那么不易。

伊藤虎丸几十年来一直致力于中国现代文化的研究，在日本很有影响。其主要著作有《鲁迅与终末论：近代现实主义的形成》《鲁迅和日本人》等，有"伊藤鲁迅"之称。北京大学出版社推出他的著作《鲁迅、创造社与日本文学：中日近现代比较文学初探》，这是他退休之前，献给中国学界的礼物。我以为搞近现代中国文化研究的人，不可不读此书。伊藤虎丸的鲁迅观以及对现代中国文化的审视，不独是一种外来者的价值参与，更主要的是，也投射着日本的近代化过程中的自我反省。在日本的20世纪文化史中，可以在中国人那里找到精

鲁迅遗风录

神互证的，最典型的也许只有鲁迅。鲁迅被几代日本人那么深厚地敬仰和关注，那种文化的互为参照因素，显然是不可忽视的。日本人对鲁迅的发现，更多地带有一种对日本人自身的深层反顾。在发现了鲁迅的同时，几代汉学家们，也多少发现了本民族文化中负面的因素，这或许是鲁迅之于日本学界一直是不衰的话题之原因吧。

最早出版鲁迅全集的不是中国，而是日本。1937年，七卷本的《大鲁迅全集》在日本问世，可见东洋人对中国文化关心的程度。看到后来日本学人对鲁迅资料的爬梳、整理，我便常常震惊和兴奋。这个民族的学人的严谨、认真的态度，给我很大启示。伊藤虎丸属于竹内好时代后的又一代学人，他不像一些狭隘的民族主义者那样看待本国的历史。他对日中的过去与现在，均有很清醒的认识，这是不易的。当他以极大的热情切入中国现代文化的母体中时，他惊异地发现了中国与日本面临的同样的精神难题。在这个精神难题中，他和鲁迅纠缠上了。我发现他对鲁迅以及鲁迅的文化背景的把握，具有常人少有的智慧。不仅资料的翔实让人赞叹，那种科学的价值态度，同样令人感动。鲁迅精神深层的意象，唤起了他自尊自重的感情，他无法绕开这个残酷矮小的中国人，在鲁迅奔放而惨烈的个性气质中，伊藤虎丸找到了可以和中国文化交流的入口。在这个入口处，两国文化间的误解，终于出现了一种可以沟通的桥梁。

伊藤虎丸注意到了日本与中国的近现代史，是"被近代化"的苦难史。"被近代化"本身，是两个民族共有的无奈。虽然日本走的道路大异于中国，但在不留情面地被拽到历史的新途这一点上，相近的文化尴尬是显而易见的。据伊藤虎丸的观点，日本人一般较少把"近代"与"现代"加以区分，而以中国为首的亚洲各国，"近代"与

"现代"却有着鲜明的不同内涵，亚洲的"现代"是一个与殖民地半殖民地的"近代"斗争的历史，而日本人则往往把这种不同的时代划分混在一起。个中原因，虽然颇为复杂，其中和日本的"近代"过程所表现的外在形态与周围国家多有不同，或许不无关系。伊藤虎丸的前辈竹内好在《现代中国论》中曾指出："东方的近代是西欧式强制的结果。"① 这是很经典的论述。而伊藤虎丸则指出，一般的日本人并不认为日本也包括在这个"东方"之中。这显然是一个错觉。持此论点的，无非是把自我置于西欧的立场上。而只有当日本人也和中国人一同，承认自己的近代是"被近代化"，在这一点上，我们才可以找到一种互证的可能。我认为几代日本学者在鲁迅研究上取得成果的原因，在于从对象世界中，找到了一种共同的情结。而80年代以后，年轻一代日本人对中国的陌生与误读，其原因恰恰是日本已结束了"被近代化"而进入了独立的"现代化"时期。当代中日文学所以缺少鲁迅时代的彼此沟通，乃在于共同的话题日趋疏远，而在鲁迅那一代人中，两国的共同的文化因素，仍然存在着。

日本的"被近代化"过程，与中国晚清有许多相近的地方。如果翻看一下家永三郎所著的《外来文化摄取史论》，你可以惊奇地发现，近代日本经历了由锁国到大胆摄取异域文化的痛苦过程。但在那样的大变革中，日本未能产生伟大的哲人和思想家，而变革却成功了。中国的情形却相反，"被近代化"的结果是产生了五四新文化，而社会陷入了长久的混乱中。这是很值得深思的现象之谜。日本的另一位鲁迅研究者丸山升说过，中国的近代文学，一开始就与现代的课题相遇，

① ［日］伊藤虎丸:《鲁迅、创造社与日本文学：中日近现代比较文学初探》，孙猛、徐江、李冬木译，北京大学出版社1995年版，第9页。

鲁迅遗风录

21 伊藤虎丸

即使到了今天，近代的课题仍以各种形式留存着。所以，在这个文化困境中，鲁迅不仅和西方的近代相遇了，和中国的现代课题也相遇了。鲁迅自身所承受的既有近代的负荷，又有现代的挑战，他的复杂的心绪与独创的精神，不禁使日本人大力赞佩。他们从鲁迅的复杂性中，不仅看到了中国的民族之魂，也看到了日本文化所缺少的东西。一方面是"被近代化"的屈辱、苦难，另一方面又是自觉地去接受西方文明的"认同化"。这种承受所给人带来的不仅是文化的挑战，亦是人的生存的挑战。在"被"的后面，中日两国学者的价值态度，具有一种亲缘的联系。

　　但鲁迅对外来文化的摄取，与日本人有着明显的不同。这也是深受日本人关注的焦点之一。伊藤虎丸看到，鲁迅对西方近代文明的摄取较之同代人是非同寻常的，他一下子就把握了其本质的一面。在进化论、自然科学、政治与文学诸方面，鲁迅逐渐地找到了西方近代文明的实质性的东西。一个明显的例子，是对尼采的态度。明治30年代，尼采在日本大热起来．一位日本学人当年在《太阳》杂志撰文，认为尼采哲学的输入能刺激日本佛教，给被基督教压倒的佛教带来福音。随后尼采学说经历了被不同印证和理解的混乱时期，伊藤虎丸认为，由于日本社会的不同形态，尼采的形象也发生着变化，"尽管为人们所公认，尼采是十九世纪文明的批判者，但是，可以说，当时人们最后从尼采那里接受的并不是如今人们所认为的尼采的'反近代'思想，而是'近代思想'——即'个人主义'。"伊藤虎丸指出，鲁迅正是在这个时期来到日本的，"他所接受的尼采思想与日本文学的情况相同，不是'反近代'思想，而是作为欧洲近代精神的'个人主义'。虽然鲁迅从日本文学继承了'反国家主义'、'反道德主义'、'反平等主

320

义'等等观念，但是在鲁迅的尼采观里我们完全找不到'个人主义'='本能主义'这一日本尼采观的结论。换句话说，我觉得鲁迅对于西方'近代'的理解，比日本文学更准确地把握了其本质"。[1]

这显然是了解鲁迅之为鲁迅的一把钥匙。当日本人仅仅从本能主义这一角度去接受尼采，而鲁迅从"根底在人"的视角来消化尼采的西方个性主义的时候，正如伊藤虎丸所看到的，两国的近现代文学从这里开始分道扬镳了。鲁迅与日本人的不同价值走向，最终决定了两国近现代主题日趋不同的一面。鲁迅所面临的，是比日本人更为沉重的负荷。这里不仅有清朝统治的民族耻辱，又有西方外来思想的无形压迫。"被近代化"的同时，还要付出与反"被近代化"的传统势力肉搏的代价。鲁迅是在多重负荷之下，与西方的"近代"相遇的。一方面是浓重的失败感，另一方面又是自觉地迎着利刃；一方面意识到反传统的重要，用西方文化改造国民，另一方面又是沉重的民族情感。鲁迅遇到了一种深切的文化难题。这个难题的核心，是民族的独立性与世界普遍价值法则既认同又相斥的矛盾。鲁迅一方面在全面地清理传统，用西方"人"的观念重塑国民性，另一方面又以民族图存性来拒绝西方"人"的观念的负面影响——诸如法西斯主义（这在他晚年尤为明显）。在这个矛盾的文化过程中，响彻鲁迅世界的，始终是直面人的灵魂的声音。他在传统文化与西方个性文化间的决然的悲剧性选择，构成了20世纪中国人重塑民族之魂的最有说服力的图式。这个图式直到90年代，依然延续着。能够用西方的学说解说自我吗？中国在何种状况下可以找到一个支撑自我的新的文化支点？鲁迅一生所

① ［日］伊藤虎丸：《鲁迅、创造社与日本文学：中日近现代比较文学初探》，孙猛、徐江、李冬木译，北京大学出版社1995年版，第59页。

鲁迅遗风录

21 伊藤虎丸

致力的这种思考，是具有典型的东方意义的。

细想起来，鲁迅对"近代"的现代性的理解，对东方人来说，有着一种深深的共鸣。不仅中国如斯，日本亦如斯。虽然日本早已走入了"近代"，但用日本人自己的话说，过去只是学到了西方文化的皮相。夏目漱石在1911年做过《现代日本的开化》的讲演，他深切地感叹道：

> 西方的开化是内发的，日本现代的开化是外发的。……西方的开化如行云流水自然而动，维新后与外国交往的日本的开化则大相径庭。……日本人模仿西洋礼节，由于不是自然发酵于内而酿出的礼式，一招一式难免做作，不堪入目。……一言以蔽之。现代日本的开化是肤浅的开化。①

夏目漱石的反省，在以后历代日本学人中，均有一定影响。当日本人只注重西方的医学、历数、军事而很少从灵魂深处去体味人的精神的形而上之光时，面对中国的鲁迅，他们便有一种惊异和感叹。日本历代鲁迅研究学者，差不多都看到了鲁迅摄取外来文化那种特有的态度。同样是接受德国哲学思潮，许多近代日本人，缺少的恰恰是精神的深刻诘问，而鲁迅不久就抓住了西方文化根本性东西，即"精神和个性"，以及人的真正的价值法则。鲁迅的杰出性在于，当经历了诸种民族挫折感之后，他认识到了解决人的灵魂问题的重要性。《摩罗诗力说》《人之历史》《科学史教篇》中关于"其首在立人，人立而

---

① ［日］家永三郎：《外来文化摄取史论》，靳丛林、陈泓、张福贵等译，吉林教育出版社1990年版，第289页。

凡事举"的观点，确是东方人最深切的精神体验。"掊物质而张灵明，任个人而排众数"，"非物质、重个人"，其鲜明的精神独白，是对外来文明一种反省后的彻悟。只有在"立人"这个基点上，才可以找到一种新的文化基石。鲁迅后来思想的逻辑起点，正是从这里延伸出来的。此后其形态的复杂性与撼动性，与萨特、卡夫卡、卢卡契等，均表现出了某种相近的一面，正是这种相近性，使鲁迅在日本人眼里，具有了高超的精神诱力。所以伊藤虎丸感叹道："鲁迅早期所认识的西方文明的'根柢'，跟他同时代的日本的任何文学家、思想家相比，都更正确，更深刻。"[1]

这里，伊藤先生发出了与夏目漱石当年同样的感慨，他引用三十几年前竹内好的观点："近代日本没有文化。"这种自谦的说法，显然有可商榷之处，但对日本人而言，恰恰是鲁迅在这个过程中，提供了"被近代化"过程中有关这个过程的精神哲学。这是东方人面临新的文化抉择时的一种智慧的反应。在面临西方社会的文化符号和物质信息包围的时代里，鲁迅所作出的反应，带有典型的东方新型人格的标本意义。这个意义不仅在认识论的层面，也深深地留在了生命价值观的学说里。当鲁迅以坚毅的目光去直面惨淡的黑夜时，他所做的形而上思考和绝望的挣扎，是怎样的动人心魄！那种对旧我的自食，对心灵的拷问，那种"从别国里窃得火来，本意却在煮自己的肉"[2]的殉道感，太具有佛与基督的魅力了。这是转型期中国文化一道耀眼的光明，它不仅深深震撼了中华民族，亦使日本等东方诸国感受到一种心

---

[1]　［日］伊藤虎丸：《鲁迅、创造社与日本文学：中日近现代比较文学初探》，孙猛、徐江、李冬木译，北京大学出版社1995年版，第34页。

[2]　鲁迅：《"硬译"与"文学的阶级性"》，见《鲁迅全集》第4卷，人民文学出版社2005年版，第214页。

鲁迅遗风录

21　伊藤虎丸

灵的冲击。在这个意义上，如同伊藤虎丸所说，鲁迅遗产是"亚洲人民的共同财富。这倒不只是因为他接受了西方文化所产生的什么'主义'（比如马克思主义或毛泽东思想），而是因为他最早最深刻地把握了西方文化的新精神。并根据这样的精神，提出固执自己的民族文化而建设各民族具有自己'个性'的新的民族文化的方向"①。

我以为日本学人在这一点上，可能具有殊于中国学人的体验。这是长久生存在中国的中国人所很少具有的。中国人对鲁迅的理解，更多的是在对传统的态度上，而日本人则把鲁迅视为亚洲近代化过程中具有标本意义的文化反应的神经，一种辞旧迎新的文明创业者。几乎没有一个亚洲近代文人像鲁夫子那样抉心自食，在没有路的地方孑然前行着。他对古老遗产的清理，对外来文化的广泛译介，在20世纪初的东方是独一无二的。而尤为可贵的是，他"一方面在深刻地接受西方文化而彻底全面地批判传统思想，一方面通过这样的批判来继承传统思想。不过，这里或许有现代亚洲诸民族受到'西方冲击'时，一方面接受它具有的普遍性，一方面又要创造出新的普遍性的共同课题呢"②！伊藤虎丸认为这是理解鲁迅最困难的地方，我想，也许可能也是对他最有吸引力的地方。鲁迅在东方的"被近代化"的过程中所作出的生命抉择，不只对于中国，而且对于日本这样已进入高度现代工业化的国度，其参考价值，也是毋庸置疑的。

从日本学人的视角里，当然可以引申出许多话题。当代的中国人，是不是也自觉地从日本的近代化中，得到互证的东西？想起近十几年

---

① ［日］伊藤虎丸：《鲁迅、创造社与日本文学：中日近现代比较文学初探》，孙猛、徐江、李冬木译，北京大学出版社1995年版，第34页。

② ［日］伊藤虎丸：《鲁迅、创造社与日本文学：中日近现代比较文学初探》，孙猛、徐江、李冬木译，北京大学出版社1995年版，第43～44页。

中国文化的历史，我常常感到轻浮模仿洋人的悲哀。当下文化人的心态，与20世纪初多有相近的一面，然而缺少的恰恰是鲁迅那样的"承受沉重"的悲剧角色。我觉得目前的文化不是简单的"现代性"与"后现代性"问题，其中也夹杂着许多"近代课题"。单一地用一种模式来规范当下的文化走向，显然是幼稚的。我们的文化结构，正经历着西洋不同时期精神哲学新的拆散过程。"新儒学"的抵抗与"后现代"的解释，虽不失其当代意义，然而其背后，都有对东方或西方深层文化内核的误读。我们在"国粹"或西洋人文化符号下栖息得过于麻木了，其中很少有过鲁迅式的反诘与自塑精神。我常想，在大转型时期，唯有鲁迅"煮自己的肉"的悲壮精神，大概才是目前文化建设中最好的参照吧？当各种新的"主义"涌来时，有谁把它真正纳入本土文化中进行过切实的实验？也许，我们已难以找到这种文化的方位，我们仿佛一群一脚踏出家门，一脚还留在后面的茫然的出游者，在五光十色的世界面前找不到一条属于自己的路。是我们的躯体出现了问题，还是判断力出现了麻烦？鲁迅当年曾痛感中国的知识分子缺少独立的思考精神，如今想来，其意弥新。我们拥有过鲁迅，这是东方的骄傲；我们没能再出现鲁迅，这是我们的悲哀。

鲁迅遗风录

21 伊藤虎丸

22

仙台鲁迅之追忆

事情就这样巧合。我去仙台的那一天，日本作家太宰治的《惜别》的中文版问世。出发前看到了止庵先生转来的这本期待已久的作品。在路上慢慢读完这部关于鲁迅与仙台的小说，好像对这次访问做了资料的准备。小说描绘的仙台、松岛正是此次造访的地方，自然引起我很大的兴趣。书印得很好，还收进了友人董炳月和藤井省三的几篇论文。带着这本书去造访鲁迅当年留学的旧地，在我看来是一种天意。

路上的阅读多有刺激，因为知道了先前所不了解的内容，便心存着感激之情。有人曾说《惜别》的价值超过了竹内好的《鲁迅》，我看完后的感觉却有点差异。作者太宰治对鲁迅的了解和竹内好不在一个层面上。书的特点是明显的，对中国读者而言有诸多新鲜的地方，可在想象力和理性的纬度上，精神的高妙较竹内好远甚。书的吸引人的地方是托现出日本人的一种鲁迅观。还有那些明治后期的社会环境。岛国文人描画鲁迅时，和我们中国作家视角不同。可贵的是这是一部小说，而我们中国人至今还没有一部关于鲁迅的小说作品。全书贯穿的是友善的调子，对两种文明采取的是宽容的态度，没有一点偏执的狂妄。也缘于此，奇异的内蕴是看不到的，思维被什么限定了。我所感动的是，在中日关系最紧张的年代，全书却并无浓厚的日本官方意识形态的主调。虽然在起点上不无大东亚意识的痕迹，可真正描写鲁迅时，作家诗意的和温情的因素淹没了一切。或者不妨说，读者由此窥见了两国文人某些相近的心理。

鲁迅遗风录

太宰治生于 1909 年，逝于 1948 年。《惜别》问世于 1945 年 9 月，正是日本战败的时候。据研究者川村凑说，此书的缘起是命题的，为了配合大东亚文化的宣言，从日本政府那里得到了创作津贴。太宰治自己并不懂得中文，对鲁迅的了解也限于日译的资料。《惜别》的写作出于什么动机，在我还是个疑问。仙台留学时期是鲁迅思想形成的起点，了解那一时期的情形不仅对日本人，对我们中国人也是具有诱惑力的。但无论鲁迅自己还是太宰治，都未能提出清晰的轨迹，那一段生活在一般人眼里一直是扑朔迷离。太宰治描绘鲁迅，受到了鲁迅文本的制约，线索少得可怜。而向来鲜于谈到自己经历的鲁迅，只在《藤野先生》和《呐喊》自序等少量文章中略微留下了片段光景。真实的情形今人只能依靠想象了。《惜别》在一定意义上说，是日本人对自己历史的一种返顾，与其说是描述两国间的友情，不如说是对被近代化历程的回访。青年鲁迅的忧患，难道没有太宰治那一代人的影子？

看外国人写鲁迅，注意的往往是视角问题。小说在构思上显得平平，鲁迅出场时的样子在我看来是幼稚了。不知道原文的气韵怎样，从译文的效果看，我以为离主人公的气质是有距离的。太宰治不太懂得当时中国留学生的情感方式，对邻国的文化相对来说有点隔膜。但小说里的"我"写得比鲁迅要真实，形象是动起来的。鲁迅则仿佛一个木偶，只会僵硬地在那里自述。太宰治是憨厚的，他绝不虚构鲁迅的言论，用的是鲁迅文章里的观点铺陈内容。"我"与鲁迅的交往有种亲昵的氛围，作者选择一个来自乡下的学生和鲁迅的关系，便形成了有趣的一幕。"我"的内心和鲁迅从隔膜到亲近，写得较有分寸。这个人物一出场，就比鲁迅还孱弱，于是构成了一种对比。除了几个怀疑和误解鲁迅的人物，周围没有气象高远的人。只有老师藤野温情地矗立在那里。太宰治被鲁迅的既成形象控制了。他还不能以放荡的笔墨写青年人的举止，在名人面前毕恭毕敬。小说的优劣都表现于此。我想无论日本人还是中国人，在创作鲁迅形象时，都遇到了类似的障碍。

鲁迅在仙台真的变为了神话。关于他，人们只能用恭敬的态度对之，那些痛楚的片影一个个消失了。我读的有关仙台记忆的资料，和日本人有一点差异。日本愿意讲友情的一面，这是无可挑剔的，其实鲁迅在仙台得到的温情是有资料可寻的。比如房东的客气，市民的热情，学校的免费优待，等等。但没有几个人能觉出鲁迅的寂寞。这寂寞使他有着超敏感的一面，不会有谁在精神的层面发现他与环境间的对立。他在融入学校的时候不久，其实就发现自己和日本这个东北城市没有关系的。

在给蒋抑卮的信里，鲁迅写到了对环境的看法，多处谈到校方的友好和老师的热情。按常态的观点，应是可以满足的，毕竟受到的是特别的礼遇。我在日本人写的剧本里也发现了这些可感的画面。但鲁迅那时的精神状态是非校园化的。他闲暇时读的是域外小说，对文学类的东西更热情些。而且业余时间竟搞一点翻译。信件里还写到日本同学的热情，他的住处有不少光顾者。但他不满的是，学习过于枯燥，德语、医学之类的课程压得人喘不过气来。他对友人说，时间长了，无疑变成了无趣之人。重要的是个别日本同学中的高贵气让他厌倦。在他看来，思想未必有趣的人还存有傲气，殊为可笑。这时他的心境、趣味和身份意识纠缠到了一起，思考的是挫折感里的东西。日俄战争对鲁迅的刺激是巨大的。但在狂欢胜利的日本人那里，没有体察到鲁迅的切身感受。他在被歧视的大背景里，感到了职业选择与精神间的统一性。这种大寂寞是只有青年鲁迅才能感受到的。况且后来又遇到了幻灯事件。太宰治注意到了这些，却只是皮毛式的一瞥，未能深挖下去。他掌握的资料还很有限，只是后来，到了阿部兼也、渡边襄这一代人，关于鲁迅与仙台的话题才丰富了。

鲁迅在仙台遭遇了人生的第一次挫折，他本想在远离中国留学生的陌生的环境里寻找到另一类的东西，开始一种职业的选择。但他失败了。他突然发现心理的需求与学校的环境是冲突的。按部就班的学习不适宜于自己，它刺激不了内心的世界，也就是说缺少快感。倒是《黑奴吁天录》等文学作品唤起了他的激情。随着考试事件的出现，鲁迅发现，弱国的学生无论如何强壮，还是被讥为可疑者。这原因不都在别国的歧视，自己民族的落后才是根本的。在这里，鲁迅的思路跳出了校园与医学专业。他不得不告别呵护自己的老师。是一种背叛吗？为什么后来回忆此事还有那么大的内疚？我以为这是一种逃遁。他一生就一直在一种逃遁中。从绍兴逃到南京，从南京逃到东京，逃到仙台，回国后又逃到北京，逃到厦门、广州、上海，最后回到自己。鲁迅发现自己和环境一直是对立的，并不能和谐地相处。而每一次逃遁，都经历过一次惜别。他知道，在人间的路上，走而不是停止，那才是意义吧。

要求一个日本人深入地体察中国留学生，也许是太苛刻了。为什么塑造藤野的形象时也那么简单化呢？《惜别》的作者对鲁迅老师的背景的把握是模糊的。人物苍白得很，其丰富性被弱化了。藤野是福井县人，少时得到过较好的汉学训练。他的故乡民风淳朴，偶可看见中国唐宋间的文化遗存。我这次造访了福井县的几个地方，去了藤野的故居、出生地、纪念馆和他的墓地。一个和蔼可亲的读书人的形象飘然而至。藤野的学历不高，1906年仙台医专被合并为东北大学后，竟被辞退。这个来自乡间的老师，对鲁迅的关照有多种因素起作用：一是对古老的中国文化充满敬意，知道华夏文明有不凡的传统；二是懂得外乡人的孤苦感。他在仙台也可说是外来的乡下人，对人际之间的事情是敏感的。北京鲁迅博物馆里有6册鲁迅医学笔记，上面有许多藤野先生的批改字迹，读起来可见师生之情。鲁迅的如何认真，藤野的如何细致、诲人不倦，都历历在目。我读这些笔记时，头脑里就闪出一个个画面，猜测着百年前的故事。鲁迅只记了一点点，但留下的空间那么巨大。当青年鲁迅告别藤野时，这个日本老师表现出遗憾的神色，是打动了鲁迅的。《藤野先生》动人的地方是描写了惜别的那一瞬，语言短短，挚意深深。后面的因素我们知道得不多，太宰治在小说里也将这省略了。

这些年陆续读到日本人写下的关于鲁迅的著作，觉得两国间的思路是大大有别的。日本人关注的东西，我们有时忽略不计，一笔滑过。而我们一些学者竭力思考的内容，在邻邦那里却视而不见。了解了一点竹内好、丸山升的著作后，我才感到，日本人解读鲁迅，是带着他们自己的问题意识的，即考虑本民族的自审和拷问，希望以此寻找一种精神的参照。我相信太宰治写《惜别》时，有自己内心的渴求。他反复强调鲁迅对传统中的东西的批判，是不是也从中发现了需要的精神？而他也根据自己的理解，勾勒了鲁迅的思想特质，强调日本的"忠""洁"对鲁迅的吸引。这里显然是一厢情愿的描述，甚至出现了对鲁迅的误读。他似乎认为，在相当的层面上，鲁迅和日本文化深层的东西是相近的。

当太宰治沉浸在这样的猜想里时，他其实没有像竹内好那样将问题复杂化和玄学化。一个丰富的存在被私人话语笼罩了。这是作者最

鲁迅遗风录

可爱的地方，因为他拒绝了社会功利的诱惑，或许这样描述更能有他的诗意。一个重要的思路被忽略了，就是鲁迅对背离奴役之路的选择时内心的紧张。仙台时期是鲁迅人生的起点，离开仙台之后的故事才有真的鲁迅。他回避了这些，也就减轻了小说的分量。自然，和竹内好比，太宰治似乎认为，留日初期的鲁迅对日本读者来说可能更有玩味的地方。太宰治在幽玄之处停止了脚步。

我曾经多次想过这样一个问题：日本鲁迅研究中那种亲切感来自哪里？是真的信服这位中国作家还是因为他曾是日本人的学生？如果是后者，那么是不是带有另外一种期待，即两国互为师友的历程在被置换出新的内容。其实在竹内好那里，鲁迅与日本是相互参照的存在，他在鲁迅那里发现了自身的焦虑以及人类性的困惑。《惜别》中的日本人形象都未能和鲁迅构成对话的关系，是作者故意使然还是别的什么原因，就不好猜测了。我的印象是，在小说里，鲁迅在那里独语着，没有一个人物和他构成一种冲突。而唯一让我感动的是作者自己，是作者和鲁迅成了对视者。仅此，小说就获得了抒情诗式的审美价值。或者说，太宰治补充了竹内好情感上的空白。

关于太宰治，我几乎不了解。只是从董炳月的文章里知道了点线索。据说太宰治多次有过自杀的念头，后来终于投河自尽。从《惜别》的氛围看，他是个内倾式的人物，没有自大和高傲的性情。他对鲁迅的了解有自己的需求，说不定在阅读鲁迅文本时，唤起了他的共鸣，因为在他眼里，鲁迅内心的黑暗和孤独在自己这里未尝没有。因此，小说的可爱之处在于，进入了一个人的心理世界。虽然带有盲点和曲解，但在这里鲁迅不是作为伟人，而是作为一个不凡的思考者的形象出现在读者面前的。作者抓住了鲁迅关于中国人的精神疾病的思考，从这里阐发出他是中国"最初文明的患者"。而这些是由太宰治自我体验所完成的。他后来的自杀出于什么动机不得而知，我倒猜测作者自己也是日本文明的患者，那是无疑的吧。

鲁迅离开仙台整整一百年了。关于他的叙述从未中断过。在仙台我看了一场《远火——鲁迅与仙台》的话剧，韵律上有诸多高于太宰治的地方。材料与表现手段都有了新的内容。老实说，关于仙台的资料我差不多都看到了，也去了鲁迅的居住地和上课的阶梯教室，当年幻灯事件也发生在这里。走过了许多地方后，不知为什么，仿佛远去的影像被什么遮住了。我并不敢说自己理解了鲁迅。但我感谢《惜别》这样的书，它让我懂得了日本人的一种心境。现代中国作家里，有谁能如鲁迅那样久久地刺激着我们的神经，连邻国也在此找到一种精神的话题？误读是了解的起点，了解才有深的认知。关于鲁迅，话题像北京与仙台的距离，还有很多很多的路要走。

鲁迅遗风录

韩国的鲁迅风

冬天去韩国，走了几个地方，结识了很多人。最大的收获是知道了韩国还有那么多的鲁迅爱好者。此前曾与韩国的学者召开过一次会议，题为"东亚视角下的鲁迅。"以为鲁迅的影响只是在学者的范围内，但在韩国的许多地方走走，才知道鲁迅的名字在那里的影响力，绝非国内所可想象的。

最初知道韩国的鲁迅研究，是因为六年前接触了两位来自韩国的留学生，一位叫金永文，一位名申正浩。申正浩的博士学位论文是《论鲁迅与存在主义》，他还和我讨论过一些问题。而那时金永文正在搜集中国学者有关鲁迅的论著，其态度之认真，给我留下了很深的印象。不久友人把朴宰雨先生介绍给北京鲁迅博物馆的同人，朴先生时任韩国的中国现代文学研究会的会长，于是两国鲁迅研究界的一段有趣的交往真正开始了。

我系统认识韩国学界的鲁迅研究，还是从我们共同编辑的那本《韩国鲁迅研究论文集》开始的。读到其中的文章，才了解了韩国鲁迅研究的概况。坦率地讲，他们的起点很高，问题意识交织着东亚文化里核心的困境。先前只读过日本、欧美学人的文章，大意了解一二。但韩国人读解鲁迅和别的国家和地区不同，那就是有着寻路的饥渴和反抗奴役的激情。富有叛逆精神的邻国友人，格外感兴趣于鲁迅的遗产。他们在这位中国文人的身上找到了一种自己需要的东西。那就是对旧传统的超越和对人的解放的探索。鲁迅在没有路的地方走路的勇

鲁迅遗风录

气，在他们那里不只是象征性的灯火，而且应当说是成为新人的一种可能。鲁迅不仅仅是人生的启迪者，重要的在于也存在着思维的快乐。一旦与这个远去的小个子作家相逢，东亚人神奇的精神攀援就开始了。

鲁迅引起他们的注意，主要是基于两国相近的社会状况，或者说是同样的主题发生在我们两国间。李泳禧先生多次强调，鲁迅当年描述过的社会黑暗，和过去的韩国没有什么区别，一些文字仿佛也是对韩国人说的。军人的专制，文化的奴役，非人的生活，必然导致民众的反抗，而那反抗中所遇到的问题，鲁迅的提示是燃烧的火炬，照亮了困苦中的人们。评论家、社会运动家任轩永在《我与鲁迅文学革命和人类的命运》一文里谈到了鲁迅在他生命里的意义。在中学时代第一次读到鲁迅后，他觉得自己的背井离乡的心绪里就有鲁迅式的感触。两个人的故乡遇到了相同的命运，人也如此。后来他走向了反专制的运动，内心一直依傍着鲁迅。1974年入狱的时候，他想道："唉，既然坐牢，也在狱里读读鲁迅吧。"后来，他第二次入狱后，内心里依然装着鲁迅。他写道：

> 我的第二次入狱原因也和鲁迅差不多，我加入世称"难民战"是在紧急措施统治下的民族主义运动进一步恶化的1976年。在那时，我的行动指针依然是鲁迅。因为很多革命文学者或变节或以不幸的结局而结束的。但是鲁迅几乎是完美地将自己作为革命的火花燃烧到最后，因此我很美慕他的这种智慧。①

① 《鲁迅与东亚国际学术论文集》内部版，2005年印刷。

我没有想到邻国知识界对我国现代文化具有如此大的热情。他们在七八十年代所表现的内在意识，与我国30年代的左翼青年是如此接近。东亚人在近百年的选择里，遇到了相同的难题，专制主义和传统意识使人们久困在奴隶的境地，个性被阉割了。而这正是鲁迅当年一直所思考的、要突破的文化羁绊。韩国友人在自己的寻找里，感到了鲁迅与自己的接近，也如同当年中国知识界苦苦介绍俄国文学一样，鲁迅在邻国也成了精神的滋养。

阅读这些异邦知识分子的文字一直让我感到激动。我觉得他们读解鲁迅时并不比我们差。除了论著，我所感动的还有他们的小品文，这些溅血的文字流动着高远的情思。人们接近鲁迅丝毫没有唯理论的陈腐气，那是心的撞击，其间不乏灵魂的悸动。东西大学金彦河通过《狂人日记》暗暗感到自己也是一个吃人的人，摆在面前的只有两种选择，一条是"这样的战士"走的人的路，一条是阿Q走的鬼的路。金彦河说自己至今仍在人与鬼之间的挣扎。也由于此，鲁迅对他具有了一种恒定的价值。我在这些文字里发现了作者心绪的精细和认知的深切，带着一种自我的经验，发觉鲁迅世界闪光之点，学理的情思和生命的内觉就这样合为一体。

李泳禧可能是一个真正意义上的鲁迅的知音。他在近三十年文坛上有着不小的影响力。从20世纪60年代开始，他因涉足政治而遭到逮捕凡九次。那时他认为自己的国家出了问题，朴正熙、全斗焕、卢泰愚政权是不给民众自由的。李泳禧在苦闷和反抗里找到了鲁迅，他似乎觉得，自己要表达的许多意念，鲁迅似乎都阐述过了。《呐喊》里的文字，既写着中国人的苦难，也有自己同胞的影子，我们两国在精神深处是如此地接近。鲁迅直面苦难又不安于苦难、不断与苦难挑战的大气概，不仅中国少有，在那时的韩国作家里也是没有出现的。所以，他借助字典，翻译和介绍了大量的鲁迅的文字，写下了许多与鲁迅相关的著作。据朴宰雨介绍，李泳禧的书曾风靡知识界，被成千上万的人阅读着。李泳禧认为，鲁迅的伟大不仅在思想的层面上，也在社会革命的行动上。李氏就是在思想和行动上跟随着鲁迅，对民族的解放作了巨大的贡献。他在《我的老师鲁迅》中写道：

> 我从鲁迅对民众的关爱中学到了很多，受到很多影响。这绝不亚于从文章中学到的、受到的影响。尤其在他的评论文章中，受益匪浅。过去的近四十年岁月，我曾以和韩国社会现实相较量的姿态，在社会上发表了不少的文章。那些文章，是既在思想层面像鲁迅的，又在文学层面像鲁迅的。因此，如果我在过去的一个时代，给这个社会、知识分子和学生造成了一定的影响的话，那不过是间接地转达鲁迅的精神和文章罢了。我心甘情愿地担当了那份角色，并为之满足。①

我在沈阳和首尔两次见到李泳禧先生，他给我留下不灭的印象。他刚烈的性格和大爱的情怀，像一首壮丽的诗。和他对视的那一刻，我好像走进了韩国的现代史。这是一个丰富的老人，他自身的故事缠绕着一个民族的苦难史，以及在那苦难中生发出的最为明亮的东西。他绝不自恋，常常有自省的精神。他在鲁迅遗产面前表现出的谦恭和

---

① 　　　《鲁迅与东亚国际学术论文集》内部版，2005年印刷。

豪气，我在近年中国的读书人那里已很少见到了。人们只有在危难的时期才易和鲁迅的精神发生共鸣。在今天这个时代，鲁迅已被许多中国人忘记了。当与李泳禧这样的前辈交流的时候，我产生过一种惭愧感。比如我自己是在"吃着鲁迅饭"，做专业的普及鲁迅的工作，却缺乏李泳禧那样的激情，思想渐渐生锈了。在鲁迅遗产面前，没有国界的区别，而一个异邦人的思考，反而会激活我们几近冷却的意识。韩国知识界散发出的信息，不只是学术层面的东西，在更深的领域，我们与人类的一种境遇相逢了。

自20世纪30年代开始，韩国不断有介绍和研究鲁迅的文章问世，按朴宰雨先生的统计，经历了黎明期（1920—1937）、黑暗期（1939—1945）、一时露面期（1945—1950）、潜迹期（1950—1954）、新的开拓期（1955—1979）、急速成长期（1980—1989）、成熟发展期（1990年至今），每个时期人们关注的重点略有不同，对当时社会的影响是不可忽视的。80年代后，鲁迅作品的翻译与研究著作在韩国不断涌现，现在每年关于鲁迅的文章不断出现在韩国的学术杂志上，一些报刊介绍鲁迅的文字亦常常可看到。近年间的学术论文达200篇左右，专著也一部部出现。直到现在，鲁迅在韩国现代文学研究里占着很大的比重。一些研究古典文学的人也加入了这个行列里。刘世钟教授曾沉浸在唐代诗歌的世界里。但基于社会的现实与心理的感受，她把研究对象转向了鲁迅，因为那里有着现代性的问题。所以，在韩国各个大学的研究中，我们看到一个显著的现象，学院派的研究在不断深化着。每年的论文数量很多。柳中夏、李珠鲁、洪昔杓、严英旭、任明信等人都有很有分量的文字问世。其数量远远超过日本。他们的话题也十分有趣，比如金时俊《流亡中国的韩国知识分子和鲁迅》、金良守《殖民地知识分子与鲁迅》、金河林《鲁迅与他的文学在韩国的影响》、申正浩《鲁迅叙事的现代主义性质》、刘世钟《近代精神与反抗的方法：鲁迅、加缪、韩云龙的道路》、柳中夏《金洙暎与鲁迅：作为方法的东亚细亚》，在视角和方法上都有可取之处，有的地方，思考得很深。韩国七八十年代的鲁迅热，是一种社会思潮中的狂飙，人们通过鲁迅感应到人的解放的意义。那是心灵间的互动，思想者们在这里找到了变革的动力。90年代后，学术的分量在渐渐增加，我读一些论著，觉得有一种形而上的意义了。这里呈现出东亚知识分子的一种情怀，这些理性之光，散出迷人的气息。关于现代性，关于反霸权主义，关于主奴意识，关于民族主义，等等，有着沉甸甸的分量。韩国学者的特点是，紧紧地纠缠着自己民族的命运，同时亦多普遍的东西。在一些想法上钻研得很细，有时时空开阔得很，对中国与西方的历史均有独到的见解。一些学者在这里表现出的智慧和胆量，超出了当下许多日本学者。韩国成为世界各国中，研究鲁迅数量最多的国度，而且这个趋势还没有减弱的迹象。

离开韩国前的那个夜晚，我们在一个酒店聚会。那一天首尔及外地的一些鲁迅爱好者、诗人、教授来了许多。酒过三巡，一个诗人用不太标准的中文喊着"鲁迅！鲁迅！鲁迅！"于是全场的人同声高喊着、拥抱着，进入了一个狂欢的境地。声音在寒冷的街市里传动着，仿佛掠过一个世纪的哀凉，无数颗心因一个意念而共同跳动着。这是我一生经历的第一次与鲁迅有关的狂欢，国内任何一次鲁迅研讨会，都没有过这样的激动场景。我的眼角流着泪水，是因为结识新朋友的缘故还是别的什么诱因，一时也说不清楚。那一刻只是感到，鲁迅已成了我们不同国度学人的共同的语言。

在《鲁迅全集》的背后

《鲁迅全集》问世后，至今共有五个版本，在世界上引起很大的反响。我一向认为，如果要了解现代文化史，仅《鲁迅全集》中的人物与事件的注释条目，就带有百科全书的性质，辐射的范围之广，是别的作家的作品所不及的。多少年来，注释鲁迅从未中断过，书籍的校订一点点进步着。鲁迅学除了思想史层面的东西，版本目录学上的意义也不可小视。他的全集的整理出版，即使在校勘学上也为人们留下了不少的话题。

　　自鲁迅逝世后，有关他的全集的出版就成了一个谈资。周海婴在回忆录里，专门讲到许广平为出版全集所做的诸多努力。那时国民党一党专制，出版全集要报批的。由于鲁迅的一些作品集属于查封的对象，内政部迟迟没有答应。许广平四处求人，还给胡适写过信求助。由于国民政府不久就因日寇入侵而迁都重庆，上海出现了空隙，全集的出版只好以民间的方式运作了。承担这项任务的是上海的"复社"，这是一个具有"左"倾倾向的出版团体，成员有胡愈之、郑振铎、王任叔、许广平、周建人等。"复社"是出版过一些进步书籍的，为鲁迅出书自然成了成员们的一种心愿。全集不久就在友人的动议下开始了筹备工作，组成了编辑委员会，他们是蔡元培、马裕藻、许寿裳、沈兼士、茅盾、周作人、许广平等。参与编辑的有近百人，一时许多作家学者自愿地加入了这个行列。我在读到许广平为全集写的校后记里，看到了那时工作的记录，知道全集的编辑主要在以下几个方面：

鲁迅遗风录

一是集稿，将先生单行本之外的散落者集中起来。二是抄稿，《集外集拾遗》《月界旅行》《山民牧唱》等书，请王贤桢先生抄录；《嵇康集》系邵文镕与家人共同誊写；郑振铎、吴文祺标点《会稽郡故书杂集》；王贤桢、单亚庐等抄录《古小说钩沉》。三是编辑，参照鲁迅生前为自己文集编的体例，精心设计。郑振铎、王任叔做了主要工作。这一部分是全集的核心，编者既考虑到了创作部分，也兼顾了译文，可以说基本反映了鲁迅的文化活动的全貌。四是校对，参加这一工作的有金性尧、唐弢、柯灵、王任叔等一大批人。唐弢先生曾写过一篇《关于〈鲁迅全集〉的校对》，描述过当年劳动的辛苦，那里透露了诸多信息。第一版的《鲁迅全集》用了四个月的时间完成，效率之高，在今天看来颇不容易。蔡元培先生为全集作序，一时影响广大，也可说牵动了许多人。"复社"在出版史上留下的这一功绩，已成了后人研究现代文化史的佳话。

但第一部全集出版以后，也受到了一些批评：一是一些佚文未能收录其中；二是技术上有些遗憾，出现了一些错误。后来为了弥补损失，唐弢先生积多年之力，编辑了《鲁迅全集补遗》，这为他后来的鲁迅研究，打下了厚实的基础。林辰先生则做《鲁迅事迹考》，摸索了生平线索。王士菁写出了第一本《鲁迅传》，为普及工作做了铺垫，也为后人注释全集打下了一定的基础。

1938年的《鲁迅全集》印数不多，1946年以鲁迅全集出版社名义再版了《鲁迅全集》。1948年，东北的光华书局再次再版了这套著作。我自己珍藏了一套光华书局版的全集，依稀可以见出彼时出版业的情形。这套在1938年版基础上编排的作品，在北方解放区的影响是出人意料的。

1949年以后,《鲁迅全集》的出版和文化的风雨相伴,折射出许多的风潮。每个版本都和当时的社会心理相连,可述说的内容是驳杂的。1958年版的全集是十卷本,都是作品集,同时推出了十卷本的译文集,创作和翻译被割开了。但这个新中国的第一套全集抽掉了一些文章,不合时宜的短文和书信未能收进来,可以说是对鲁迅精神的一次伤害。不过全集第一次有了注释,对青年读者是个不小的帮助,有了入门的向导。注释大多是好的,但有些内容未能实事求是地进行历史的还原,一些人物和事件的解释十分荒谬,意识形态的内容多了起来。那时许多编辑有自己的设想,都无法实现。"文化大革命"时,外在的干预增多,要想看到一套满意的全集已不可能了。王仰晨先生写过一篇介绍"文化大革命"以来《鲁迅全集》编辑的大事记,那里可看见问题的复杂。据说1972年时任美国总统尼克松来华访问,周总理要把《鲁迅全集》作为礼品送给客人,1958年的十卷本因为有政治问题,不能使用,只好从北京鲁迅博物馆里找到1938年的版本。

人民文学出版社的编辑为此感到了一种耻辱——作为出版人拿不出像样的全集是愧对读者的。于是在1973年出版了二十卷本的全集,完全依据1938年版的样式,但删掉了蔡元培的序言,个别地方做了改动。不过这套全集的缺点也是明显的——未能反映鲁迅研究的状况,一些本要增补的文章也未能刊登出来。直到1981年版本的出现,情况才有了改变。

1981年的全集,是质量很高的,几乎动员了所有重要的学者参与其中,在编校的质量上达到了很高水准。但它的注释还留有"文革"遗风,对一些历史人物和事件的解释偏离了事实。古典部分的校注水平很高,只是一些有争议的人物的描述有些武断。另一个问题是鲁迅的译文未能收入，有割裂其整体思想的缺陷。读者并不能从全集里感到鲁迅文化活动的整体现状。

对学界而言，1981年版本的注释，是研究鲁迅被意识形态化的最好的文本。书中对于历史人物的评价，带有明显的斯大林主义痕迹，不能看清鲁迅时代语境的形态。一些正常的人际关系被无限夸大成为阶级的关系，而对于左翼作家的勾勒，也多有歧义，似乎不能显示鲁迅文本背后深广的存在。如果留意这些注释的语境，鲁迅传播史里的荒诞一页，也可以浮出水面。后人驻足于此，会发现，离鲁迅很近的人，反而不识其面。中国文化里的消极因素，于此能够看出一二。

2005年新版的全集，收录的鲁迅作品最多，是目前一个较好的版本。在校勘的精良与注释的深切上，远远超过其他新文学作家的文集。注释弱化了意识形态的痕迹，能够较为公正地描述历史人物的颜色，可信度增强。但鲁迅的译文集仍未收入全集，创作和翻译割裂的问题，直到现在还未能解决。

2008年，我和北京鲁迅博物馆的同人一起编辑出版了《鲁迅译文全集》，许多参与编辑的朋友，在编校中发现了诸多问题。20世纪50年代出版的鲁迅译文集，把过去被抹去的作品重新纳入全集之中。1958年的《鲁迅译文集》的编辑说明指出，"这些译文，现在看来，其中有一些已经失去了译者介绍它们时所具有的作用和意义；或者变为有害的东西了"。于是像托洛茨基那样的人物的文章就被抽掉了。尼采的文字竟遭批判。这种出版理念，乃一个时代的思想偏执所致。还原历史的工作，只能在新的世纪里才能着手去做。2008年这套译文全集在50年代的基础上，有了一丝变化。

打量《鲁迅全集》出版史，有几个人物是不能忘怀的。除了唐弢、杨霁云、郑振铎、冯雪峰这些前辈，这里想谈三位给人留下深刻印象的人，他们延伸了鲁迅研究的历史，给世人的教益非几句话可以说完的。

其一是孙用先生。他是著名的翻译家，鲁迅生前好友。《鲁迅译文集》的诞生和简体版全集的出现，他功莫大焉。孙用先生心细而又敏感，将鲁迅最初发表和后来结集的两种文字对勘，发现了人们普遍没有注意到的东西，更正了旧版的一些错误。他从鲁迅用字用词的变化，发现了其精神活动的特点，记下了诸多感想。在诸多编辑里，他是对文本了解最细的人之一，其用力之勤、功夫之深、见识之高，是今人所难及的。在对校里，有时能看到作者校改的心绪的变化，揣摩先生心理的历程。我看过他后来出版的《〈鲁迅译文集〉校读记》，深深佩服其精深的学识。那种绵密和严谨、深刻与丰富，让我们这些粗枝大叶的人感到惭愧。

第二个值得一提的是林辰先生。他40年代因考据鲁迅生平事实闻名于世，被曹聚仁先生誉为最适合做鲁迅传记的人。50年代初他调入人民文学出版社，与冯雪峰、王士菁、孙用、杨霁云等参加了1958年版的全集编注工作。他承担了《故事新编》《华盖集续编》《而已集》《准风月谈》《两地书》和一些书信的注释。林先生的古典文学功底是扎实的，有很深的考据功夫，对旧时典籍很有研究。他不仅谙熟鲁迅文本，而且对鲁迅的背景资料亦有掌握。他所注释的条目多具有挑战性，能于瀚海里找出规律，解答了许多读者的疑问。他校补讹夺，审改倒置文字，清理人物身世，都有真知灼见，扫清了阅读的障碍。鲁迅的古文功底博矣精矣，要进入其世界非大学识者不能为之。林辰是个大学问家。他广搜野史，喜读乡邦文献，所藏之书多与鲁迅的背景资料有关，把握了鲁迅的思想来源和逻辑起点。只几句注解，就释疑答惑，有乾嘉之风。1981年版的《中国小说史略》《汉文学史纲要》《古籍序跋集》留下了他的血汗。

谈到鲁迅文本的笺注，不能不想到朱正先生。朱正先后参加了1981年版和2005年版的工作，校勘中每每有新的发现，改正了旧版本的许多问题。学界认为朱正有汉学的本领和宋学的修养，是鲁迅专家中奇特的人物。他是目前为止对五种版本最为知情的人物之一，对每种版本的优劣都能道出一二。求疵是朱氏的特点，常常在小处发现疑点。一是从全集里多次更正了校勘的错误，二是发现了一些注释的偏差。比如李宗武的条目把两个人物弄混了，《三闲集》有脱字现象等。以火眼金睛洞察文字世界的正误，对今人来说不是那么容易的事，如今有此类学问的人也不是那么多了。朱正多年以来从鲁迅传记资料里挑出了许多问题，不仅看到了鲁迅的笔误，也挑出了周作人和许广平的错。他写过一篇文章叫《谈〈鲁迅全集〉的四种版本》，洋洋洒洒，史家的敏锐和见识让人惊叹。一般治史者，要么注重学理，要么看重考据，朱氏兼二者之长，从史料入手，又能窥见历史的真谛，是学界难得的人物。

上述三人，只是鲁迅遗产整理史中的几个代表。和他们同在的默默无闻者，还能举出许许多多。有时想想，这支浩大的队伍里，是含有一个民族精神的亮点的。鲁迅文本的梳理和校注，是基础性的工作，为了把一个精良的全集献给后人，几代人将毕生心血献给了这一事业。一个人死后，他的作品能有如此多的读者，且研究的队伍是那么庞大，仅文本的笺注就有那么多曲折的故事，这在中国出版史上是少见的。什么叫经典呢？鲁迅的作品，当是一个例证吧。

鲁迅与胡适

哥伦比亚大学是胡适的母校，在这里讲述鲁迅如何批评他的短处，心里不禁有些含糊。因为自己知识结构的缺欠，可能不得要领的地方多多，这是请大家原谅的。

鲁迅与胡适在中国是很热的人物。可惜两人的遗产被划在不同营垒里，"左"派称鲁夫子乃精神的先驱，自由主义则说，他们在沿着胡适之路寻找未来。这其实是单值思维之见。鲁迅与胡适的关系，不像人们形容得那么可怕。细细分析，他们确有不少交叉的地方。了解了他们的相似处，才知道他们分道扬镳的原因。这是不能不进入我们视野的大话题。

在新文化运动初期，鲁迅与胡适的许多观点惊人地相似。比如对白话文的态度，对儒学的理解，对人道主义艺术的思考，都有逻辑的相似性。胡适的《尝试集》，鲁迅的《呐喊》《彷徨》，都是开创新风之作，且白话文的使用都颇为自如，与旧的士大夫的遗产颇为隔膜了。在他们之后，文学与学术，都与晚清学人有了界限，剔去了陈腐的东西，融入西洋的鲜活的思想。此后中国文学有了新的元素，新文学以不可阻挡之势前行着。就贡献而言，他们都是彪炳史册的人物。

鲁迅留学日本，读了尼采之书，受托尔斯泰、陀思妥耶夫斯基诸人影响，思想中有两种对立的元素并存。一方面是人道的思想，科学的理念。这些是讲究确切性、绝对性的。其立人的理念就在这个层面上建立起来的。但另一方面，尼采、克尔恺郭尔、陀思妥耶夫斯基的传统，使他的认识论带有了非确切性、反本质主义的色调。这主要反映在文学文本的深结构中。新文化运动初期，与保守的群落论战的时候，鲁迅与胡适站在一起，用的也是绝对化的话语方式，与各种复古者战。进化论、改革的思路，都是一种本质主义思想的外化。新文学的建立，没有这样的意识是不行的。而这里，胡适的基本理论框架和理性模型，颇为完整，也最为有特色。说他是领军人物，也的的确确的。

如果不是因为政治原因和复杂的社会环境，他们的差异可能只在审美的层面。后来的情况不以任何人的意志为转移，鲁迅与胡适渐行渐远，为文化群落的分裂各助其力，无意中改变了历史的地图。

我们知道，鲁迅是章太炎的学生，章门弟子，多有狂士之风。在学问上，有六朝的味道，方法则延续了清人的某些传统。就是说，在学理上求精求深之余，趣味上有反士大夫的痕迹。章太炎写文章，词语不同于常人，陌生化的表达里诞生了反流行的思想。他们多为文章家。鲁迅、周作人都是文章家。文章家，旧式的以桐城派为主，把思维变窄了。章门弟子是反桐城派的，往往走险境，不想在旧路上徘徊。或者说，文章之道在另一个层面，没有重复以往的滥调。在审美上，喜欢李贺、李商隐一类的人物。可是胡适重规重矩，过于老实。他虽然也远离桐城旧气，而气韵除了一清如水的陈述，跌宕起伏之音寥寥，章门弟子就看不上他了，以为缺少味道，而学术又不通佛学、禅宗等，私下有些讥语。门户的事情，和真理可能很远，我们且不说它。

看鲁迅和胡适在《新青年》《语丝》上发表的文章，格局与气象之别是明显的。一个不太正经，一个过于正经。《狂人日记》把时空颠倒成混沌无序之所，灰暗的背景流出的却是最本真的东西。而胡适的《婚姻大事》《差不多先生传》，系正面的透视，理性清晰得似线条，繁而不乱。前者像天外来客，系超人方有的文本；后者则是儒者之声，乃万变不离其宗的思想者的独白。

胡适作品背后有自己的启蒙理念。作为一个文化的审视者，他对审视者自身是不太怀疑的，因为觉得自己找到了人间的方向感。鲁迅以为，自己是一个黑暗里的人，还没有看见未来之路。即便后来同情苏联，其迷惘的意识照例挥之不去。就是说，鲁迅对待自己是苛刻的。他瞧不起那个时期的学者、作家，总的看法是，他们没有清算自己的污浊的精神余绪，把自我的有限性里包含的问题遮掩了。从欧美留学回来的人，多有这样的问题，鲁迅将那些人的绅士气与士大夫气的东西是同样对待的。

《新青年》同人对彼此的审美差异还是能够理解、包容的。但他们后来的分歧与政治因素的出现有关。鲁迅疏远胡适重要的原因，是二人对知识分子的角色的理解上的不同。前者要远离利害，那结果是不与权力者合作。后者则认为，要建立民主、自由制度，空而论道殊为可笑，不妨加入政府或帮助政府做事。所谓"好政府主义"的主张就是这样来的。鲁迅讥笑胡适与政府的暧昧关系，自有其道理。但社会进化也少不了胡适这类有帮忙的人。好在胡适还能进退自由，也基本保持了人格的独立。在这个意义上说，只是择术不同罢了。

胡适对自己的学术要求和做人要求都很高。不仅有洋人的标准，也有清代乾嘉学派的套路。许多人以现代孔夫子来喻之，多少有一点道理。我们在他的文本里感受到儒家中正之道，趣味里是古代中国最为核心的东西。鲁迅面对己身则有拷问的意味，不断审视内心，并渴望旧我的消失。他认为自己有两种东西是不好的，一是旧文人气，士大夫的遗风残存在躯体里。这弊端在于留恋某些自我的东西，易出现以我为中心的自欺。二是受西洋个人主义影响，黑暗的体验无法排除。他很想消除这些痼疾，却不得其法，于是有大的悲凉袭来，乃挥不去的苦楚。所以，与其说面对社会问题，不如说在直视自己的问题。胡适没有这种自虐式的审视，心绪易在理性的安慰里平复。鲁迅对己严，无意中对人易见苛刻，他对胡适不改其道的怡然自乐，有误读也有中肯的评价。怡然自乐，就可能自恋。鲁迅对于胡适记日记的卖弄、做学术领袖的专心致志的不以为然，都是自然的。

胡适的大胆的怀疑、小心的求证，乃科学研究的题中应有之义，鲁迅作《中国小说史略》，未尝不是如此。但鲁迅神往的是精神的自我历险，希望在不规则之旅抵达精神的高地。这就与陀思妥耶夫斯基、克尔恺郭尔相遇了。这个存在哲学的话题，胡适几乎一无所知，或者说不感兴趣。在作家中，他喜欢白居易、易卜生、托尔斯泰，因为这些人是确切的、一看即明的存在，世界在一个能够掌控的图式里。其实鲁迅的观点是，人的精神有无限种可能，那些看似不存在的思想与精神隐含，恰恰可能左右这个世界。隐去的幽微的存在，只能以超逻辑的思维捕捉，否则将其擦肩而过。鲁迅善于以不正经的方式嘲笑、揶揄自己和别人，胡适自然也成了其笔下的对象。

俄罗斯文学是宗教深处流出的声音，本身有斯拉夫文化的痛感之音，明暗飘忽不定里，有坚韧的东西。那些最美的诗文差不多都是在嘈杂、血色里喷射出来的。旧中国的社会环境与俄国某些地方很像，压抑、单调、毁灭之意多多，只有穿越其间者，方有亮光的闪动。鲁迅是这样的穿越者，自己遍体鳞伤，样子是斗士型的，不免有地狱里的鬼气。胡适乃美国现代实验主义的信徒，希望在清晰的地图里，规划解放的路，不是非理性的、扭曲着抵抗的身躯。他在对西方思想的译介过程中，保持的是儒者的安宁与朴素，是一个远远观照病态社会的清醒的审视者。他拒绝血腥、呐喊，把美国制度作为楷模、以理性之思处理文化难题与社会难题，这在那时候的中国不是能够人人理解的，而操作起来之难也可想而知。

我觉得胡适与鲁迅的不同，系文化生态的两翼，有点像托尔斯泰与陀思妥耶夫斯基之间的差异。胡适与托尔斯泰都在可视层面操作自己的选择，朗然于尘世之间，显示圣洁之思。鲁迅与陀思妥耶夫斯基是生命与存在的残酷的审判者，在幽暗和污浊里荡起涟漪，非确切性与相对性系着可怜的人间世。当然，两国的作家没有可比性，胡适自然也无托尔斯泰的伟岸与宏大，鲁迅亦无陀思妥耶夫斯基的无调式的跳跃和惊世的咏叹。但他们都丰富了文学与文明之路。我们现在谈现代文化的流脉，是不能把他们割裂起来的。

民国的文化生态，其实都很脆弱，民间的声音不大，台阁间的文化积累又多不足。鲁迅以在野的方式去培育文学，弄翻译，做出版，搞创作，在缝隙里觅出路来。胡适从大学的顶层设计做起，把影响辐射到政府和知识阶层。在野，就非正经的文章，思想在权力者之外，"任意而谈，无所顾忌"。胡适知道野性存在的重要，但更顾及江山社稷之业，遂以民间身份参政议政，在政治中不忘民间的价值。但因为不得不与蒋介石应酬，思路就难免有非民间的因素，文人的表演自不能免。他自己保持立场的不变，但方式就与传统文人有了重叠的地方。外人未必看到苦衷，遭到鲁迅的讽刺是必然的。鲁迅在破中立，胡适在立中破；鲁迅悲苦、怨毒，峻急里有寒光闪闪；胡适在曲中有直，以改良的方式温和地告别旧路。前者的选择的结果是革命之路，后者的归宿乃改良、劝善。革命要大的磨难，历辛苦，受摧残，得烦恼；改良则苦口婆心，屈尊俯首，如履薄冰。这都是大难之事。做不到这两点的如周作人，成了民族罪人；钱玄同、刘半农只能在象牙塔里无声地叹息。不过鲁迅所理解的革命与胡适不同，非斯大林主义者也。而胡适的改良被鲁迅视为奴性之举，其实也未必搔到痒处。他们的不同，自己不能说清，我们这些后人要理解的同时，替他们找到内在的原因。所以，我觉得鲁迅与胡适，在危难的时代，各自担当起民族重任，实乃良知的两种表现。我们现在纪念五四的前辈，对此不能不重新审视，看成现代文化的一种共振。在共振里，中心地带是宁静者的时候居多，而边缘之所则撕裂式的痉挛，有久久的回音。现代文化如果没有这两类人，我们的文学与学术，将会多么单调。

当代研究鲁迅、胡适的人，彼此不太接触，隔膜的地方导致了双方的对立。其实，把他们割裂起来，就简化了存在的丰富性。五四那代人，他们焦虑地思考解决着人的解放的问题，肯于牺牲自我，既整理国故，又译介域外作品。在古老的文化遗风中拓出新地，终于让现代性的艺术破土而出，实在是功德无量的事情。问题在于那路途如何去走。鲁迅选择了战士的路，胡适则在保持人格独立的基础上，做政府的诤友。这两个选择，其实很难，都要做常人难忍之事。鲁迅冒风险而解救他人于苦海，自己孤苦无援。胡适以学问的姿态和良知的表达，规劝蒋氏王朝改邪归正，成了不受欢迎的异己者。他们的气量与胸怀，今人不易做到。研究他们的人，不学其人生境界，囿于恩怨、仇爱，与两位先贤比，我们的许多学者，境界不如他们不说，就智慧的走向而言，也没有他们广博富有，那是悲哀的。

我个人觉得，我们今天面对鲁迅和胡适，应得其文学、学术的真髓而用之。我曾经引用高远东的话说，鲁迅是药，胡适是饭。这些都是不可或缺的。诊病者的话有苦味，但句句切中要害，不能不听。百姓是要生存，胡适的那些存在，我们一天都不能分开。可惜，在战乱的时代，这两种人对话的可能性为战火、死亡所阻，鲁迅、胡适的传统成了对立的存在。我们这些后人，今天瞭望他们，尘雾已经消散，矗立在我们面前的是他们的整体性的时代精神版图。这成了我们民族记忆紧密相关的遗存。许多年前我说过，在我们精神的地理上，要有高山，也应有湖泊；有大漠惊沙，亦有无际的绿洲。这些都是生态的一部分。今天，我依然是这样看的，丝毫没有什么变化。自然，他们的遗产也有诸多暗点和瑕疵，我们可能会挑出无数遗憾的所在。可是总体而言，这两位思想者与先驱者，为我们奠定了现代文明的基石，许多基本文化元素都刻在他们的文本里。我们现在考虑中国问题，有时就不得不回到他们的原点上去。在苦苦的跋涉里，有他们陪伴，我们不再孤独。

鲁迅遗风录

26

鲁迅画像的种类

司马迁写人物的风格，对后人的影响实在是大。直到民国，文人写人记事，还不能摆脱他的余荫。自从胡适提倡新式的传记文学以来，文风渐变，西洋人的思维方式开始渗透到文坛，现代意义上的写作挤占了书写的空间。不过就格局来说，旧式的笔记小品的威力依然很大，文人记载旧事，还是喜欢用司马迁的笔法。记得读过民国期间出版的现代名人小传集，名字忘记了，有蔡元培、吴稚晖、胡适、鲁迅等人的生平记略，新的思路里还有很浓的《史记》的笔锋，旧文人气还是明显的。那是没有办法的，这就是传统。

我是爱看外国人的传记作品的。即使是那些评论文章，也有动人心魄的地方。记得本雅明在描述波德莱尔的时候，用了常人难有的诗笔与妙笔，那本对巴黎世界与人性的回味的书《发达资本主义时代的抒情诗人》，将波德莱尔奇异的世界深切地描述出来了。我看本雅明的作品，感叹这样的书是只有哲人才能写出来的。遂想，在中国怎么就没有类似的作品呢？像曹雪芹、鲁迅这样的人物，就一直没有精神广角式的描述性传记，是思维习惯不同还是别的什么原因，就不太清楚了。

唐弢先生曾说，想如同罗曼·罗兰写《贝多芬传》那样写一部鲁迅传，后来却没有完成。我看到他的那部未完成的《鲁迅传》，倒是嗅出史家的味道，明清小品的色调是浓厚的。林辰先生也写过一本《鲁迅传》，也是史家的笔法，精于考据，善于钩沉，都有乾嘉学派的遗风。他们似乎都想有新的突破，把对象世界灵动化起来，可是没有如愿。但细读那些作品，还是有了今人所说的现代意识，只是和西洋人的思维方式不同罢了。

像鲁迅这样的人物，究竟用什么方法来写是好的呢？大概是不可齐一的吧？日本的小田岳夫是最早写《鲁迅传》的人，后来的郑学稼、王士菁都有传记问世，看法却是不同的。林贤治先生的《人间鲁迅》气象不俗，是诗人的咏叹，激情四射，悲欣交织，读后如腾飞在天上，洋人的开阔和大气是有一些的。友人颜雄生前译过苏联的波茨涅娃一本《鲁迅传》，格局很特别，有外国人的智慧在，可惜对中国社会的隔膜也限制了文本的深度。波茨涅娃的意识形态化的写作方式，是存在问题的。我们在欣赏她的视角的特殊性外，不能不相信康德关于人的有限性的观点，看这些著作的一个体会是，传记的写法实在是众多的，对鲁迅的还原，不是仅有一条路可行的。

中国学人最熟悉的记人办法是史料叙述与归纳。近些年这样的有功力的人也越发少见了。可喜的是看到了朱正先生的《一个人的呐喊：鲁迅1881—1936》，就很有乾嘉学派的味道。他的书靠史料说话，又不枯燥，有滋有味，是一部很扎实的文献性的传记作品。我阅读这一本著作时，一边品味一边想，像朱先生这样谙熟文史资料的人，是有思想和情怀的。他知道什么重要，什么不该进入文章里，取舍间有自己的风格。有时暗藏机语，射出沉思后的冷语，打得人心动。许多资料的排列都有深意，有时又能从考据里找出新的思想的闪光点。当年读顾炎武的《日知录》时，曾惊叹过其爬梳旧资料的功力。思想是建立在对文史的咀嚼的基点上的。朱正在方法上不都同于古人，是有自己特别之处的。他的身上确实也有求实的目光，不涉虚言，鲁迅在他的笔下，没有被情绪化处理，对青年读者而言，是入门的向导。

朱正的书不故意炫耀思想和智性，所涉猎的历史片段却满是学识。每一段落都涉及那么多的人与物，精神背景的复杂化一看即知。理解鲁迅的难度不仅有思想层面的，也有知识谱系层面的。朱氏的文本的特点在后者上，几乎把能找到的与鲁迅相关的东西都找到了。要知道鲁迅的史料脉络，我们不能不读朱正的《一个人的呐喊》。那里浓缩了许多有分量的精神碎片。一般人读鲁迅是从作品入手的，可朱先生还参之于历史环境与人文地图。他从侧面读鲁迅，不是正面对视先生。正面描述当然不错，只是到了今天新意不多，往往很难。侧面就是另一个角度，能看到文本之外的东西。这是许多研究鲁迅的人所缺少的本领。当年他写《〈鲁迅回忆录〉正误》，就从基本的史实和原始资料出发考订鲁迅行踪，行文干净，直指要义，一时撼动学界，使许多盲从者深觉汗颜。读鲁迅如果不从这样的背景入手，往往会将对象枯瘦化，只见孤立的人立在平面上，未有环境的原貌，人生的复杂的景观就那样被遗漏了。近80年间这类的情形很多。我们看各类人物传记，会有这样的感受的。

鲁迅的非凡，使后来的研究者一直跃跃欲试地想进入那个世界的核心地带。他同代的人就意识到了不凡的气象的要义，但勾勒出来却是那么的难。较之鲁迅的文本的奇异性，研究他的著作就显得平平，许多是没有什么特点的。当年那么多的青年作家围绕在他身边，可是只有萧红的那篇回忆录写出了传神的地方，其余都不甚了然了。认识鲁迅的人都难以把握他，何况后来的人呢？人们走入描写的误区是后来文化的悲剧之一。一个重要的问题是，人们习惯的那种表达方式，恰恰是鲁迅最厌恶的方式。他一生一直要颠覆的那个存在不幸还留在研究者的身上。鲁迅本来是一条流淌的河流，可我们偏偏把他视为湖泊，静止下来；他明明是怀疑的斗士，却被塑造成单一性逻辑的实践者。他身边的人真正懂得他的不多，反而把他的精神简单化了。理解鲁迅的困难在于，他常在无所希望的地方，喷出自信的思想激流；在祥和暖意的片刻，注视到无底的深渊，一边进取着，一边怀疑着，而且希望自己速朽，不再存留于世。对这样的人要梳理清楚，是对知识结构与灵智力的考验。在精神层面与其能够沟通的人，其实颇为有限。

一部鲁迅传记史和研究史，印满了知识界的焦虑和紧张、失落和激情。"文化大革命"期间的石一歌的那本鲁迅传，就自以为是找到了鲁迅的色谱，信心是十足的。可是今天谁还去看它呢？70年代末，曹聚仁的那本《鲁迅评传》还一直受到批判，但现在看来，当年的批判还是失之简单了。鲁迅的阅读史的复杂的地方，是常常在不同时期，有不同的形象。差异是如此巨大。在学界里，围绕鲁迅的宋学和汉学之争，从没有停止过的。

显然，朱正的笔法是汉学传统的。他的汉学风格又有自己的特点，用程千帆形容他的观点说，就是用汉学的办法来治宋学。他在大量的资料里发现问题，又不随意发表看法。论从史出，将思绪留在史实之中。你从不能看到他的信口胡说，也不无边地滥情。我读他近些年的文章，印象是史学里的抒情诗人。他穿梭在历史的洞穴里，向人们展示着一个个文化的标本。就像一个博物馆的讲述者，从一个个标本面前，述说着昨天的故事。泛意识形态的思想从他那里消失了，先验的认知形式也从他那里消失了。读他的书，就想起林辰先生的治学风格，留下的是结晶的盐，不含水分。在那浓浓结晶体里，有多维的气象。学问能做到这一点，也是脱俗者的境界。选择这样的视角，自然也把另一个地带的问题绕过去了，是激情被控制得太多，思想的深度解析不能盘旋到高端。我曾读过美国学者写的《奥维尔传》，这本传记在材料和精神的层面都很逼人，处理得相当得当。美国的杰伊·帕里尼写的《福克纳传》充满文学的魅力。传记文学，可开拓的领域实在太多，我们以往将其想象得简单了。史笔与诗笔怎样调色，实在也是一个大课题。

理解鲁迅有不同的方式。在关于他的传记的写作方面，曹聚仁和林贤治也是我敬佩的人。曹氏的《鲁迅评传》，经历了60余年，还可以反复阅读，那是不简单的。他的作品没有帮派气和学究气，是知识分子的独语，完全来自内心的感受，不受任何人的暗示。他说鲁迅是黑暗和虚无的，有匪气，等等，都是和鲁迅的自叙吻合的。而且能跳出时代的限制瞭望远去的风景，就有了一种静观的东西在。但这种静观又不是世外桃源的隐逸，处处是对人间的慈悲的观照，似乎在某一个地方接近了鲁迅的王国。我看他的书似乎嗅出了鲁迅文本里隐约存在又没有明确点明的思想之火。许多年前第一次阅读它时，眼前一亮，被电光扫了一下似的快慰。那是一个完全而真实的鲁迅吗？也未必见得。可我从那文字间，回望到了被世人漠视的一角，原来鲁迅还是这样生活过、思考过？在曹氏的劳作里，罗素的本色和鲁迅的野性都有一些，如果不是怀疑主义的影响，他的文本也许不会这样的。

当80年代中期林贤治的《人间鲁迅》面世的时候，鲁迅传记的写作可以说有了突破性的进展。在我看来，曹聚仁之后还很少有人这样地把握先生。林氏是个诗人，身上也有斗士的风骨。他从鲁迅那里吸取的是狼奶的热流，文字粗犷、明快，时常带着血气。他是从苦难与不安于苦难的角度进入鲁迅的世界的，而且明显带着他那个岁月的

鲁迅遗风录

26 鲁迅画像的种类

印记。他在鲁迅那里得到的是一种价值的认同，那个浮出水面的思想的高楼把他吸引了，可是水面下的那个巨大的存在无暇去顾及。鲁迅的轻松感与趣味，紧张瞬间的逍遥里享受时光的一面，都被省略了。林贤治的传记笔法更接近于拜伦与雪莱的气象，虽然立脚点还是那么不同。

与鲁迅同时代的人中，是有几个可以写出很好的解析鲁迅的著作的。他的弟弟周作人就是一个人选。周氏写过许多回忆鲁迅的文章，大凡写鲁迅的传记者，都要参考他的文字。周作人是个聪明的人，他对其兄的描述却闪烁其词。周作人只叙述史实，把历史的氛围勾勒出来，鲜及评价。顾随先生对周氏的回忆录是有微词的，以为太冷，没有热的心境。本来由弟弟来写鲁迅史料最合适不过。可是不仅手足之情消失了，连思想的解析也懒于去做了。在周作人看来，鲁迅不过是个虚无主义者，还有一点侠气，并非什么战士者流。他对鲁迅的臧否，有自己的价值尺度，说不定也有和世俗对抗的意味。传记要讲真，这是对的，可是如果没有灵魂的震动，一味地冷下去，也是大有问题的。倒是鲁迅的挚友许寿裳，在史实和情感表达上高人一筹，比周作人有心灵的滋润。他的《亡友鲁迅印象记》，是一本奇书，那么多鲜为人知的旧事与诗人般的情愫，令人读后久久不忘，有回肠荡气的感觉。那是爱的文字，美的文字，在鲁迅研究史上有很重的分量。

罗曼·罗兰在《托尔斯泰传》里对主人公的描述完全是天才的笔法。神龙般地穿梭在思想的天空，没有行踪，却把人的精神的底蕴写出来了。面对一个伟大的灵魂能够这样创造性地泼墨，说明他和传主有着精神上的呼应。理解一个天才的思想是需要天才的。我们看历史上的好的人物传记，差不多都是作者天性的喷吐，一道道亮眼的彩虹在精神的天幕上出现了。鲁迅是一个有这样创造力的人，可惜他没有去写真人的传记。在虚拟的《阿Q正传》里，其想象是何等地奇异。写人需要一种灵魂的震颤。无论创作还是写实，心灵的跨越能否抵达陌生的领域，都是对笔锋的考验。我们喜欢阅读飘动起来的作品，似乎也是心灵的一种期待。如果没有期待的满足，我们将是何等地失望。罗曼·罗兰、鲁迅那样有情怀的人，才能写出耀眼的文字，我们后人对他们的研究实在还是不够的。

忽记起王晓明兄的那本《无法直面的人生——鲁迅传》，这是鲁迅精神形象里极其别致的一种。王晓明在气质上没有罗曼·罗兰那种飘洒自在的神异，和曹聚仁的旧式文人心境也是不同的。这一本著作一出版，就在青年人那里引起不小的反响，价值是不可小觑的。王晓明善于用自己的眼光深层度地审视对象世界，有时也把自己的观念演绎到传主身上。他对鲁迅的黑暗感和无奈的情绪的把握是紧张的，有时甚至把问题推向极端，在沿着鲁迅的思维走下去。但他对形象的叙述是单面的，鲁迅的一些层面被深化，另一些层面被省略，那身上暖意的东西就不见了。全面地把握鲁迅，在一本书里说尽先生，不那么容易。这正如孔老夫子，现在为他做传的人多了，谁的准确呢？因为历史人物的语境渐远，今人已难自圆其说。鲁迅的命运也是这样，试对比80余年的各种传记，差异是如此巨大。郑学稼的《鲁迅正传》是全面的诋毁，石一歌的《鲁迅传》是圣像，太宰治的《惜别》飘然得像首诗，王晓明的笔调是夜莺的低唱……这些构成了鲁迅的群雕，一个巨大的精神存在被分解在这些群雕里。每一尊雕塑，都折射着别样的光泽。

许多年来，我从美术家的作品里看过许多鲁迅的画像。这是与文学世界不同的领域，可好像彼此也有诸多的联系。自从陶元庆、司徒乔为鲁迅做过素描之外，张仃、曹白、赵延年等都有不同风格的作品出现。陶元庆的素描是冷里带热的，看出了鲁迅的平和；司徒乔的画笔下却是忧患的气韵；张仃的构图大气；曹白的深切；赵延年的那幅木刻头像，流出坚毅与不安的神色，似乎是心灵的波光的闪动。没有一幅鲁迅的美术画像是重复的，每一幅却都有先生精神的片段。这和传记的写作很是相似。我相信每个作者心里的鲁迅是不一样的，人们在他的遗绪里看到的是升腾的存在。中国的艺术有时太沉寂，久久地趴在地面上，很少有冲荡的灵光。鲁迅为我们提供了摆脱旧路的新生的可能。他给文学青年和青年画家带来的震动从未停留过，仿佛莎士比亚与托尔斯泰那样，成为新人文精神的源头。大凡描绘他的人，无论作家还是画家，在进入他的世界的时候，是不是都在期待着创造新的可能？

27

难以言说的鲁迅

20世纪20年代中期，当有人建议鲁迅的小说再版的时候，他是反对的，理由是不愿意那些文字久久地在世间流行，倒是希望自己的译作能被更多的人接受。在他意识的深处，所写的小说也好，杂感也好，是对灰色人间的诅咒，这些是该随着黑暗的消失而消失的，本来就没有什么价值。而所翻译的那些作品，还可以供人一阅，因为那里的创造力是中国士大夫的世界所没有的。愿意自己的文字速朽，在他是内心的感言。他知道，自己所涂抹的文字，未尝没有染有旧世界的毒素。青年人是不该过多浸泡在里面的。

所以，他既憎恨那个破旧的世界，也憎恨自己的思想。他希望青年人过别一类的生活。

事情却和他的意愿相反，在20年代的时候，他的作品就被选入了语文教材。喜欢他的读者是那么多。鲁迅受人欢迎，有多种原因。那完全是一个全新的世界，真实地还原了现存世界的明暗，对生命的痛感的描述是前无古人的，那大概是受到了尼采、安德烈耶夫、迦尔洵的影响所致。在那些奇异的文本里，还有着冷热相间的幽默，以及精神的穿透力。西方学者的逻辑的力量也呈现在那里。更重要的是，所写的文字，都是个体生命的无伪的袒露，自己的困惑、不安及不甘于沦落的冲动都闪现其间。所以茅盾和瞿秋白都感叹那文本的深邃，以为无论在精神的深还是艺术的新上，都是当时的任何人所不及的。

将鲁迅的作品引入教科书里，是几代有识之士的选择。叶圣陶、

鲁迅遗风录

27 难以言说的鲁迅

吕叔湘、张志公、张中行这些语文教材的编辑大家，都对鲁迅推崇不已。不独是意识形态的原因。我记得叶圣陶曾经写过一篇文章，谈鲁迅的作品，赞佩冲出古文的束缚的智性，是可以做学生的示范的。张中行在《文言与白话》一书里讲文章的章法，多举鲁迅的例子，用以证明文法精妙的缘由。向中学生推荐鲁迅，是知识界自发的事情。李何林从20年代末就专心于鲁迅资料的收集，后来在大学中学开鲁迅的课；顾随在30年代就在学校大讲鲁迅；孙犁在战争年代还编过鲁迅研究的小册子。上述诸人，从鲁迅的文字里发现了其弥足珍贵的因子，把闪光的文本介绍给青年，至少可以懂得创造和审美，爱心与责任的价值。鲁迅的这一点，是很早就被人们意识到了。

鲁迅的文章在深层的领域有一种不好言说的意象。他的暗功夫深，没有都在字面上体现出来。巴金、朱自清、冰心这样的作家都很清纯，字面上的东西也就是思想里的形态。鲁迅不是这样，他的思想在表层的体现只是一部分，还有许多藏在文字的背后，那就是我所想强调的暗功夫。讲解《狂人日记》《阿Q正传》《祝福》等篇章，不能不讲暗功夫的内容。这是一个挑战。百年来一直困惑着讲解者。实际的情况是，学生理解吃力，老师授课也吃力。妙而不解其故，不独鲁迅如此，像歌德、尼采、萨特等人的文本在今天的西方学校里也面临着叙述的困难。

什么是鲁迅的暗功夫？这应从他的知识结构说起。鲁迅早期学医，后来喜欢摩罗诗人，在尼采、克尔恺郭尔、斯蒂纳的世界里浸泡过，还注意科学思想史，最早写了《科学史教篇》这样的宏文。他留学日本时，随章太炎学过文字学，对音韵训诂颇有兴趣，晚年曾打算写一部《中国字体变迁史》，惜未能动手。在意识的流动方式上，他有嵇康、李商隐的磊落与隐曲，还受过蒙克这样存在主义画家的影响，灰

376

暗背后是不安中的悸动与呐喊。晚年又关注普列汉诺夫、托洛茨基的艺术观。他对心理学、民俗学、考古学、人类学、历史学都有兴趣。在他的藏书里，仅日文的考古报告就有多部，对正史之外的野史、民间史颇有兴趣。比如所搜集的朝鲜地区考古报告，在生前就没有谈论过。但他在论及朝鲜地区的历史时，就充分显示了对其文化的理解，关心的是"他人的自我"，强调互为主体的关系。这个看法，令今人感动。如果不看鲁迅的相关藏书，就无法理解其思想的过程。这些暗含在文字里，我们只有到背后寻找，才能入其堂奥。比如他对张献忠、李自成的反感，在杂感中只略为一提。可是我们看他读过的明清之际的野史札记、乡邦文献，就豁然于他何以警惕流寇和愚民的破坏。像《阿Q正传》就有明清野史小品的痕迹，写法类似旧式笔记，加之夏目漱石、果戈理的笔意，杂取种种而自成新体。《故事新编》则有对古文明的种种解析，几乎对庄子、老子、墨子的东西都进行了现代意义上的打量，其间不乏讽刺、幽默乃至恶搞。他在作品里将这些深潜在内心的知识与意象都省略掉了，以至我们无法知道那些鲜活的思想是从哪里来的，近于空穴来风，渺乎而不知所踪。我想，要理解鲁迅，不进入他的暗功夫里，只从他的自述和同代人的回忆录里找材料，总是不行的。

因了这暗功夫，他的创作就呈现出与世俗社会不同的色泽。思维的过程是反思维的。怎么理解这个反思维呢？我以为他的文字是直入现象世界的本质，找到了一种新的词语结构和表达结构。比如他说："当我沉默着的时候，我觉得充实；我将开口，同时感到空虚。"[1] 这

---

[1]　　鲁迅：《题辞》，见《鲁迅全集》第2卷，人民文学出版社2005年版，第163页。

是不是对世俗言说概念的奚落？也就是对已有的表现的方式的警惕。还比如《墓碣文》中的话："于浩歌狂热之际中寒；于天上看见深渊。于一切眼中看见无所有；于无所希望中得救。"[1]是对现存的价值的否定，旧的范式失灵了，不能表现生活的本真。只能用一种反逻辑的悖谬的方式曲折地显示内心的一隅。鲁迅说自己并没有把内心的话说完，我猜想是怕落入语言的陷阱，以免重复士大夫的词语秩序吧？

鲁迅的一生，就是想颠覆掉流行在中国几千年的"瞒"与"骗"的书写方式，对自恋和无我的世界有一个清算。但因为那时候言论受阻，有时说话就不得不盘绕迂回着。还有一个原因，就是如上所说，怕自己身上的鬼气和毒气传染给青年，于是将思想的另一部分潜藏或者割舍掉了。在憎恨那个世界的同时，更憎恨的是自己的世界。所以读他的书，我时常觉得他是在和自己搏斗，也因此，就显出灵魂的真和思想的深。我们几千年的读书人，敢于暴露世界和自己的人，向来是稀少的。

攻击鲁迅的人说他偏激，这是不确的。中国人总是太世故，在孔老夫子的教导下行事。不偏不急，择安而居。侵略者来了，只好做奴隶。凡事不关乎己则视而不见，于是便阿Q般地存活。不错，他主张痛打落水狗，今天看来是不够宽容。可是这是用血换来的教训，辛亥革命后，多少落水狗上岸咬死了人，故事是很多的。他何尝不期待宽容？但当权力者不宽容百姓的时候，是不能书生气地讲什么公允与自由的。对那时的语境倘不了解，总不能进入他的世界。比如他主张少读或不读古书，似乎是虚无主义。但在那样的时代，复古之风绞杀现

---

①   鲁迅：《墓碣文》，见《鲁迅全集》第2卷，人民文学出版社2005年版，第207页。

代民主，不输进西方的精神行吗？鲁迅对古书的态度是从今人的个性意识中阐发出来的，不是从整理研究的态度出发的。科学与民主是最缺乏的东西，他说那样的偏激的话，实在是矫正人们的思路。以他自己的经验，读古书使人消沉下去，而读外国的书却有做事的冲动，是的的确确的。

不要以为他主张不读中国书就真的告别古人，不宽容就没有大爱的慈心。他的藏书里，古书很多，到晚年也在读旧书。他读它们，乃是寻找攻击的对象，在阅读了大量的旧典籍后，他才意识到年轻人告别旧的传统的重要。而在对文学青年和画家的态度上，他的父爱感那么强烈，甚至对萧军的野气大加赞赏，对郁达夫的忧郁颇为亲近。把自己的稿费捐给青年人出书，哪有一点怒目金刚的样子呢？鲁迅的文字和他的生活有时有不同的一面，参考起来对照，就不会只是斗争者的凶相了。

我曾说过，鲁迅的作品是不重复的。所以大学中学教材的选本都不能折射出他的精神的全部。理解鲁迅必须读他的译著，以及整理古籍的思路。这两者在过去的授课者那里是鲜有涉及的。他的许多思想和艺术表现形式都来自外来哲学和艺术的暗示，在对现实的反映里，这些作为一种参照，起了很大的作用。讲解《狂人日记》，怎么能离开安德烈耶夫的小说对照？《故乡》的结尾处关于希望的叙述，是和尼采的《苏鲁支语录》有关的，意思也接近。他讲的"从喷泉里出来的都是水，从血管里出来的都是血"[1]，意象取自托洛茨基《文学与革命》。托洛茨基在中国长期是个禁忌，不能提及，所以鲁迅的话就成

---

[1]　鲁迅：《革命文学》，见《鲁迅全集》第3卷，人民文学出版社2005年版，第568页。

了独创，解释者拔高地谈论，反把其精神的过程省略了，似乎是个神，学生是反感的。一旦知道鲁迅借鉴别人的思想，并有所内化，我们倒能体味他常人的心态，其思想的流动历程就可以和人亲近起来。再比如他的许多杂感，在思路上和日本的作家有接近的地方。比如他的《小杂感》，几乎就是有岛武郎的随笔的脱化，鲁迅受其影响，杂以己身体会，有了另外的意象，在精神上比前者还要深广。当然，每一篇作品，还有其他的因素起作用，只是以前人忽略了这些而已。

从整体来看，鲁迅的作品形成了一套特有的叙述方式，这个方式的密码是什么，我也不知道，难以描述。但他的基本形态与流行的观念和价值取向是不同的。他一生要颠覆的，就是这个东西。遗憾的是，几十年来，我们一直在用鲁迅最厌恶的方式来解析鲁迅，不仅和他的思想隔膜，与青年的心理也产生距离，反倒将一个丰富的形象简单化了。我注意到近几十年来对鲁迅作品的教学资料，有许多好的观点，审美的把握也是有成绩的，却没有消除学生的疑惑，反而越讲越糊涂了。鲁迅的基本哲学命题是人的有限性，王乾坤先生曾精彩地论及这一点。而我们对作品的描述却用了无限夸张的词汇，将其思想完美化。例如《藤野先生》的隐含，是赞美日本人，还是对那个国度耿耿于怀呢？如果是前者，显然是简单化的理解，而专讲后者，我以为也是片面的。鲁迅的意识的复杂性在于，选择了什么的时候，也就警惕了什么，从不非此即彼。这个思维特点是要和学生交代的。可惜我们的教育不太训练这样的思维。有一次他的学生李秉中问他是否可以结婚。鲁迅的回答是：

结婚之事，难言之矣，此中利弊，忆数年前于函中亦曾

380

为兄道及。爱与结婚，确亦天下大事，由此而定，但爱与结婚，则又有他种大事，由此开端，此种大事，则为结婚之前，所未尝想到或遇见者，然此亦人生所必经（倘要结婚），无可如何者也。未婚之前，说亦不解，既解之后，——无可如何。①

我觉得这是鲁迅特有的思维形式，这个形式与千百年间士大夫的意识是相反的。不结婚是有问题的，但结了婚也有另一种问题。鲁迅在这里看到了存在的合理性中的悖谬，而表达方式也是确切里的悖谬和悖谬里的确切。如果我们还用非此即彼的逻辑对视他，怎么能进入其精神的深处呢？鲁迅文本是对国人性格的挑战，进入他的世界，是一个挑战的过程，如果四平八稳地描述，不仅与其不相关联，也会造成学生的逆反心理，那些精彩的作品就会从青年的视线里滑落下去。

那么，语文课本就不能讲解鲁迅、甚至要取消鲁迅吗？也不是的。问题不在于他的作品选择多少，或者选择什么，而在于如何学会理解和阐释这个特异的存在。我们如果不能像先生那样天马行空地飞动，或者至少理解他从解构自己开始的悖谬的情感方式，那么结果还可能是八股气的。一个反八股的文本竟被八股对待，岂不可叹也夫。所以鲁迅作品的教学不是鲁迅文本存在问题，而是我们这些解释者出现了问题。不从我们的认知逻辑找病源，什么优美的作品都可能被无趣化处理。与鲁迅的文本对照的时候，我常想，我们的社会在许多方面虽是进化了，但在智慧的表达上，似乎不及五四文人那么洒脱。这不仅

① 　　鲁迅：《300503致李秉中》，见《鲁迅全集》第12卷，人民文学出版社2005年版，第233～234页。

是教育的问题，而且是文化的环境问题。就教学谈教学，就文本讲文本，是不太能解决根本问题的。

话题说远了。我坦言，讲上述的观点时，自己也疑心，也在用鲁迅最厌恶的语言来描述鲁迅。说他的世界难以还原，不是炫耀观点。他的文字活在我们的世界上，有时又不属于这个世界，如此而已。

28

晚年周扬

20世纪80年代末，周扬去世的时候，在年轻一代人那里，几乎没有留下什么冲击波。像所有的老人一样，他的隐去，不过带走一片记忆，和天真的孩子们，没有太大的关系。我记得自己那时在编《鲁迅研究动态》，主编是潘德延先生，他问大家，周扬的消息，可否在刊物上发一下？在场的几乎没有什么反应。这是大家知道的，鲁迅讨厌周扬，"四条汉子"者，他是领头的，有什么好提的呢？印象里我们的刊物并未登载什么消息，事情就这么平淡地过去了。

谈论周扬的文章，后来渐渐地多了。从20世纪30年代的左翼文化，到80年代末的思想解放运动，他都有一定的分量。我曾不喜欢他的文章，觉得是党八股的那一类，教条主义多，读之无味。后来偶与友人议论文学史，这个人物的形象总要出来，无论喜欢与否，那些风风雨雨的日子，总与他有些瓜葛。确切地说，他是个撇不开的历史人物。

有一次徐庆全先生到我这儿聊天，带来了他编的《周扬新时期文稿》，厚厚的两本。那一天与他聊鲁迅与周扬，一时兴奋起来，话题自然多了。徐氏走后，翻他留下的两本文稿，思绪万端，周扬的形影由历史的深处又浮现了出来。感受呢，自然是复杂、隐曲的。沉重的地方不少。我觉得徐庆全研究周扬，是有特色的。收集一个人的文集，将零散的文字汇聚起来，其实也就将这个人的历史明晰化了。

周扬认识鲁迅，是在20世纪30年代参加左联之后，他介绍说与鲁迅通过信，见过面，但来往不多。据我的推测，那时他对鲁迅的书读得不多，彼此多隔膜的地方。相反的是，他周围的几位批评家如冯雪峰、胡风是熟知鲁夫子的，冯雪峰与胡风对鲁迅在精神上有呼应的地方，精神深处乃诗人的东西。较之二人，周扬也许过于理性，印象中的他是板着面孔的时候多，殊乏情趣。那时的周扬对俄苏文学理论持近乎迷信的态度，对鲁迅并未放在眼里，自然也不免多有失敬之处。同一个时空里，人的心境不同。鲁迅入左联乃文化的使命感在起作用，周扬却在职业革命的层面上，二人的出发点与归宿均有差异。

算起来，周扬的文学批评活动，始自于20世纪20年代末。他早期的文字差不多都是评论一类的，文字较为清丽，艺术感觉尚佳。到了30年代初，周扬已有些名气了。他那时热衷于文学理论，对苏联的那些东西格外关心。读他30年代的文章，大多是对高尔基文学理念的某些回应，苏联艺术批评的痕迹很重。他谈论辛克莱、夏里宾、布洛克、叶赛宁、马雅可夫斯基的文章，先入为主的东西较多。文章虽然漂亮，但你觉不出是刻骨的体味，不像鲁迅是从生命的深处感知对象世界。1936年10月之前，周扬与鲁迅都写过关于"大众化""论第三种人""果戈理的《死灵魂》"等文题相近的短文。给人的印象是：前者乃一种思潮的引进，是信仰的产物；后者是现实的盘诘与思考的结晶，内中升腾着生命的热流。周扬的文本始终有种高傲的气息，似乎是真理的化身，在替人布道。那篇《到底是谁不要真理，不要文艺》，以及《现阶段的文学》等，自信之余还有冲荡的气韵，那些文章是创造社的才子们也自叹弗如的。但是鲁迅那时就看到了这位青年狂妄的地方，不禁觉得好笑。在1932年底致周扬的信里，鲁迅批评周扬主编的《文学月报》刊登的诗作流于辱骂和恐吓，那其实也是对左翼青年普遍具有的高傲气的不满。在鲁迅眼里，诬陷、造谣、恐吓、辱骂，乃旧文人的遗存，殊成问题。那自然掉进奴隶主式的模子里，终于是老谱新唱，于文化无补，对民众也是无益的。深谙历史与传统的鲁迅，在同一营垒中看到了旧的遗风，失望之情是不可免的。后来围绕"两个口号"之争产生的冲突，鲁迅觉出了周扬身上"奴隶总管"的习气，与之几乎是决裂了。周扬晚年曾自悔当年的孟浪，以为是大错特错，那自然是后来的事情了。

我翻阅周扬的文集、文稿，便叹息他的才华都浪费到对外在理论模仿之中了。茅盾、丁玲、冯雪峰的文字，是有自我的生命体验的，乃当下生活的折射。周扬缺少这些。他写过一些有力量的论文，如《现实主义试论》《关于车尔尼雪夫斯基和他的美学》《〈马克思主义与文艺〉序言》等，可后来他的写作渐渐变成文艺政策之类的宣言，先前敏锐的触觉钝化掉了。写作对他而言是一种文化权力的象征，而不是艺术的体验和学理的探究。20世纪50年代到"文化大革命"前夕，他已没有什么像样的文章，那些不同场合留下的文字，现在只能唤起诸多不快的回忆。他的悲剧其实也正是鲁迅当年预料到的。

周扬对于鲁迅的阐释，从来都缺少胡风那种心灵的碰撞，对于由旧时代走进来的人的复杂性也缺乏体味。相当一段时间，他对鲁迅的左联时期的不配合颇为反感，鲁迅弟子们的斗士气和极为个性化的生存方式，他都不喜欢。在他那里，把左翼文化变为概念性的表达，与那些不同生命的自我体验的差异性，是十分隔膜的。作为左翼的领导者，他对于鲁迅式的传统极为警惕，当鲁迅已经成为一个符号的时候，他点赞的只是符号而非其思想的复杂性以及生命力的所在。他批判胡风、打击冯雪峰、讨伐丁玲，背后也有对鲁迅的某些抱怨。在他眼里，鲁迅的问题是对于组织的不甚尊敬，其个性化的表达与行为，都使左翼文化蒙受损失。这些想法在后来的政治运动中一个个显现出来，看出他对于左翼文化的另一种态度。

马克思主义传入中国，其实有复杂的路径。鲁迅取普列汉诺夫、卢那察尔斯基而走向唯物主义，周扬则更多在列宁主义的层面。前者对于旧式的遗产还有客观的认识，后者则抛弃旧的遗产，把政党文化覆盖到所有的空间之中，个体的园地渐渐丧失。鲁迅的草根性左翼，是没有强的组织的概念，或者是远离组织的概念的，他处于知识分子的自我扬弃的冲动，接近马克思主义的形态，并自愿改造自己的思想，而非周扬所用的强制性的手段。这是一个根本的区别，我们只有了解这个区别，才能够意识到后来悲剧产生的深层原因。

周扬的几篇纪念鲁迅的文章，都设定在一定的限度里，很少打通开来进行问题的思考，因为这里存在着一种危险。比如讨论前期的鲁迅思想，虽然涉及尼采、克尔恺郭尔等话题，但都不能展开。鲁迅思维中尼采的影子一直伴随到晚年，后来的学者已经论及于此。但周扬不愿意深入沉思，可能考虑到与毛泽东的看法冲突。而在批判王实味的时候，他一再指责其思想的托洛茨基的背景，以及对于"同路人"的态度，这些批判，其实也恰可以移用到鲁迅那里。在文艺思想上，王实味与鲁迅相似的地方很多。周扬的理念如果覆盖到鲁迅那里，其实也是要清算的一员。只是先生已死，语境有了很大的变化而已。

鲁迅晚年身边的几个文学批评家，与周扬一直处于紧张的关系中。胡风在抗日期间所办的刊物，思想走向与审美走向都不同于周扬。冯雪峰的文章则保持着诗人的气质，教条的因素远不及周扬等人。在马克思主义的信仰者那里，文学的选择呈现出差异性。鲁迅化呢，还是周扬化？争执一直持续到50年代初。

在周扬那里，其实有着两重性的存在：一方面有一种学理的精神，另一方面是政党的精神。前者在延安鲁艺时期表现得较为充分。早期的延安鲁艺，还有艺术化教育理念，后来因为受到批判而渐渐改变了方向。李洁非在《典型文坛》里深入讨论了这个话题。在经历了批判与自我批判之后，周扬的文艺思想中的功能越来越窄化，意识形态的因素驱赶着18世纪以来的文学经验，也剔除了诸多五四文学的经验。他对于解放区文艺的实践性的渴望，寄托了其文艺的梦想，比如对于赵树理的肯定，都是建立新文学的一种精神展示。新中国成立后，他的这种理念得到不断强化，但那时候历史的习惯深深，要建立新的艺术殊难。于是批判知识分子写作的冲动，代替了五四以来宽容的文化传统。从批《武训传》开始，他就渐渐放弃对于人性美的一面的挖掘，而要克服传统温文尔雅的诗文，创造阶级斗争的文字。《武训传》的问题是宣扬了"社会改良主义和个人苦行主义"，而到了胡风那里，问题更为严重。他认为胡风倡导的"主观战斗精神"其实是"轻视马克思主义的世界观和马克思主义的理论"。他面对胡风的思路不无讽刺之意，这样写道：

> 你要宣传社会现实的知识和共产主义世界观对于一个革命作家的重要吗？如果你不强调什么"主观战斗精神""人格力量"等而强调深入群众斗争，学习政治，学习马克思主义，那么，你的"重点"就弄错了，你就是庸俗社会学。
> 你要在作品中表现工农兵吗？如果你不表现他们身上的"精神奴役的创伤"，他们斗争的"自发性""痉挛性""疯狂

鲁迅遗风录

性"，而要表现他们的有组织的斗争，他们的高尚的、先进的、英雄的品质，那么，你的"重点"就弄错了，你就是庸俗社会学！①

胡风对于周扬领导下的文艺界流行的庸俗社会学的批评，思路多来自鲁迅。周扬对于这个传统的反感，在这两段文字里已经看得清清楚楚。他后来在批判胡风、冯雪峰的文章里，表面在切割他们与鲁迅的联系，但在那些激烈的抨击性的文字里，可以看出鲁迅传统在那个时期的危险性。抽象的谈论可以，具体的议论则多是禁区。鲁迅遗产就这样进入一个单调的叙述理论中去了。

没有料到"文化大革命"的到来，当年扣在胡风等人的帽子也照样扣在周扬自己的头上。江青指责周扬的罪行之一，就是反对鲁迅。而十七年间他贯彻的是资产阶级的文艺路线。他在"文化大革命"中检讨自己反对鲁迅的错误，和冯雪峰当年检讨自己的过去，自口气上似乎没有什么区别。

但到了晚年他复出的时候，也就是20世纪80年代，人们感受到了他的某种变化。《周扬新时期文稿》记载了这些。变化之一是对毛泽东的看法有了新意，不似先前那样句句是真理了。变化之二是对鲁迅的感受有了彻骨的一面。我私下想，倘若了解现当代文化思潮，以周扬为标本，能看出历史的脉息。文化中的悲喜剧，在他那里生成，也在他那里终结。就历史的分野而言，周扬给人带来的是难言的苦楚。

不必讳言，晚年周扬的讲话、发言依然有掩饰的一面，在一些棘

---

① 　　　　周扬：《我们必须战斗》，见《周扬文集》第2卷，人民文学出版社1985年版，第321页。

手的问题上还有些闪烁其词。文风呢，较之于先前略为活泼，比五六十年代要略带一点特点了。曾卓先生在一次谈话中讥讽周扬的文章只有史料价值，没有思想的价值，是个中肯的看法。周扬这位以文学批评与领导身份出现在文坛的人物，背后隐现的正如曾卓所说的是"宗派主义"与"教条主义"的东西。梅志甚至在其中看到了"投机"的色彩。周扬的多半生，是将左翼文化不断地教条化，而晚年不过疏离了这些教条，略有反悔罢了。我读他的晚年文稿，觉得他的主要精力是放到了对"文化大革命""左"倾思潮的拨乱反正上，注重的是常识性、原理性的东西，"领导腔"变得弱化了。其实那些常识与原理，鲁迅那代人早就说过了，周扬当年是不屑一顾的。晚年大谈尊重艺术规律、人道主义与异化问题、历史人物评价的尺度等，都非新鲜的东西。但对他而言，已经是十分不易了。但是在对待鲁迅的态度上，他是说过一些肺腑之言的。"文化大革命"后他读到鲁迅早期的几篇文言论文，忽生感慨：二十几岁的鲁迅就能从人性和科学史的角度阐释世界，且久历风雨而不失光辉，那是让人敬佩的。周扬承认自己相当长的时间未真正地了解鲁迅。我觉得在这一点上，他呈现了自己的一些真诚。在分析文艺现状的时候，他也自觉和不自觉地与鲁迅的某些看法重合。比如创作中的"瞒和骗"问题、真与伪问题等。1979年，他在第四次文代会报告提纲的手稿上，有这样几段话：

> 主要不是混乱，而是活跃。伤痕文学不等于感伤文学。
>
> 不是彷徨的一代，而是思考的一代，战斗的一代。
>
> 现在的问题是领导落后于形势，理论落后于创作。
>
> ……

鲁迅遗风录

> 不考虑艺术上如何创新，只考虑政治上如何保险。

> ……

> 群众把看戏叫宣传，看传统戏才叫看戏。

> ……

> "四人帮"在文艺上究竟搞了一条什么路线？文艺是忠于政治还是忠于生活，是忠于理论还是实践？

> 三种：一是真实的文学，二是粉饰生活的文学，三是瞒和骗的文学。

在他的文稿中，这一篇给我的印象很深，有着独立思考的东西在。这是原初的思路，作者对文艺的基本态度是公正的，不像以往那样盛气凌人。"文化大革命"中他久陷囹圄，自知做过奴隶之苦。文艺当然不能再成为一种政治的简单的传声筒，这不恰恰是鲁迅当年所说过的吗？久历苦海的周扬，最终在鲁迅的某些命题中停下脚步，那是他的宿命。他那一代人无论怎样探求与摸索，终未跳出鲁迅形容的那个无物之阵。在情感的层面，他对鲁迅一直有些距离，可是在思想默想的那一刻，他意识到了自己能拾到的只是鲁迅的一言半语。

鲁迅在世时，周扬没有写过一篇相关的评论。只是在一些文章中顺带点染一下，不过是个装饰，对那个丰富的世界知之甚少。鲁迅逝世后，他才认真读了一些小册子，陆续写过一些论文。他在1939年发表的《一个伟大的民主主义现实主义者的路》，1941年写下的《精神界之战士》，才开始对这位先行者有了深切的认识。这两篇文章各有千秋，尤其是后者，在理性的层面显示了他论辩的力量，不消说，是颇有学理的力量的。那论文今天读了也不失一家之言的冲击力，我觉得是显示了他的理论功底的。后来，他独思的一面渐渐弱化，批评被报告代替，官员的色彩越发浓了。周扬的身上没有太多的士大夫旧习，精神背景单一，述说问题时缺乏趣味，往往将丰富的东西简单化。他同代人写批评的文章，有时带有诗人的余绪，像何其芳、冯雪峰、胡风等人，文字后有灵动的内觉，文本尚可一读。但周扬有意无意地将理论呆板化，像一尊严肃的雕像，让人亲近不了。我相信除了文学史的研究者，对他的现象的体味，一定是五味杂陈的。

鲁迅遗风录

夏衍之问

1930年，当夏衍翻译的高尔基《母亲》出版的时候，鲁迅很快注意到了译者的名字。鲁迅在日记里，多次记载了他们见面的情形。那时候鲁迅正注重域外文学及理论著作的翻译，具体的左翼活动露面殊少，而上海文化的工作则由周扬、夏衍、田汉等青年人承担，彼此交往还十分有限。坦率说来，夏衍等人在30年代艰苦的环境里从事的工作，有相当的难度。后人叙述左翼的文化，多留意思想者的痕迹，自然，鲁迅是被主要关注的对象，而有着实际工作经验的普通左翼青年的情形，常常是隐含在宏大的革命理论叙述的背后的。实际的情况是，在左联成立的前后，关于文化的走向问题，鲁迅思考甚深，有着别人没有的维度。1952年，冯雪峰在《回忆鲁迅》一书介绍左联的活动，几乎只集中在鲁迅、茅盾那里，对周扬、夏衍只字不提，后来的文学史涉及左翼文化的时候，亦多此种思路。几年后作家协会批判冯雪峰，夏衍是积极的参与者，在指责冯雪峰的背后，其实是对于这种历史叙述的抗议。在夏衍看来，鲁迅的思考与表达固然重要，而他们这些实际运动的领导者的功绩亦不可忽略。当这种抗议转化为文化权力的时候，夏衍与周扬，只是在政治的层面获得一次自由的空间，但在思想史和30年代的左翼文化运动中，他们也还在配角的位置上。

问题涉及左翼文化的原点价值与主体的实践价值孰重孰轻。关于那段历史的评价有趣地经历了否定之否定的过程。胡风、冯雪峰的逻辑被推翻后，"文化大革命"中，夏衍和周扬、田汉、阳翰笙被戴上

鲁迅遗风录

反对鲁迅的帽子，罪名深重。许多年后，夏衍一度认为，除了"四人帮"迫害的因素，冯雪峰、胡风当年的对左翼运动的叙述，构成了自己后来的悲剧。但这些很快遭到学界的阻击，80年代《鲁迅研究动态》刊发过许多批评夏衍的文章，主要纠缠着他对胡风、冯雪峰的旧账，以为前者受难，他与周扬有不可推卸的责任。学界普遍认为，左翼文化中，思想者鲁迅和他的弟子的分量显然更具有永久的意义。

这种批评，成了那时候评价他的主调，但也弱化了对于夏衍的认识，往往把他标签化处理在文学史中。鲁迅研究者中，能够轻松面对夏公的文字者，一直少见。在那个时候，超然地看30年代的文学史，也并非一件易事。

对一般读者而言，一个丰富、立体的夏衍，是在其死后才被构建立起来的。90年代末我读过陈坚、陈奇佳的《夏衍传》，留下很深的印象，多年后又看到作者的修订本，一个个历史之谜悄然揭开。①这本传记与《夏衍全集》对读起来，颇为有趣，研究中国左翼传统者，不能不读这类资料。近来的学者对夏衍的研究，多了许多视角，除《夏衍传》外，严平的《潮起潮落：新中国文坛沉思录》②等书，都提供了更丰富的内容。左翼文学的坎坎坷坷、风风雨雨，于此昭显出来。文献资料呈现出的历史图景，早已超出了我们的想象。

我个人觉得，夏衍留下的遗产，涉及左翼艺术的历史重要的一章。他自己就牵连着半部左翼艺术史。左翼艺术的存在，向被一种尺度所衡量，但实际内部的分野和歧路甚多，远非人们想象得那么简单。鲁迅逝

---

① 陈坚、陈奇佳的《夏衍传》有两个版本，1998年北京十月文艺出版社推出了初版本，2015年中国戏剧出版社出版了新版本，后者有重大的增补。

② 严平在《夏衍的1964》里有详细讨论，见《潮起潮落：新中国文坛沉思录》，人民文学出版社2015年版，第79页。

世后，周扬、夏衍的左翼意识，与胡风、冯雪峰的左翼思想不同，延安的文学工作者和国统区的文学家，也存在诸多分野。派别的呈现，是文化史中的必然，问题出在人们存在着确定自己位置的正当性的渴念，这种渴望由学术、审美的领域，演变到了政治领域。50年代，胡风遭因于前，冯雪峰受难于后，许多恩怨牵连着鲁迅的名字。而文学史迷离的一页，就这样隐到时光的深处。

讨论左翼的发生，关乎近代史许多敏感的环节。有草根左翼，鲁迅当是代表人物，自己没有政党的背景，从思想的转变中入之，此为一种现象。有的在海外受到新思想的沐浴，转而为左翼，郭沫若、成仿吾、胡风都属此例。不过，这类人也分不同的背景，有的从浪漫主义转向过来，有的一开始就是红色的起点。从国外回来的许多青年左派，起初把批判锋芒直指鲁迅，他们批判鲁迅之猛，成为文学史的一个公案。创造社、太阳社在20年代末对鲁迅的围剿，也隐含着左派的幼稚病。青年的马克思主义批评家没有与他者建立起对话的关系，而被批判的戾气所囿，这是俄苏文化理念的一种移植，它对后来的文化影响，有相当的时间的长度。

大革命失败后，许多青年认为是文化队伍出现了问题。个别批评家不满于鲁迅、茅盾的作品，可能因其精神纯粹的元素稀少有关，这些接触了一点马克思主义的理论的人，天真地觉得自己掌握了真理，而鲁夫子的一切不过是过时的存在。夏衍在那时候虽然与左派的青年一样卷入社会的红潮，但并没有对鲁迅、茅盾发出批判的声音。这和他的知识结构的丰富不无关系。译介过普列汉诺夫、芥川龙之介、厨川白村、高尔基作品的夏衍，对于文学的多样性颇多心解，在理论和创作上，他的极端主义情绪是弱于郭沫若、阿英诸人的。而后来他在艺术上的成就，都是这种知识结构起到了作用。

在大的范围里，夏衍那代人与左联里的鲁迅、胡风的价值观是相似的。他在回忆录里对自己加入左联的描述，动机与梦想，亦可与胡风呼应。问题是他们的气质、思想的展开方式有别。鲁迅、胡风都有一丝俄国知识人超敏感的一面，而夏衍、周扬则不太关注"他人的自我"，他们有一个组织的系统，更多把时间放到左翼文化的实践领域。鲁迅是党外人士，胡风迟迟不能入党，自然进入不了话语的核心地位。周扬、夏衍后来与鲁迅、胡风、冯雪峰的关系紧张，也有身份的因素。谁是领导，谁代表组织，似乎都比独立思想更为重要。但对鲁迅、冯雪峰、胡风而言，左联之中，均为同志，地位平等，思想可以争鸣，岂有尊卑之分？

从左联的成分看，其实知识背景并不一样，但有一点是一致的，在审美领域，他们选择是俄苏式现实主义的精神，毫不妥协地直面社会，乃自己的使命。但这种选择，没有强大的主体热能的支撑，是难以为之的。我们考察胡风对小说的期待和夏衍对戏剧剧本的期待，审美的深处都有一致的地方。在最为紧张的年月，面对残酷的现实，其艺术主张里依然有非列宁主义的因素。胡风所坚持的主观战斗精神，夏衍未尝没有。只是前者以批评的方式出现，后者完全在剧本的结构和意象里。60年代夏衍受到批判的时候，其内在的逻辑，也与胡风当年的审美思路有重合的地方。

夏衍和周扬、田汉在许多方面可以达成共识，对于鲁迅则难以进入其门。可以说，在进入革命文艺的过程，他们是远离鲁迅式的焦虑和内省的。瞿秋白、胡风、冯雪峰见到鲁迅很快进入心灵深处的对谈，而周扬、夏衍缺少的是彼此深入的沟通，与鲁迅只是工作关系，还谈不上心灵的交流。对于鲁迅的左转，冯雪峰、胡风有相当深的体味，思想的碰撞里，有共振的地方，那些永远镶嵌在内心的深处。周扬、夏衍似乎没有经历过个人主义的漫长阶段，对于新旧文人的转型，缺少必要的省视。鲁迅去世后，夏衍写过《鲁迅与电影》《鲁迅没有看错人》等文，还都是简单的描述和表态，精神深处的隔膜是一看即知的。对于革命理论的争论的背景，他们也没有鲁迅那种准备。鲁迅自己对于俄国各个派别的争论，都译介和研究过。所以，他对于左联内部的批评，都有多元话语的参照，那逻辑的过程，其他左派青年并不熟悉。这些话题的内蕴，几十年以后，夏衍才真正意识到了。

对于左翼戏剧和电影，夏衍的贡献有目共睹，可谓功莫大焉。他的《上海屋檐下》《赛金花》等都是艺术史不能不提的作品，至今被人不断研究。重要的是，他摸索了一条左翼戏剧的道路，成功地将普罗意识与知识分子话题结合起来，造成一种审美的流派。他的戏剧理论和电影思想，有许多左翼文人没有的特点，也有苏联艺术所没有的中国气派。这些现象的背后，其实一直有一种信念的支撑，那就是对于知识分子自我更新的渴望。他意识到自己属于旧阶级里走出的一员，在阅读契诃夫的作品后，颇多感慨，那篇《从〈樱桃园〉说起》写道："在《樱桃园》的时代，贵族地主阶级的挽歌是斤斤的伐木声音，而今天的中国知识分子所听到的，恐怕已经不是一首优婉寂寞的哀诗，而只是惊天动地的一声雷响了吧。这是历史的残酷，这是一个阶级几千年间积累下来的血债的偿付，咬紧牙齿吧，这又是一次知识分子脱胎换骨的试炼。"[1]夏衍已经意识到自己面临的艰苦之旅，他的圣徒般的激情，都可以为他后来的选择做出某些注释。

---

[1]　夏衍：《从〈樱桃园〉说起》，见《夏衍杂文随笔集》，生活·读书·新知三联书店1980年版，第373页。

鲁迅遗风录

29　夏衍之问

但在左翼作家那里，对于自我的改造的程度及精神状态，有不同的理解。导致左联内部分歧的原因很多，胡风、冯雪峰认为在左翼的路上，鲁迅才显示了真正的意义，余者的选择，多少存在一种限度。知识人永远在寻找中，没有完结的时候。左联许多人认为自己已经成了革命者，但鲁迅、冯雪峰、胡风则以为左派与右派是易于换位的。左派青年不仅要警惕旧的文化基因的诱惑，也需注意革命中的盲动性和新的主奴性。冯雪峰指出："那时候在上海的我们的党中央，也只是通过了我们这些年轻的党员来执行党的领导的，而我们却都是一些不仅很少政治斗争的经验，而且马克思列宁主义的理论以及关于文学艺术的知识也都非常薄弱和幼稚的人。那时候，大概说来，我们这些人唯一可取的，只是都还比较地纯洁，相当勇猛，很有些所谓'乳犊不畏虎'的气概；我们相信，鲁迅先生喜爱我们的，也就是这一层。"① 冯雪峰对于上海的左派文人的小布尔乔亚气提出过批评，他将此看成宗派主义和关门主义。这种描述引起夏衍的反感。60年代，夏衍曾表示，冯雪峰在30年代执行的是王明的路线，对于打进资本家内部的电影工作者殊为不满，不能理解革命的策略。言外，冯雪峰的许多理念是错误的。②

显然，这是一种扭曲的判断。冯雪峰的思想，其实并非王明那样僵化，他是有诸多创造性的批评家。他对鲁迅、丁玲、艾青等人的研究文字，有相当的精神力度，极左的痕迹殊少，有些思路是从鲁迅那里来的。1936年，冯雪峰从延安到上海，没有找上海的文化领导人周

① 冯雪峰：《回忆鲁迅》，人民文学出版社1952年版，第51页。
② 沈鹏年：《行云流水记往二记——电影〈鲁迅传〉筹拍亲历记》上，上海三联书店2011年版，第71页。

扬、夏衍等人，而是直接与鲁迅建立联系，有深层的精神原因。在冯雪峰看来，鲁迅才代表了左翼的存在。后来鲁迅、胡风、冯雪峰另起炉灶，以"民族革命战争的大众文学"挑战周扬等人提出的"国防文学"的口号，都非意气用事可以解之。冯雪峰、胡风与鲁迅一致地认为，在抗日到来的时候，团结不同流派的作家固然重要，而坚持知识分子的批判立场是不可突破的底线。鲁迅逝世后，胡风、冯雪峰依然坚持着这样的立场，他们对党内单一化的批评理念的抗拒，也可以找到鲁迅的痕迹。但这种思想很快遭遇阻拦，1941年，重庆文学界召开过一个会议，许多人公开批评胡风的文学批评观，夏衍在编辑评论集中，集中刊登了诸多批评胡风的文章。左派作家与批评家的分歧，其实都是"两个口号"争论后的余音。

在许多党内人士看来，胡风等人没有克制思想、服从组织，这是党性弱化的标志。左翼的运动是不断排他的运动，希望纯粹，希望旧我的消失，都是其原有的逻辑。在这个逻辑里，每个人都可能成为被否定者。当革命胜利的时候，周扬、夏衍一直处于文化界主要领导地位，鲁迅当年几个弟子渐渐失去自己的表达空间。在意识形态日趋紧张的年代，胡风、冯雪峰、丁玲都先后遭到清算。夏衍是介入对胡风、冯雪峰、丁玲的批判运动的，陈坚、陈奇佳讨论他那时候的表现，有许多中正的看法，对于夏衍的得与失的勾勒，均有力度。夏衍的坦率与偏激，使文化风潮变得复杂起来。他没有意识到，当自己燃烧得最为激烈的时候，也恰是远离本我的时候，坚守自己的信念而排他性强烈的过程，同时是悲剧产生的过程。

显然，对于胡风、冯雪峰的批判的背后，有着针对鲁迅的隐含。许广平受夏衍发言的影响，说鲁迅受到了冯雪峰的蒙骗，都是减轻鲁迅责任的一种无奈之举。批判胡风的运动，没有在理论上伤害到鲁迅，但实际波及30年代的文学界核心的问题。夏衍对鲁迅的尊敬是显而易见的，但他未必喜欢鲁迅的性格。从他对鲁迅的描述看，表层的痕迹居多。与周扬的长篇大论描述鲁迅的文字不同，夏衍一个时期对鲁迅的文本的沉默，也说明了什么。

但在鲁迅成为偶像的时代，任何对这位革命旗手的微词都是危险的。夏衍与周扬都陷入了一种尴尬的境地。他们不得不谈论鲁迅，但也需小心翼翼方能摆脱旧影的纠缠。言说鲁迅的时候，不再牵涉周围的环境，而是孤立起来加以历史化的静观。也是在这种逻辑下，夏衍与众人参与到对鲁迅的普及宣传的活动。《祝福》的改编及参与电影《鲁迅传》的写作，使他不得不再次面对诸多棘手的存在。

电影《祝福》表现得相当得体。夏衍捕捉到鲁迅思想里核心的元素，对于祥林嫂形象的刻画相当精准。虽然还不能呈现鲁迅文化批判的多元的因素，但总体上使作品有一种思想的高度，艺术品位也颇多可圈可点之处。陈坚、陈奇佳认为，电影《祝福》的成功是因为夏衍找到了一个颇为经典的诠释鲁迅名作的方法，是对中国电影创作的一个贡献。但电影《鲁迅传》的写作，夏衍遇到了困难。他是在别人的剧本基础上另行修改创作的，这里要处理的是鲁迅与党的关系诸种敏感的话题。显然，为了迎合要求，不得不夸大鲁迅与毛泽东的关系，把鲁迅和一些共产党人的交往，也一起表现出来。这里，有意回避了胡风、萧军、冯雪峰的元素，而设计了鲁迅与其他人物互动的镜头。比如鲁迅对湖南农民运动的关注，对长征的关注，对延安的关注。给人的印象是，将枝叶主干化，颤音主旋律化，那与鲁迅的距离，显然是远的。夏衍对鲁迅作品的文本把握没有问题，但勾勒其精神总貌，则见到难处。第一是对鲁迅的知识结构了解甚少，没有看到其内心的复杂性；第二是在已经形成的意识形态化的语境描述人物历史，遗漏了许多内涵。不过在具体细节上，夏衍颇多见识。比如，他指出原剧本把前期的鲁迅拔高了，鲁迅"还意识不到将来会是闰土们的天下"。他认为作品正襟危坐的地方多了，"鲁迅是平易近人的，富于正义感、富于幽默感的。但有时候，他很执拗。他自己说过，和坏人坏事作斗争，要'纠缠如毒蛇，执着如怨鬼'。但是，写这种性格，不宜太露"①。上述谈话是上影厂工作人员的记录，虽然内容或有出入，但对照他关于电影写作的文章，思路比较一致，能看出他的基本审美走向。

感受到鲁迅身上的毒蛇般的力量，应当说是一个恰当的判断。30年代，当瞿秋白、冯雪峰离开上海的时候，夏衍与周扬都不敢去多见鲁迅，实际上左联的组织在那时与鲁迅失去密切的联系。有限的几次见面很少深的交流，他们以集体的方式对胡风这样的个体作家的发难，在鲁迅看来器量殊小，是难以接受的围攻，似乎是主奴关系的再现。夏衍没有料到，鲁迅文章中那句"四条汉子"的话②，竟成了"文化大革命"中自己遭遇不幸的谶语，江青利用鲁迅而颠覆周扬、夏衍的举措，把他眼里的左翼传统的根基完全动摇了。

在胡风、冯雪峰眼里，左翼运动的思想核心在鲁迅那里，而周扬、夏衍只是组织核心。具有诗人气质的胡风、冯雪峰欣赏鲁迅，以为在自己的导师那里，可以吸取智慧的光泽，那是周扬、夏衍所弗及的。冯雪峰在回忆文章里不点名批评了周扬等人，认为鲁迅是左联真正的

①　沈鹏年：《行云流水记往二记——电影〈鲁迅传〉筹拍亲历记》上，上海三联书店2011年版，第164页。
②　鲁迅：《答徐懋庸并关于抗日统一战线问题》，见《鲁迅全集》第6卷，人民文学出版社2005年版，第554页。

鲁迅遗风录

29　夏衍之问

领导者。"只要有鲁迅先生存在，左联就存在。只要鲁迅先生不垮，左联就不会垮。"①这句话，深深刺激了夏衍等人，在夏氏看来，无疑是把许多左联青年的功劳一笔抹杀了。

对于历史的追忆，我们总看到的是高高的塔尖，而非基座。②许多年后，当夏衍与冯雪峰都获得平反的时候，知识界对于周扬等人的印象依然如故，夏衍陷入深深的不安中。鲁迅正确，周扬、夏衍错误，成为文学史里的习惯表述。1980年初，夏衍在《文学评论》上发表《一些早该忘却而未能忘却的往事》一文，试图解释当年的情况，在他看来，后来的人对问题的判断，是不符合实际的。这文章遭到诸多反对的声音，他几乎被鲁迅党包围在文字里。夏衍的文字一如过去的坦率，耿耿于冯雪峰当年对鲁迅的影响，以致造成一种文化的不幸。这其实涉及30年代中国文学的道路选择问题。在夏衍看来，自己与周扬的处境，在那时候也非轻松，由于宗派的介入，导致后来诸多问题的产生。夏衍忘记了，无论冯雪峰还是周扬，其命运皆系于同一个精神逻辑下。应当反省的恰是这个逻辑，个人的恩怨似乎无法证明这逻辑中断的可能在何处。周扬对于他的文章的发表的不安，其实已经说明了这个道理。

认真想来，夏衍在新中国成立之初的17年颇多建树。他在电影领域的探索方式，都非鲁迅传统的延伸。纵观30年代到60年代，他创作和指导的艺术作品，都是在另一种空间开始的，京派、海派的余音皆有，士大夫与现代主义图景亦收入眼中。他对张爱玲的欣赏和帮助，都能说明些什么。他可能是左翼剧作家中最具有审美弹性的人物，在

① 　　冯雪峰:《回忆鲁迅》，人民文学出版社1952年版，第53页。
② 　　木心先生总结文学史的时候，说过类似的话，这是精英文学史观的流露。因为鲁迅的巨大的存在，周扬、夏衍被遮蔽在历史的影子里，这是他们的宿命。

其领导下的电影界现状已经证明了此点。这是鲁迅之外的另一种可能的实践。这些都充分吸收了19世纪以来东西方艺术的精华，又以马克思主义的理念贯穿其间，都是前人没有做过的工作。但这些在60年代遭到过周扬、姚文元等人的批评。从《武训传》开始，直到《早春二月》《舞台姐妹》《北国江南》受到批判，那罪名是没有保持共产主义思想的纯粹性。①先前胡风、冯雪峰的罪名，后来也落到自己的头上。在本质上说，他晚年延续的恰是胡风、冯雪峰、丁玲的命运。

夏衍在《懒寻旧梦录》里一直弥漫着这样的困惑。左翼是在非左翼的土壤里产生的，恰如马克思主义来自德国古典哲学和其他精神资源一样，脱离各类遗产的参照，并不能形成新的自己。他在书中多次追问所处时代的不幸的缘由，在许多时候能够正视自己的缺陷和短板，而批判国民性时，也不自觉地参照鲁迅的思路为之，回到了五四的一些母题中。这个时候，胡风的某些思想在他的文本里跳跃出来，不是故意的重复，而是一种巧合，其实也恰是鲁迅当年思考的问题。比如一再强调对封建主义的警惕，提倡对知识分子主体精神的呵护。他的反省，虽然没有巴金那么透彻，但具体说来，也有自我追问的意味。左翼运动的挫折何以产生，他与周扬的不幸源自哪里，回忆录里有了一个事实的勾勒。

这是有趣的：读了他自己的陈述，我们看到了一个左翼文化亲历者的思想轨迹，中国现代文化中神秘的一隅也被聚光在舞台上。晚年的夏衍的追问，带来了思想解放的能量。恰如阿伦特所言，革命带来的解放并未产生自由。②这种追问与胡风回忆录里的追问，显示了某种一致性。

---

① 参见严平《潮起潮落：新中国文坛沉思录》，人民文学出版社2015年版，第97页。
② 参见［美］汉娜·阿伦特《论革命》，陈周旺译，译林出版社2007年版，第1～8页。

夏衍注意到，中国的左翼文学运动，一开始就伴随着某些偏执的因素，包括自己在内，对于马克思主义的理解极为简单。在责任感和殉道感喷发的时候，也多了诸多违背现实的极端思想。比如创造社、太阳社左转过程的盲动性，比如瞿秋白关于废除汉字的主张流露出的虚无主义意识，比如在反对"第三种人"的过程中抹杀存在的多样性等，都破坏了精神的空间开阔性的可能。夏衍意识到，后来的左翼文化的挫折，多来自"左"倾教条主义和个人崇拜理念。而鲁迅在此所呈现的思想一定程度上也带有悲剧的意味，说起来也是复杂的。尤其在五六十年代的文学思潮里，鲁迅被变形化的阐释，是他自身结构性的问题，还是后来文化上的问题，夏衍的追问，不是没有缘由的一种内省。

意识到自己的悲剧，亦想从理论上给悲剧一个历史的说明，夏衍未必胜任此项工作。这是个大的话题，解析起来有诸多难处。其中的主要点，是知识阶层与革命到底是什么关系？在改造社会的过程，知识阶层的主体应安置于何处？这是鲁迅在20年代末就思考的问题，在普列汉诺夫与列宁之间，是有过不同的阐述的，而中国的左翼作家在理论上没有进行过深入的追问。从强调对知识分子旧我的改造，到对知识分子主体意识的复苏的关注，这个转变过程，伴随着几代人。夏衍那代人创造了众多的左翼艺术，也经历了精神的荒凉。左翼的运动何以导致文化的单一性的长期存在，周扬、夏衍都想回答此问题，可惜，历史给他们留下的思考时间甚少。而在左翼文化语境里反思左翼传统能否有效，其实也是一个大的疑问。在这个意义上说，对夏衍之问的再追问，在今天就显得格外重要了。

在鲁迅的遗风里

许广平去世后，关于鲁迅著作的出版、研究一时没有系统的规划。1975年，学术研究还没有进入正轨。周海婴念及母亲生前对鲁迅遗稿、藏品的保护，以及推动的设想，遂想起建立相关的研究机构。他给最高领导人写信，希望组织一个研究机构，专门从事鲁迅的研究。这封信很快得到回复，中央决定成立鲁迅研究室。当时负责此项工作的是国家文物局局长王冶秋先生，一时间汇集了许多专家学者。李何林、王瑶、唐弢成为研究室的支柱性人物。此外，林辰、冯至、戈宝权等很快被吸引过来，一些青年研究者一时聚集北京。一个有组织的鲁迅研究机构，就这样成立了。

　　鲁迅研究室一开始有很明显的官方色彩，但具体到每个研究者，则风格不同，民间立场与草根左翼的痕迹都有。虽然都在一个旗帜下，但路向略有差异。这些为后来的学术演变，都埋下了伏笔。

　　我到鲁迅研究室工作的时候，已是80年代的后期。研究人员队伍已经颇有些规模，那时候王得后、潘德延、陈漱渝、李允经、姚锡、赵英都很活跃。国内学者严家炎、孙玉石、钱理群、王富仁、陈子善、汪晖等常常往来其间。有时候也有日本学者的造访，丸山升、伊藤虎丸、木山英雄、北冈正子、丸尾常喜给学术带来了意外的声音。最难忘的是一些学术讨论会，王瑶、唐弢乃会议的主角，一时间有诸多话题汇聚其间，讨论的热度持续不减。

　　当时的北京有三个与鲁迅有关的机构。一是中国社会科学院的鲁

鲁迅遗风录

迅研究室，人称"东鲁"；二是人民文学出版社鲁迅编辑室，乃为"中鲁"；三是北京鲁迅博物馆的鲁迅研究室，在西城，叫作"西鲁"。"东鲁"是周扬影响下的机构，沙汀做过主任，后来王士菁接替，总体保持了一个风格。"西鲁"的领导是李何林，与"东鲁"有些矛盾。"中鲁"倾向于"西鲁"，林辰、孙用、聂绀弩与李何林的关系甚好。不过，王士菁不久接替李何林做"西鲁"的负责人，东、西鲁的矛盾才渐渐消除了。

我在"西鲁"的研究室前后待过十几年，其中做过一段主要的负责人，想起来有无量的感慨。2002年，我从北京日报社回到北京鲁迅博物馆工作的时候，曾有过一个梦想，就是把研究工作搞起来。但后来的工作并不如意。鲁迅研究虽然是一本大书，但每一页都隐含着微妙的存在。而学术的演进，也非书斋中人想象得那么简单。

鲁迅研究算起来已过百年的历史，如今已成显学。有时在民间热烈非凡，有时被高高置于象牙塔里。它也曾被弄到吓人的地步，亲近政治，陷于各类风潮。其实按鲁迅心性的特点及其文本的形态，把它神秘化、政治化和学院化都是有问题的。但这门学问有它自己的特征，和时代的关系颇密，也与人生的苦乐大有关联。鲁迅之于现代知识界的话题，在今天不是弱化，而是更浓烈了。这门学问的复杂性，随着时间的流逝会进一步呈现出来。

以北京鲁迅博物馆鲁迅研究室几十年来的情形为例，倒是可以发现鲁迅研究的轨迹。我以为这里折射的信息，与其深层话题纠缠着。这里不能不注意两个话题：一是研究室自身的情况，二是研究室主编的《鲁迅研究月刊》的学术历程。两者给人的印象不同，但内在的隐含实在是丰富的。

鲁迅研究室最初的任务是整理鲁迅的遗稿，对其中辑校古籍、遗物进行研究，并编辑出版鲁迅年谱等。那时，相关的研究不能不带有意识形态的色彩。比如保卫鲁迅，批驳自由主义文人的言论等，在那时颇受重视。到了80年代初，情况略有变化，学者的研究视野也出现新的内容。比如随着周扬的再次出山，关于鲁迅的解释就开始面临新的难点。出于历史的原因，周扬靠自己的影响力，覆盖了对鲁迅的某些解释，对胡风等人的看法与鲁迅不同，甚至把一些观点输送到研究界。以李何林为首的一批研究人员对此进行了长期的争论，研究兴奋点被30年代的话题限制了。比如关于"两个口号"之争，关于左联宗派主义问题，对立的地方很多，应当说，在这些是非之论中，还掺杂着意识形态的话语，双方难免不被历史的旧账纠缠。80年代初是转折期，这些争论导致人们对其价值的反观，老一代的学者王元化最早意识到这一点，提出要在更开阔的视野里研究鲁迅，而不是把他狭隘化。王元化虽然是鲁迅研究室之外的人，但他的看法是有独立的眼光的，他意在把研究从简单的功利层面移到深层的文化静观中。更年轻的一代则表现了另一种姿态，先前的意识形态话语受到质疑，研究室的方向也开始出现变化。李何林先生指导的第一位博士王富仁，就在思想的根基上动摇了旧的思路，将鲁迅从政治话语的体系里解放出来。他淡化实用主义理论，从更深远的历史角度打量鲁迅与其身后的历史。王得后关于"立人"思想的阐释，陈漱渝关于史料的辨析，李允经关于美术史中的鲁迅的把握，都和1976年前的语调有别，思想解放的步履渐渐出现了。

那时候《鲁迅研究资料》和《鲁迅研究动态》的出版，对校正意识形态化的叙述方式无疑有着不小的意义。80年代知识界的任务之一

鲁迅遗风录

是新启蒙，鲁迅传统被李泽厚纳入自己的"历史积淀说"的话语结构，解放思想的热潮里，也能感到《呐喊》《彷徨》散发出的意念。不过鲁迅研究室似乎还在汉学的传统里打转，人们开始对现代文学的一些基本史实进行考释，把一些不被注意的材料提供给学界。比如鲁迅的同时代人的关系透视、他的藏品、往来信件的整理，都有亮点。所藏汉画像的勾勒、所藏碑帖的研究，丰富了鲁迅研究的内涵。接着是周作人资料的整理、开掘，都有新面貌。周作人附逆的讨论打开了思想界的另一扇大门，周氏兄弟的对照研究深化了诸多难点的思考，这在后来得到了更年轻一代的响应。钱玄同的日记、钱氏收藏的信件也被展示出来。他的文集的注释出版，把五四的背景扩大了。初期的研究室有八大顾问：常惠、曹靖华、唐弢、林辰、孙用、杨霁云、戈宝权、周海婴，都为理论建设和资料建设做了不少的工作。王瑶关于鲁迅与古典文学关系的思考，与流行的理论区别开来，显示了学识的深切和境界的阔大。孙玉石研究《野草》，在文本的细读上开辟了新的路径。后来钱理群、赵园在他的引导下，进入了更深的研究层次。林辰在文章里考辨了许多鲁迅史实，他对鲁迅与苏曼殊关系的梳理，对古典小说与鲁迅的关系的探索，对这支队伍的 影响是不可小视的。较之于一般的理论研究，鲁迅研究室属于汉学的流脉，注重资料，本于版本，就少了夸夸其谈。王得后的《〈两地书〉研究》，就是从校勘出发，探寻鲁迅的思想，至今依然被世人瞩目。陈漱渝在《鲁迅史实求真录》里对史学界的错误言论的辩论，还原了一些疑虑重重的事件本质，给人诸多启发。赵瑛的那本《籍海探珍》，对鲁迅辑校古籍的描述，殊多真语，不涉空语，一时被人称颂。她从鲁迅的大量的辑校古籍文献中，发现了鲁迅精神迷人的地方，比那些醉心于玄学的学者显示出扎实的基础。李何林就亲自撰写鲁迅与30年代论战的史料文章，在格局和眼光上力摧旧垒，都有不少的深度。他本乎良知，远离玄言，所带的队伍形成了一个流派。在知识界大讲人道主义和异化学说的时候，鲁迅研究室的同人们贡献的是史料扎实的著作，在那时的影响力是毋庸置疑的。

往来于研究室的研究者有几位很有意思。老一代的人如唐弢，他体弱多病，开会时声音不大，宁波的口音里流动着江南才子的秀气。王瑶讲话滔滔不绝，很有幽默的气质。他的学生钱理群，日常的样子乃彬彬的儒者，始终是微笑的样子，和他的文章的忧郁气质不同。钱理群参加会议时，讲话最有激情，他对于鲁迅的当代意义的思考，是很能够打动周围人的心的。

每一次会议的规模不大，但仿佛有着神圣的感觉，大家带着一种敬意谈吐，参会者似乎都像圣徒一般。那时候人们没有意识到这种会议可能也是一种自我陶醉，可爱中的偏执也是有的。这种偏执，可能导致一些论述的局限。比如对于非鲁迅化的文人的态度，还在是非之辨上，而没有文明观的透视。学者们对于胡适、曹聚仁简单化的叙述，都影响了讨论的深度。鲁迅研究的局限，可能与此有关。

90年代后，鲁迅研究开始清冷起来，研究室的兴奋点分别转向鲁迅的藏书研究和同时代人的交叉研究。探讨鲁迅的知识结构和文化背景，也多少推动了认知的进化。这里，姚锡佩女士对德文资料和日文图书的研究令人难忘。她从鲁迅外文图书里发现了许多鲜为人注意的话题，廓清了鲁迅思想背景的模糊的地段。后来鲁迅译文全集、鲁迅藏品的出版，都是在廓清研究的精神地图。像鲁迅的译文全集，是近几十年间的一件大事，它的问世不仅给研究者提供了新的资料，也证明了鲁迅是翻译家也是作家的看法。而汉代画像的几次出版，能发现鲁迅对传统的一个基本思路，那就是在主流文化之外的支流话语世界，存在着一个健康、朗然的精神世界，汉画像的整理其实证明了先生非凡的视野，他意识到，如果说要复兴旧的艺术，那自然是汉代画像这样的艺术。它们没有道学的东西，是无伪的存在。鲁迅需要的正是这个存在。这些资料的研究给学界的启发是巨大的。鲁迅世界的原色的一面，可以让研究者体味到旧的道德话语对他的肢解。恰恰这些颠覆了旧的思路。人们注视他的时候已不再像过去那么简单了。

几十年间，鲁迅研究室最大的贡献是打造了《鲁迅研究月刊》这个平台。

当《鲁迅研究月刊》行世后，鲁迅研究室实际上成了中国鲁迅研究的中心。这个杂志几十年间展示了这个学科的基本形态，重要的思潮和观点都折射在这个世界里。从80年代起，月刊集结了一批史料专家和思想者。前者以林辰、朱正、陈子善、陈福康、朱金顺等为主，后者以孙玉石、林非、刘再复、钱理群、王富仁、汪晖、王乾坤、高远东、黄乔生等为核心，在整体上显示了知识界的质量。日本的丸山升、伊藤虎丸、木山英雄、丸尾常喜、北冈正子也在此显示了自己的实力。几十年间，中国知识界关心的思想问题和学术问题，在这些人的文字里都有体现。说鲁迅研究是中国知识界思想高度的一个参照，有时也并非夸大之谈。

上述诸人的思想在这一时期展示了精神的多样性。王富仁最初的论文，显然受到别林斯基、车尔尼雪夫斯基的影响，在一较大的框架里建立了对鲁迅认知的新视角。他提出的回到鲁迅那里去的观点，还原了文化史的一页，撼动了泛意识形态的理论根基。随后汪晖从现代哲学的角度，切近对象世界，发现了历史的中间物的特征，就把鲁迅的精神哲学从古典主义论述话语转入现代主义的视野里。他凭着良好的哲学感觉，梳理了鲁迅世界那个不确切的一面，从整体上改变了旧的书写逻辑，无疑是研究界的一次思想进化。不久王乾坤《鲁迅生命哲学》的连载与出版，在哲学的层面丰富了学科的语境。他不仅受到康德、海德格尔的暗示，也受到庄子、老子的熏陶，把旧哲学和现代哲学打通，置于一个丰富的世界里。而更年轻的学者高远东，从文化的历史里，发掘鲁迅小说与古典文化的复杂联系。他关于鲁迅与墨子、庄子、老子、孔子的论述，资料的娴熟与理论的力度，都超越了前人的视界，厚重的文化感在论文里呈现了出来。他们的研究过程，明显地呈现出这样的痕迹：鲁迅作为思想解放的参照，他为转型期的人们提供了诸多鲜活的精神元素，现实理性的投射是无疑的。可是后来人们不再满足于这种简单的打量，当王富仁《中国文化的守夜人——鲁迅》、王乾坤《鲁迅的生命哲学》出版后，鲁迅学作为一门学科，显示了它的成熟性。这里不仅涉及传统国学的问题，也和知识分子的价值态度纠葛在一起。当代知识界最关心的话题在鲁迅研究者那里多少得到了回应。

　　研究的多维性，证明了鲁迅的百科全书性的价值。这个领域的开阔和深度吸引着无数人文学者参与讨论。钱理群、陈平原、王晓明、陈思和、薛毅、李新宇、高远东、郜元宝、王彬彬，在近几十年都贡献了他们的思想。钱理群的忧患感和陈平原的自觉的学术理念不同，在精神深处却纠葛着相似的元素。王晓明的研究是延伸性的，90年代初关于人文精神的讨论，内含着鲁迅式的焦虑，或者不妨说，把鲁迅研究的心得移近当下的思考里了。鲁迅研究的辐射性颇值得关注，在

鲁迅遗风录

当代的影响力使它也具有了反象牙塔化的倾向。所以，一方面是日趋的学院化的叙述，另一方面是当代性的言说，鲁迅学像孔学一样成为知识阶层绕不过去的话题。说他有元典的意味，不能不说是对的。

80年代以来域外的哲学思潮对文学批评界的影响毋庸置疑。西方马克思主义、存在主义、后现代主义等新理念不断渗透在批评家与文学史家的思想里。许多研究者看到了鲁迅文本与这些理论建立关联的可能性，并从鲁迅的世界寻找与西方现代知识分子对话的途径。汪晖、梁展、刘禾都贡献出重要的文章给世人。至于日本、韩国、美国、法国学者的论述，同样有新奇的地方。人们普遍认为，鲁迅作为20世纪中国的作家，其精神的深层领域与西方重要的思想家、作家都有可以对话的地方。而且其中引发的课题，是极为丰富的。

亲近鲁迅的还有一批边缘思想者，这些反象牙塔化的人士在多年间也留下了自己的痕迹。林贤治、邵燕祥、蓝英年都以另类的声音表达着对鲁迅的理解。林贤治的文字是岩浆般的激流，那是从野草里生出的热浪，毫无伪态，是诗的流淌，也因过于偏执而引发争论。陈丹青的陈述是画家式的敏感，他从一种生命知觉里切近研究对象，就把学院派的老气驱走了。余杰是少年智慧的喷吐，毫无顾忌，指点江山，文字充满火气与力度，连句法也染有鲁迅的风骨。至于邵燕祥的随笔，那多是对30年代思想的回应，在忧思里衔接着远去岁月的激流，让人流连不已。这些人在精神的原色里延续了鲁迅的传统。他们不是从学理上架构鲁迅的世界，而是从生命的原则里继续着鲁迅式的智慧与审美之光。鲁迅研究与鲁迅意象，就这样在知识界和民间以不同的方式存在着。《鲁迅研究月刊》多少记录了这个过程。

从一个小小的研究室看一门学问的走向，自然能嗅出其间的气息。

庆幸的是这里没有封闭的病态，它一直和现实发生着多种多样的联系，以至和学院派形成了两股势力。鲁迅研究室还给无数知识分子留下了自己的空间。莫言、阎连科都是这里的客人。这里还为王小波、汪曾祺举办过纪念展。陈丹青关于鲁迅的第一次演讲，就是在鲁迅故居旁举行的。经常与这些人来往的青年作家李静，写出了轰动一时的话剧《大先生》。鲁迅之外的世界，其实恰恰闪烁着现代知识分子的话题，他们与鲁迅传统有着或多或少的联系。鲁迅的开放性，已是一个事实，从鲁迅之外的景观里考释现当代文化的流脉，也许对未来的研究者更有引力。

我现在常常想起博物馆西小院当年的情形，在编辑部的狭小的屋子里，不时有些研究者小聚。大家围在一起，谈鲁迅，谈文坛掌故，烟雾缭绕之中，似乎都有点醉意。那些熟悉的朋友都有点古人的样子，与时风大异。有时候一谈就是一夜，编辑部一片狼藉。但许多闪光的思想就来自这里，因了精神的碰撞，好像与鲁迅更近了。

从70年代末到现在，许许多多的人走了，许许多多的青年又来了。思想在变，时代在变，不变的是几代人对鲁迅的打量的那片情思。鲁迅遗产变成民族史的恒定的一部分的时候，便已经不再是静止的存在，而是辐射到人间的无穷的光源。庆幸的是，我生命最好的时光，沐浴在这个精神里。几十年间，有了诸多心得与体会，自己虽没有进步，但看到一代代青年走来，觉得有很大的欢喜。鲁迅遗风，已经成了民族基因的一部分，无论你承认与否，实际上，同孔子一样，它已成了我们民族精神史上最有感召力的存在。《鲁迅全集》仿佛一部《圣经》，我们一时是说不完的。

鲁迅遗风录

30 在鲁迅的遗风里

与莫言谈鲁迅

时间：2006年12月19日
地点：北京鲁迅博物馆会议室
对话人：莫言、孙郁

孙郁：我是从80年代开始关注你的作品的，记得看到《透明的红萝卜》都傻了。我记得刘再复写过一篇评论，谈到与鲁迅传统的关系，80年代文学多少受外国文学和中国现代文学影响，但五四以来的传统，沈从文、张爱玲、甚至茅盾身上的传统似乎都离你要远一些，我感觉你更亲昵的是鲁迅。

莫言：心理上当然是感到鲁迅更亲近。我觉得鲁迅说出了很多我们心里有，但不知该怎么说的话。我阅读外国文学是80年代中期的事。读鲁迅的书是从童年时开始的。我读文学书大概有三个阶段。第一个阶段是七八岁时，刚刚具备阅读能力，如果哪个老师有一本书，就会去找那个老师借。那个时代是红色经典流行的时代，我看的第一部长篇是马烽、西戎的《吕梁英雄传》。书在老师床头，我偷着看。那时学校条件很差，老师睡在教室里。我每天下课后，就借打扫卫生的机会，偷读这本书。后来被老师发现了，老师说这本书不适合你读，他就把他的一些认为适合我读的书借给我。第一次读鲁迅是上小学三年级的时候。我哥放在家里一本鲁迅的小说集，封面上有鲁迅的侧面像，像雕塑一样的。我那时认识不了多少字，读鲁迅障碍很多。我那时读书都是出声朗读，这是我们老师教的，老师说出声朗读才是真的读书。很多不认识的字，我就以"什么"代替，我母亲在旁边听了就说：你"什么什么什么呀，别'什么'了，给我放羊去吧！"尽管是这样读法，但《狂人日记》和《药》还是给我留下了深刻的印象。童年的印象是难以磨灭的，往往在成年后的某个时刻会一下子跳出来，给人以惊心动魄之感。《药》里有很多隐喻，我当时有一些联想，现在来看，这些联想是正确的。我读《药》时，读到小栓的母亲从灶火里把那个用荷叶包着的馒头层层剥开时，似乎闻到了馒头奇特的香气。我当时希望小栓吃了这馒头，病被治好，但我知道小栓肯定活不了。看到小说的结尾处，两个老妇人，怔怔地看着坟上的花环，心中感到无限的怅惘。那时我自然不懂什么文学理论，但我也感觉到了，鲁迅的小说，和那些"红色经典"是完全不一样的小说。

孙郁：红色经典对我们这代人有很多影响，碰到鲁迅时，这两个传统是不一样的，在你心里更具吸引力的是哪个呢？

莫言：那时没有选择，碰巧遇到哪本就读哪本，作为毛泽东时代生长起来的少年儿童，读红色经典和革命英雄主义小说，与社会和学校里的教育完全一致，而鲁迅是属于另一个层次的，要难懂、深奥得多，他究竟说什么，探究深思，字面后面似乎还藏着许多东西，这种感觉很神秘，也很诱人。但红色经典浅显、简单，与少年的心理期待完全一致，能够毫无障碍地理解。《三国演义》《聊斋志异》《封神演义》又是另一种东西，我少年时期的阅读的作品大概可分三类，古典的小说，以鲁迅为代表的现代文学（我从我哥的教材中读到过茅盾、老舍等人的早期作品），还有就是红色经典。

孙郁：俄国作品读过没有？

莫言：只读过普希金的《渔夫与金鱼的故事》、契诃夫的《万卡》。《钢铁是怎样炼成的》，这算苏联的了。还读过安东诺夫的《信》，讲一个小孩子赶着马车去接一个到集体农庄送一封重要信件的信使，一路经历了许多艰难。那人到了农庄，拿出科学院院士李森科的信，那孩子用牙齿把信撕开，原来这信就是寄给这个热爱农业科学的孩子的。我觉得苏联的红色经典要好一些，好在真实。它们暴露了革命队伍内部的阴暗面，实际上读的时候心里面是抗拒的。当看到描写革命队伍内部阴暗面的时候，心里很不舒服，因为我们的红色经典里是没有这个的。比如看到保尔的哥哥，那个用拳头教训过欺负保尔的恶棍的好汉，后来竟然跟一个带着好几个斜眼小男孩的寡妇结了婚，过着那么平庸的生活，心中很难过。

孙郁：对深层次的东西印象最深刻。

莫言：《钢铁是怎样炼成的》应该是苏联的红色经典了。我十几岁时到我姥姥家，看过我舅舅的一套连环画，是《静静的顿河》的电影版，浅蓝色那种。看不够啊，每年去都要找出来看一遍。印象非常深刻。

我读鲁迅比较早，要感谢我大哥。他上大学后，读中学时全部的教材都放在家里。我没书可看，只好看他的教材。当时中学课本选了很多鲁迅的作品，小说有《故事新编》里的《铸剑》，杂文有《论"费厄泼赖"应该缓行》。我最喜欢《铸剑》，喜欢它的古怪。

孙郁：很多人都喜欢《铸剑》，那里有鲁迅的现代意识，和很多重新组合的方式。

莫言：我觉得《铸剑》里面包含了现代小说的所有因素，黑色幽默、意识流、魔幻现实主义等都有。1988年我读北师大与作协合办的

鲁迅遗风录

研究生班，老师要交作业，我就写了读《铸剑》的感受，题目是《月光如水照缁衣》。《铸剑》里的黑衣人给我留下特别深的印象。我将其与鲁迅联系在一起，觉得那就是鲁迅精神的写照，他超越了愤怒，极度地绝望。他厌恶敌人，更厌恶自己。他同情弱者，更同情所谓的强者。一个连自己都厌恶的人，才能真正做到无所畏惧。真正的复仇未必是手刃仇敌，而是与仇者同归于尽。睚眦必报，实际上是一种小人心态。当三个头颅煮成一锅汤后，谁是正义谁是非正义的，已经变得非常模糊。它们互相追逐的时候，已经没有了好人坏人的区别。这篇小说太丰富了，它所包含的东西，超过了那个时代的所有小说，我认为也超过了鲁迅自己的其他小说。

孙郁：1912年，鲁迅31岁刚来北京时，就翻译了关于美术研究的文章，他关注到印象派等前卫的东西，后来一直在关注，在创作手法上也借鉴。

莫言：什么是黑色幽默？我觉得鲁迅的《故事新编》，特别是《铸剑》这篇小说就是真正的黑色幽默，铸剑的颜色就是黑色，你能从中读出一种青铜的感觉来。

孙郁：鲁迅的每一部作品都不重复，我感觉你的基本也是不重复的。

莫言：无法相提并论。我觉得鲁迅的小说里，最重要的是有他自己的看法。有时候是反向思维。比如《采薇》里面的伯夷、叔齐，到首阳山上来，不食周粟，大多数人把他们哥儿俩当贤士来歌颂，可是，"普天之下，莫非王土，率土之滨，莫非王臣"，薇也是周王的，那就只好饿死。这种转折一下子就显示出鲁迅深刻的洞察力。

孙郁：鲁迅还有一部分写知识分子的作品，比如《孤独者》《在酒楼上》，这些你喜欢吗？

莫言：蛮喜欢的，还有《伤逝》。

孙郁：刘恒的《虚证》似乎也受到《孤独者》的影响。

莫言：那个魏连殳好像鲁迅自己的写照，特别是在精神气质上。这类小说，比他的《祝福》《药》似乎更加深刻，用现在时髦的话语说，《药》《祝福》这类小说是"关注底层"的，而《孤独者》《伤逝》是关注自我的，是审视自己的内心的，有那么点拷问灵魂的意思了。这样的小说，太过沉痛，非有同样的大悲大痛，难以尽解。

我少年时，还是喜欢阅读《朝花夕拾》里那些散文。《社戏》也适合少年读，而且是出声的朗诵。我记得我上小学时的三年级语文课本上，节选了鲁迅的《故乡》，题名《少年闰土》，老师带我们大声朗诵，然后是背诵。眼前便出现了：深蓝的天空中挂着一轮金黄的圆月，下面是海边的沙地，都种着一望无际的碧绿的西瓜，其间有一个十一二岁的少年，项戴银圈，手捏一柄钢叉，向一匹猹尽力刺去，那猹却将身一扭，反从他的胯下逃走了……

谈到鲁迅，只能用天才来解释。尤其是看了他的手稿之后。在如此短暂的创作生涯里，写了这么多作品，还干了那么多了不起的事情，确实不是一般人能够做到的。

孙郁：你注意到罗曼·罗兰和纪德了吗？鲁迅翻译了两篇纪德的东西，追问这些人干了什么。

莫言：鲁迅是站在世界文学的立场上来写作的，当然他写作时未必会想到"世界文学"这个概念。但对于世界上的文学，第一他相当关注，第二他密切追踪、翻译、介绍。

孙郁：巴别尔是世界性作家，鲁迅是中国第一个介绍巴别尔的人。我觉得鲁迅的眼光太棒了。

莫言：这个眼光太了不起了，去年一家出版社重新出版了《骑兵军》，我又读了一遍，确实是好东西。退回去七十多年，鲁迅就看过了我们今天还赞赏不止的东西。毫无疑问鲁迅当时是站在世界文学的高地上，密切地关注，紧密地追踪，非常地了解。鲁迅当时就翻译过尼采的《查拉斯图特拉如是说》，我们是80年代改革开放之后，才把尼采又一次介绍过来，大家才知道什么是酒神精神。另外，我1987年读鲁迅翻译的厨川白村的《苦闷的象征》，读到后来我忘掉了厨川白村，我认为那就是鲁迅的创作。什么非有大苦闷，不可能有天马行空的大精神，非有天马行空的大精神，不可能有大艺术……

孙郁：那就是鲁迅的文字，文章翻译得非常之美，鲁迅完全以自己的风格翻译出来的。

莫言：我认为思想也是鲁迅的思想，或者说正暗合了鲁迅的思想。我是把它当作鲁迅的言论来读的。

孙郁：其中对日本国民性的批判，鲁迅觉得中国人也一样。

莫言：鲁迅对中国文化的把握是建立在深厚的学养之上的。这要童子功，要从经史子集里边沤出来。后来他到日本留学，学医学，学医的人对人的认识与一般人不一样。我觉得学医的人，和学天文的人，似乎应该更超脱一些。学医的人比一般人更明白人是怎么一回事，学天文的人比一般的人更知道人在宇宙中的位置是渺小到几乎可以忽略的。

孙郁：周作人先讲人是生物，然后才讲人。

莫言：鲁迅对事物看得非常透彻，首先他明白人是一个动物，人的生命非常有限，他是学医出身，眼光不一样。他没有那些神鬼迷信。他有科学头脑。他从中国文化里浸泡出来，知道中国文化的本质是什么。真正的叛徒肯定是从内部出来的。他对中国文化的批评能够一剑封喉，就在于他太了解中国文化，知道死穴、命门在何处。我们读一点四书五经，知道一点皮毛，然后就敢来指点江山、说三道四、指手画脚，那肯定说不到点子上。

孙郁：我感觉鲁迅内化到你的作品里了，你有意无意地受到他的影响，是从哪部作品开始的呢？

莫言：集中表现是《酒国》《枯河》。《枯河》中小孩被打死的情节，与读鲁迅有关系。《药》与《狂人日记》对《酒国》有影响。《酒国》是1989年下半年写作的，对于巨大的社会事件，每个中国人都会受到影响。作为一个小说写作者，我对这一事件不可能漠然视之，也在思考一些问题，尽管肤浅，但也在思考。一个写小说的人还是应该用小说来发言。作为社会的代言人来说话，作家里也有这样的人，比如说，左拉、雨果。但我缺乏这种能力，我从小所接受的教育，使我不愿意跳出来，在大庭广众之下发表空泛的宣言，而是习惯用小说的方式，有了感受就诉诸形象。

孙郁：我开始以为是一种传奇，但越读越觉得不是那么回事，你的叙事技巧和结构都很独特。

莫言：《酒国》这部作品里有戏仿，有敬仿，比如对《药》的敬仿。小说里那对夫妻平静地像出卖小猪崽儿一样出卖了自己的孩子。很多国外评论者，喜欢把中国妖魔化，他们宣传这是一部描写吃人的小说。其实我的本意并不是去说中国有食人现象，而是一种象征，用这个极端的意象，来揭露人性中的丑恶和社会的残酷。我每次出去都要纠正这种有意的误解。《酒国》是小说，不是纪实，是虚构的小说。作品中对肉孩和婴儿筵席的描写是继承了先贤鲁迅先生的批判精神，

鲁迅遗风录

31 与莫言谈鲁迅

继承得好还是坏那是另外的事情，但主观上是在沿着鲁迅开辟的道路前进。

孙郁：《酒国》是震撼心灵的，是你长篇小说成熟的标志，尤其对百姓生活的描写很逼真，有像鲁迅的一面，残酷、惨烈。

莫言：拷问灵魂是鲁迅最先提出来的吗？

孙郁：在中国应该是。你对鲁迅与陀思妥耶夫斯基之间有什么感受？陀思妥耶夫斯基对你有影响吗？

莫言：鲁迅评价陀思妥耶夫斯基"凡是人的灵魂的伟大的审问者，同时也一定是伟大的犯人。审问者在堂上举劾着他的恶，犯人在阶下陈述着他自己的善；审问者在灵魂中揭发污秽，犯人在所揭发的污秽中阐明那埋藏的光耀。"这评价真是精辟之极，看起来是说陀氏，是不是也是在说他自己呢？还有："把小说中的男男女女，放在万难忍受的境遇里，来试炼他，不但剥去了表面的洁白，拷问出藏在底下的罪恶，而且还要拷问出那罪恶之下真正的洁白来，而且还不肯爽利地处死，竭力要放它们活得长久。"鲁迅真可谓是陀氏的知己。"伟大的犯人"的说法真是惊心动魄啊。我读《罪与罚》，读了三分之二，《卡拉玛佐夫兄弟》多少次想读完总是读不完。因为我觉得鲁迅已经把陀思妥耶夫斯基的精神内核提炼出来了。

孙郁：鲁迅写的是看客，《檀香刑》写的是刽子手，这是对鲁迅思想的一个发展。

莫言：不敢轻言发展，否则会乱箭穿心！但毫无疑问《檀香刑》在构思过程中受到了鲁迅先生的启发。鲁迅对看客心理的剖析，是一个伟大发现，揭示了人类共同的本性。人本有善恶之心、是非观念，但在看杀人的时候，善与恶已经没有意义了。譬如清朝时去菜市口看一个被杀的人，当杀人犯在囚车上沿街示众的时候，根本没有人去关注他犯下了什么罪恶，哪怕这个人犯的是弥天大罪，杀害了很多人，是一个令人恨不得食其肉、寝其皮的坏蛋，但因为他上了囚车，脖子上插着亡命牌，这时候所有的看客都不会关注这个人到底犯了什么罪，纯粹是在看一场演出。这个死刑犯，能在被杀前表现得有种，像个汉子，慷慨激昂，最好唱一段京戏，最好能像鲁迅笔下的阿Q那样喊一句"二十年后又是一个好汉"。这就会让看客们得到极大的满足，获得精神愉悦。

孙郁：鲁迅说阿Q是无师自通地喊了这么一句，"无师自通"这个词用得真好。

莫言：那说明阿Q也深受看客文化的影响，或者说他也曾经当过看客。死刑犯表现得好，看客心理得到了极大满足，便将罪犯过去的罪恶一笔抹杀，并使之成为被赞美的对象。今天这个犯人真有种，视死如归啊，这个人作为一个罪犯在被追捕的过程当中，所有人都认为一定要对其千刀万剐，但一旦他成了被看的对象后，他的罪恶被消解了。这是一个非常奇怪的现象。但我们难道有理由谴责成千上万个父老乡亲吗？实际上，我们也是看客。

孙郁：鲁迅说是茶余饭后的谈资。

莫言：新中国成立以后对死刑犯的处理不像以前了。过去被执行死刑的犯人有一个特权，比如说北京要将犯人押往菜市口时，犯人要酒喝，道路两边的酒店，都必须无偿地端出来，给他喝。

我心里面一直埋藏着的素材，第一是胶济铁路百年历史，胶济铁路从我们村前面经过，阴天时，气压低，能听到火车鸣笛的声音和火车过铁桥的声音，铿铿锵锵，震耳欲聋。第二是地方戏猫腔，我是听

鲁迅遗风录

这个戏长大的，革命样板戏，红灯记啊，沙家浜啊，都被改编成猫腔。我也演过猫腔，演匪兵甲什么的。1980年在保定当兵时，我写过一个小说叫《闹戏班》。素材有了，但一直找不到切入点。胶济铁路修建过程中，高密地段出现了孙文抗德事件，当时袁世凯任山东巡抚，镇压了。其实民众想得很简单，铁路会占自己的地，毁坏墓地，破坏风水，这应该是给赔偿的。我查了资料，当时德国人给的赔偿金额是蛮高的，但最终到农民手里面的，可能连十分之二三都不到，大部分赔偿银两被官员从中克扣了，层层剥夺，雁过拔毛。二鬼子狗仗人势，在集市上强买强卖，调戏妇女，这成为大规模反抗的导火索。我爷爷奶奶对这段历史都有记忆。德国军队用那种克虏伯大炮，用骡子拉着。那些土圩子，哪里顶得住大炮轰？有一个沙窝村，几乎被德国军队灭绝。胶济铁路修成，这对当地自然经济是个巨大的冲击。台湾有个作家，叫朱西甯，他在20世纪60年代的时候写过一个短篇小说《铁浆》。他的老家是潍坊地区的临朐县，铁路没有修通前，交通运输很不方便，卖官盐是一个特别肥的缺。为了抢夺官盐的专卖权，几个大家族进行生死争夺，其中一个人把一个手指剁下来，送到竞争者家中，表示自己的志在必得。另一个人为表现一种更大的决心，就把一只手剁下来送过来。为了争夺对官盐的专卖权，他们对自己的身体进行自残，最后两家就在广场上进行角斗。最暴烈的一场，是在铁匠炉边熔化了一炉铁浆，其中一人喝下去一瓢铁浆，把自己烧成了焦炭，为自己的儿子挣来了官盐的专卖权。但刚刚把这个权力拿到手，第二年胶济铁路通车，运输方便了，盐变得非常便宜，他们的争夺就变得毫无意义。2002年，我在台湾看到了朱西甯的《铁浆》，很崇拜，这部2万字的短篇完全可以扩展成一个长篇。我对他的女儿朱天文和朱天心说，如果我在写《檀香刑》之前读过他的《铁浆》，我想我可以写得更加丰富。

西方科技文明来到古老的中国大地，对几千年来的乡村自然经济带来极大破坏。我写猫腔，是写民间文化。我最早的思维就是火车与猫腔这两种意象，这是一种民间文化意义上的对抗。猫腔是观念上的，意识形态上的，象征着古老民族的生命力，铁路代表了西方文明，是有形的，是钢铁，代表了一种无坚不摧的强势的入侵。猫腔是一种声音，男女演员都是血肉之躯，它是软的，调子特别悲悲切切，属老娘儿们戏，专门演给老太太们看的，唱腔非常凄凉。很多农村的妇女，一听猫腔，眼泪汪汪，都带着两块手绢，没手绢看一场戏要哭湿两个袄袖子。这样一种软的、悲凉的东西，跟来自西方的火车这种强硬的东西之间的对抗，可以构成一种象征意义，就是东西方文明的文化对抗。

小说构思阶段，我还联想到两个非常不平凡的女性，张志新和林昭。我觉得对这两个女人的辱杀，是中华民族的耻辱。她们犯了什么罪？她们不过是独立地思想了。我想到鲁迅揭示的看客心理，要往这方面发展，使这部小说具有现实意义。猫腔作为一种叙事方式，就是要重点表现封建王朝维系了几千年的残酷大戏，最高导演实际上是皇帝，或者说是封建制度。

后来我也做了一些别的方面的资料搜集，发现这种看客文化、看客心理，不仅仅在中国独有，西方社会也大量存在。从古罗马到希腊时期的时候，西方有很多酷刑令我们感到毛骨悚然，尤其在法国大革命时期，刽子手发明了断头台。我看过狄更斯的《双城记》，其中有一大段老百姓在广场观看杀人的描写。官场周围楼房阳台，最便于观看杀人的地方，都被重金出租，而且全都被贵族家的太太小姐们租去。看的过程当中，她们会晕倒，会发出尖叫，但等下一次杀人的时候，她们依然会来看，而且还是要花重金租阳台来看。这说明看客不仅仅属于中国，西方也有。《檀香刑》在法国出版后，我去法国，接受记者采访，他谈到中国人的麻木，我说你们法国人难道不麻木吗？我谈到断头台和看断头的人，我说这是人性当中的阴暗面，鲁迅揭示的也不仅仅是中国人的心理，而是全人类的心理。当被杀的人跟自己的家庭亲人无关的时候，人们就会把它当作戏来看。鲁迅先生非常深刻地揭示了看客心理，揭示了人类灵魂的阴暗面，为我们开拓了非常宽广的创作领域。这就是"不但剥去了表面的洁白，拷问出藏在底下的罪恶，而且还要拷问出那罪恶之下真正的洁白来"。我们一般的作者，能拷问出洁白底下的罪恶就很好了，但鲁迅和陀思妥耶夫斯基能更进一步地拷问出罪恶之下真正的洁白。这就是一般作家与伟大作家的区别。

孙郁：当时你这个小说在参加茅盾文学奖评奖的时候，初评是满票，后来有人投票反对，大概是觉得揭露了中国的阴暗面，其实读一下历史就知道，张献忠、李自成的杀人，那也是很厉害的，中国人的历史有时是吃人的历史，但当时有一部分人在观念上还是接受不了。

莫言：每个人文学观不一样，这很正常。我看到西方有人批评《檀香刑》是国家主义的，是为义和团张目的，但我们的批评家认为我是在丑化义和团，丑化中国人。

孙郁：但是大部分读者还是喜欢的，应该说刽子手写得好。

莫言：我想，再写看客，写罪犯，鲁迅先生在前边伫立着。那我就想，鲁迅先生在作品中，似乎没有特别多地描写刽子手。《药》里有一个刽子手康大叔，给华家送来人血馒头那个，那么牛气，活灵活现，但似乎没有把这个人物充分展开。我想，如果在一部小说里，把刽子手当作第一主人公来写，会非常有意义。通过鲁迅的作品我们可以知道看客的心理，也可以知道罪犯的心理，但是我们不知道刽子手到底是什么心理。而刽子手在一场杀人大戏里，是不可或缺的角色啊，是铁三角的一个角啊。刽子手这么一个特殊的行当，这样的人，实际上在社会上也是备受歧视的。我在小说里面描写的，当然也是虚构的了：在菜市口附近，刽子手居住地附近有一家肉铺，这个肉铺很快就倒闭了，没人敢去买肉了，因为刽子手老带他的徒弟们到那里练活去，所以人们就会产生一种很不愉快的、很可怕的联想，不敢再去那个肉铺买肉了。他们是真正的"千夫所指"啊，是一种什么样的东西支撑着他们活下去呢？刚开始，他们也是普通人，出于各种各样的原因入了这个行当，肯定要有一个很长时间的心理调适过程。刚开始"干活"时，手肯定是要哆嗦的。毕竟是杀人，不是杀鸡。那种巨大的心理压力，常人难以想象。在很多情况下，罪犯还没有瘫倒，刽子手反而瘫倒了。罪犯没怂，刽子手自己先尿了一裤子。这种现象是有的，在历史上也都存在过，没有种的人是不能干这个行当的。那么，我想在这个行当里杀人如麻者，坦然自如者，"德高望重"者，必定有精神方面的支柱，他会有他一套独特的思维逻辑。写到这个的时候我只能是推己度人，按照我们的生活经验和常识，站在刽子手的立场上，想象一下，我如果是个刽子手，我会怎么样想？我会怎么样来想，才能使我毫不手软、心安理得地去完成任务？那么，我只能想成不是我在杀人，我是在一部戏剧当中扮演一个角色，这是一个安慰。另外，我是这个国家机器的一个零件，是不由自主地跟着运转。当然他不一

鲁迅遗风录

31　与莫言谈鲁迅

435

定会想到国家机器，但会想我是替皇上干事，真正杀人的是皇上，是国法，我不杀，别人也会来杀，但如果让别人来干，会让罪犯受到更多的痛苦，我干得更漂亮，会表现出残酷的优美。你们可以咒骂我，但我是在为你们表演，你们这些看客，实际上比我这个刽子手还要虚伪、凶残。这跟屠户跟肉食者的关系是一样的。一个满口肉渣的人，有什么资格谴责屠户呢（事实上满口肉渣的谴责者成群结队）？他只能用这样的想法来安慰自己，然后获得一种精神方面的自我解脱，但真正的刽子手是否会这样想，我们现在也无从确认了。

现在，关于死刑的讨论很多，这个问题确实是一个非常极端的、非常残酷的问题，但又确实是我们生活当中的一个现实，一个存在。所以我想，如果作为一场戏剧，过去在封建王朝时代把这种杀人当戏剧来看，那么作为戏剧，有了看客，有了罪犯，还缺一个演员，只有有了杀人者以后，杀人者、被杀者、看客才构成了一场完整的戏剧，当然上面有导演者。基于这样的考虑，我想就把刽子手作为《檀香刑》的第一主人公来写。

孙郁：在《檀香刑》中可以找到与鲁迅作品相似的主题，当然你的创作是自己的一个艺术世界，有和鲁迅不一样的地方。当代的小说一旦切入中国社会的母体、本质的时候，会发现有一种鲁迅的主题在延续。我看了《檀香刑》之后，对民俗的东西印象深刻，猫腔写得实在高妙，几个人的对话、开头很有气势。好像以前没有这么写过吧。第一人称，那样的一种语言，非常非常有意思。

莫言：这个小说，我自己对它的评价是一部戏剧化的小说，或者是一部小说化的戏剧，在我的个人创作里面应该是有一定特殊性的文本。

436

孙郁：你进入了中国人智慧表达的方式。

莫言：正是因为戏剧的小说化和小说的戏剧化，小说中很多人物实际上是脸谱化的。比如，被杀的孙丙，如果在舞台上应该是一个黑头，用裘派唱腔。钱丁肯定是个老生了。女主角眉娘是个花旦，由荀派的演员来演的花旦。刽子手赵甲应该是鲁迅讲过的二花脸，不是小丑，但鼻子上面要抹一块白的，这样一个人物。他的儿子赵小甲肯定是个小丑，他就是个三花脸，所以这些人物实际上是按照戏曲脸谱走的。正是因为这部小说的戏剧化，导致人物的脸谱化，所以很多情节按照常理是经不起推敲的，按照我们现实主义的小说传统，要准确地表现人物的心理，很多细节包括很多情绪的转换，是缺少心理转换的铺垫过程的，突然由一个大悲可能一转脸就变成了大喜，可能有很多没有说服力的细节来决定一个人物的行为和动机。按照经典现实主义文学的批评方式，如果按照托尔斯泰的小说写法，按照左拉那种小说的写法，《檀香刑》肯定有很多地方经不起推敲。包括这部小说的语言，如果按照我们标准的现代白话文的语法来要求也是经不起推敲的，但这些东西，在戏剧中是允许的，不能算毛病。

孙郁：我看后，觉得它的情调、内蕴都很美，小说内有一种声音感，意境非常好，其实我们并没有想哪个人怎么样，只是感觉情境很棒。

莫言：我在写的时候，耳边确实缭绕着猫腔的旋律，大部分的语言都是能够演唱的。成功不成功确实没有想过的。我想我是在搞一种实验，既然是实验，那就允许它失败，当然更允许、欢迎人家批评。允许、欢迎批评并不一定我要接受批评，你说服了我，我才能够心悦诚服啊。

鲁迅遗风录

孙郁：这确实是一个有意思的文本，我想到黑衣人对个人的怀疑。鲁迅的一个特点，就是他首先认为自己不行，有一种失败感，鲁迅最讨厌作家或学者做导师去指导别人，鲁迅说连自己的路都不知道怎么走，怎么能给你们当老师呢？所以鲁迅一直在摸索，但我看你的《生死疲劳》里面，其实写了人的一种挫败感，那种叙述语态很有意思，特别是你对莫言自身的嘲笑，太有意思了。我觉得一个很有意思的作家都会拿自己开玩笑的，对自己有限性地审视，包括王小波也是这样，他首先把自己解构掉了，把自己看得很低，然后再去解构别人。这是很有特点的。

接下来的话题是，你提出的"作为老百姓的写作"这个口号反响特别大。我现在想到一个问题，其实作为普通老百姓来写作，这种观点是没问题的，只不过中国的百姓呢，按照鲁迅的观点是有惰性的，创作其实是有反惰性的，是超越了民众，尽管他也是民众的一员，但是有一种智性的创造，是一种独舞，一种高蹈在上面的存在，心里面有一种脱离大众的语境。尽管你的猫腔，还有《生死疲劳》用了民间话语，用了民俗的东西，但其实你像尼采一样，飞扬在里面，像河流一样在流淌，是你自己的，是一种天马行空的东西，在个人的创造性里面，你还是超越了这个东西。

莫言：实际上我觉得这是作家的立场问题，换句话说，是怎么样来看待自己的职业的问题。严格地来讲，"作为老百姓的写作"这个说法也经不起推敲，因为目前，你不管承认还是不承认，肯定不是一般意义上的老百姓了，跟我家乡的父老，还有城市胡同里的老百姓，还是不一样的。我之所以提出这样一个口号，是基于对我们几十年来对作家地位的过高估计，和某些作家的自我膨胀，这个我觉得也是从苏联来的。

孙郁：称作家是人类灵魂工程师。

莫言：对，还有人民艺术家、人民演员，动不动就拿出"人民"这个口号来往自己脸上贴金，而且我觉得，我们这个年龄的作家，可能对自我还是有一种比较清醒的认识，知道自己是谁，知道自己吃几碗米的干饭。王朔就说，我就是个码字的，是吧？对作家职业的神圣性进行一种消解，但这种消解是一种矫枉过正，是一种对那些满口神圣满肚子龌龊的写作者的反抗，建立在自嘲基础上的反抗，其实也是一种高级阿Q精神，"我是流氓我怕谁？"潜台词是"谁不是流氓？你们还不如我呢"。对这种自认为比别人高人一等，自己把自己当救世主，自认为比老百姓高明，自认为肩负着拯救下层人民重担的作家，我很反感，因为我知道他们那些冠冕堂皇的话语背后的真实面孔，所以我提出"作为老百姓的写作"这样一个低调的口号，这也是我对自己的要求。

孙郁：你这个思路非常重要，为什么呢？五四以后，其实中国的文化是按照两条路走下来的，一个像鲁迅，始终把自己当作边缘人，自我流放在社会底层，不找导师也不当导师，另一个就是自认为真理在握的人，比如胡适他们，包括一些左翼文化人。

莫言：他们那个时代自认为真理在握的，可能还不是胡适，而是后来30年代在上海的左翼人士，比如郭沫若、成仿吾、周扬他们。胡适还是很有雅量的。我看到苏雪林写给胡适的信，用泼妇骂街般的语言，咒骂鲁迅。胡适很冷静地回应她，肯定了鲁迅的小说创作和小说史研究，这不容易。

孙郁：当认为自己掌握真理的时候，那就是排他主义，最后就是社会的灾难、文化的灾难，这是一种单一的东西，而鲁迅的最基本命题是"人各有己，自他两利"，也就是说每个人都能发展自己，而且是互利的，对个人的潜能可以进行无限的开掘，要尊重每个人的个性。我觉得这个提法很好。你的个性飞扬是一种姿态，作为一种很清醒的自我认识，在你的具体创作里面，是如何表现的呢？

莫言：在具体创作里边，所谓"作为老百姓的写作"就是从自我出发的一种高度个性化的写作。我的观点就是说，一个人的作品不可能只写给自己看，还要有广大的读者来看，尽管不承认要用作品来教化这个社会，但作品还是在影响着别人。这种东西是一个客观存在，无法避免。一个作家从自我出发写作，如果他个人的痛苦、个人的喜怒哀乐与大多数老百姓的喜怒哀乐是一致的，这种从个性出发的个性化写作客观上就获得了一种普遍意义。比如说，我是一个白领，我就写白领的生活，当然它也会获得白领阶层的认可。甚至某些所谓的下半身写作，我觉得也有它的价值。从这个意义上来讲，还要做一种对自我个性的开拓扩展。如果你本身视野狭隘，个人的体验非常肤浅，那么你这种所谓的个性化写作，出来的成果或作品，它的普遍意义也会非常有限。

孙郁：我发现写的过程中，你一直试图在向一些极限挑战，比如审美方面，鲁迅认为不美的东西、不能写的，你却去写了。对于那些意象，或者说敏感的东西，你在写的过程当中，是超越性地写，还是从那里获得了一种快乐呢？

莫言：鲁迅先生讲的毛毛虫不能写，鼻涕、大便不能写，从美学上来讲毫无疑问是对的。但文学创作过程当中，一旦落实到每一个作家的创作上来，落实到某一个特定的创作的社会环境上来，有时候这种东西反而会赋予文学之外的意义。我想这也不是我的发明。我们看拉伯雷的《巨人传》，里面写了很多大便，已经变成了一种创作风格，韩国作家金芝河的"屎诗"，他们以这种方式对社会上所谓的"庄严"进行亵渎，对一些所谓的神圣的东西进行解构。包括我们现在的很多年轻诗人的诗歌，都是一种"小人物"对压迫着他们的东西的反抗。其实在农村也存在很多这样的现象，报仇时或发泄怒火时，莫过于用人的排泄物，抹到人家的门窗上，这当然很低级。包括俄罗斯也是，当出了一个奸夫奸妇的时候，人们就会往他或她的门窗上刷柏油，用这种方式，来表现自己这种小人物内心深处的愤怒，实际上已经超出了文学的审美范畴。我想起80年代写的一部分作品，《红蝗》《欢乐》，实际上是对整个社会上很多看不惯的虚伪的东西的一种挑战，并不是我真的要歌颂大便。这里面所谓的大便，其实像马粪一样，并不脏，我们农民经常可以用手来拣马粪蛋子，特别是要劳动要播种的时候。

孙郁：你在写这些所谓龌龊的意象的时候，与贾平凹是不一样的，你写龌龊的意象是飞扬起来的，是飞动的。说到你向极限挑战这个话题，当我读你的《生死疲劳》时，开始比较担心，关于变驴变马那段，我担心会写不好。但是读完后我完全接受了阴阳两界，因为这种转换是很难的。过去《聊斋志异》写那些狐狸等意象的时候，写得很真，一点假的没有，你能做到这点是很难的，其实，中国人一写阴阳两界，特别是阴界的东西，就让人感到一旦和阳界的搞到一块去，会很假。这与你狂欢的笔法有很大关系吗？

莫言：我觉得是狂欢笔法，是获得了一种说服力。像我们乡下日常生活当中有这样一种人，哪怕一个很平常的事件，被他神采飞扬地一讲，虽然知道是在信口胡编，但你感觉到很有说服力。这种说服力

鲁迅遗风录

是一种艺术的说服力，不是事实的说服力。他那种夸张，那种对事物的渲染，使你感觉到类似艺术的愉悦。听这种讲话，已经忘掉了事物本身的意义。他的讲述，讲述过程当中的艺术夸张，让你感觉到获得了一种巨大的欣喜。另外，我想《生死疲劳》之所以能够在阴阳两界的转换上，让大家觉得还比较自然，除了整个小说的叙述腔调极度夸张，还有一点就是我对这部小说里面所描写的几种动物非常熟悉。小说里的牛啊，驴啊，猪啊，狗啊，我确实是跟它们打了大概有二十年的交道。我多次讲过我和牛的关系：我从五年级被赶出校门，就与牛在一起待了两三年，与牛有一种心灵上的沟通。另外，我从小生活在聊斋氛围之内，那种村庄文化里面充满了浓厚的聊斋气，高密也算是聊斋文化圈吧。高密东北乡处在高密、平度、胶州三县[①]交界之地，也是过去的一个荒凉之地，民国初年还没有多少人烟，县城周围一些日子过得不太好的人，打架打输了，破产了，或是犯下什么事了，就会跑到下面去。三县交界的地方，谁也不愿意管啊，互相推诿，谁也不会去普查这么一个村庄，另外这个地段生存比较容易，可以随便盖房子，开发上几亩荒地，在这样一种环境下，我想人与大自然会产生很多很多奇妙的关系，人更容易产生幻想，人跟鬼怪文化、动物植物之间的关系，比人烟稠密的城市里密切得多，亲切得多。我从小就是在这样一种聊斋文化的氛围中长大的，谈狐说鬼是我日常生活的重要一部分，而且我小时候也不认为他们说的是假话，是真的认为那是存在的。

孙郁： 80 年代我看《红高粱》，曾经写过一篇文章，提到中国作

---

① 　　　　现均为市。——编者注

家没有宗教背景，色彩比较单一，但在《红高粱》里出现了完全像凡·高、塞尚的绘画那样的色彩。我觉得你找到了一种中国人表达乡土世界的底色。这么美，这么漂亮。凡·高有一个关于芦苇的画，你记得吗？你认为那种红黄之间的颜色，我觉得是找到了一种底色。20年后，《生死疲劳》转换成中国的鬼魂，像《聊斋志异》的谈狐说鬼，但仍有早期的灵动在里面，应当说，你真正找到了属于你自己的底色，逐渐拥有了一种更适合我们中国人的智慧表达方式。

莫言：我自己倒没想这么多。讲到《红高粱》那个时期，八五、八六年的时候，当时很多人说我是文化寻根，但我觉得《红高粱》更多是受到了西方画家的影响。我在军艺上学，学校图书馆里面有一套印象派画家的画册，包括凡·高的、高更的、塞尚的画，我每天都去看那些东西，我当时想凡·高的画里面，树木像火焰一样，星空都是旋转的，他是想象的，但后来我们看到高空中的星云图，星云形状跟凡·高的画里的星云几乎是一模一样的。凡·高完全凭了天才的直觉破解了宇宙的奥秘，凡·高的时代肯定没看到现在的星云图，他怎么会知道星云是那个形状的？我们现在一看这种彩色的星云图，发现凡·高多少年以前已经用他的画画出来了。

孙郁：我觉得鲁迅意识到了这一点，但他没有表现出来，他提出来了，但没有尝试。当我看到《红高粱》时，我对同学说，莫言厉害，因为我小时候画过画，了解一些美术知识，我感觉到你是把印象派的画风引入文学了。一次在沈阳召开的批评家会议上，我说中国作家从此找到了一种属于自己的底色。在这样一种底色上来写小说，过去很少有的。当时我看你的《生死疲劳》里六道轮回的色彩就更有意思了，这是中国的版画，中国的木刻，中国的乡间音乐，中国的狂欢。

鲁迅遗风录

莫言：你看《红高粱》里面，包括《红蝗》里早期那些小说，我自己实际上并没有意识到在浓墨重彩地写颜色，后来读了陈思和的一篇文章叫作《声色犬马皆有境界》，我才发现自己原来写了这么多的色彩，从此以后反而注意了，后来就不愿有意识地去强化这种描写，本来是应该写颜色的，也不写了。越往后写，颜色写得越来越少了，有意识地回避这种颜色。到了《生死疲劳》里面几乎没有这种颜色的特意渲染了，浓墨重彩，像泼墨一样地写颜色，没有了。

孙郁：但《生死疲劳》是充满了声音的，我读起来感觉到阴阳之间的独白，还是很有意思的。你的每一部长篇小说都是不重复的，比如《十三步》写了你想象当中的奇迹。我觉得你每一部长篇小说在结构上总是在试图寻觅新的样式，《酒国》《十三步》《天堂蒜薹之歌》的结构都不一样，这是煞费苦心的。

莫言：《十三步》严格意义上来讲应该是我的第三部长篇小说，现在所谓的第一部长篇小说"红高粱"家族其实是中篇的连缀，第一部是中篇，后来催着约稿，那就继续写吧，写了五篇，实际上是组合起来的系列中篇。《天堂蒜薹之歌》应该是第一部严格意义上的长篇小说。1988年的春节前后，我在高密东北乡的一个供销社仓库里边开始写作《十三步》。当时我突然感觉到，其实人称就是视角，视角就是结构，当人称变化了以后，观察点也就变了。它本身就变成了小说的一种结构，所以《十三步》就把我们现代汉语里所有的人称都试了个遍。我、你、他、我们、你们、他们，还有它们。我今年读土耳其作家帕慕克的《我的名字叫红》，他这部小说的结构方式跟我的《十三步》类似。当然，他比我写得好。

孙郁：我很喜欢《十三步》，它好像是你的第一个城市题材小说吧。

莫言：这实际上也是一部关于社会问题的小说。我最早的构思，就是想为教师鸣不平。当时我大哥他们刚从湖南调回到县城，在县第一中学当老师，那个时候社会上教师地位比较低，知识分子的收入也很低。当时流行的说法是，"拿手术刀的不如拿剃头刀的，卖茶叶蛋的胜过造导弹的"，而中学教师或者小学教师更是一个弱势群体，收入很低，工资还欠发，我对此深有感触。回家探亲时，看到我大哥大嫂他们读了二十多年书，然后又教了二十多年书，日子过得还是那么穷哈哈的，真是非常清贫，勉强能够生活，而当时社会上有很多小商小贩，成了万元户，因此我就想写一篇为教师鸣不平的小说。

孙郁：所以我看了《十三步》之后，包括《天堂蒜薹之歌》，当时我觉得你的复杂性在于，你其实有创新性、前卫性的一面，但你的现实情怀还是很厉害的，批判精神很厉害。

莫言：实际上，我觉得这是很多评论家对我的评论中都忽略了的一个重要方面，其实我对弱势群体的关怀是一以贯之的。

孙郁：我看了很感动，有的地方都落泪了。

莫言：我对弱势群体的关注一以贯之，对腐败群体的批判也是一以贯之的。早期的作品里面，有对极左路线的批判，后来从《天堂蒜薹之歌》开始，有了对当代腐败政治的强烈抨击，甚至有时候尖锐到"危险"的程度。我想大概也不是批评家没有发现我作品里面的这种东西，而是过分尖锐使他们不敢刻意强化这方面的批评。

孙郁：他们强调了你的另一点，而把这个忽略了，你批判现实很强烈。

莫言：他们更多关注我在小说语言上、形式上、艺术上的离经叛道。对我小说当中对现实的关注、对政治的批判关注的少。

鲁迅遗风录

孙郁：《酒国》就很有意识，发出的批判之声是相当深刻的。

莫言：在我目前所有的创作里面，下刀最狠的是《酒国》。《酒国》对腐败政治的批评，不仅仅是对腐败官员的批评，而是对弥漫在我们社会当中极其腐败的东西的批评，譬如大吃大喝，穷奢极欲，道德沦丧。

孙郁：你对现实的批判，超越了当下一般的简单道德化，变成了一种寓言。

莫言：这要感谢鲁迅先生开创了"改造中国国民劣根性"主题的发现，它没有使我把反腐败小说变成一种正义和非正义的文本，没有变成对弱势群体的道德关怀，和对腐败群体的道德义愤，没有停留在这个方面。

孙郁：是超越。

莫言："超越"还不太准确，应该是"深入"了一些，它们是附在一个膜上，我是戳到膜下面去了。之所以能戳到膜下面去，我想更大的力量是一种同情。这种同情不仅仅是对弱势群体的同情，而更多的是对所谓的强势群体的同情，就像鲁迅在《药》里面刽子手康大叔讲到夏瑜时说，这小子竟然说打他的狱卒阿义可怜，他觉得很奇怪，我是手握屠刀的，是吧，我是可以杀你的，我怎么会可怜呢？这小子竟然说我可怜，这一句给我留下了非常深刻的印象。后来我看了林昭日记、林昭的谈话。林昭对那帮虐待她的罪犯，女牢里面受公安人员指使虐待她的人，她不恨他们，她可怜他们。

对虐待她的狱卒们，她说，我真同情你们啊，我真可怜你们啊。我想，这样的同情，这样的怜悯，就不是那种对弱势群体廉价的怜悯，哎呀，我看到你小孩没学上啊，我看到你衣食没有保障啊，我想这种对弱势的怜悯，当然也很宝贵，也很高贵，假如我们能够深入对强势群体的一种可怜上，像鲁迅讲的，夏瑜这个革命者的眼光就太高了，你真可怜，你彪形大汉，你膀大腰圆，你手握屠刀，你声若洪钟，拳头比我脑袋都大，但是你没有灵魂，我可怜你们。我想林昭也是这样，我是一个弱女子，被你们关了十几年，我已经是伤痕累累，百病缠身，但面对你们这种虐待，你们这种酷刑，我不恨你们了，我可怜你们，我同情你们，这个我觉得就上升到一种宗教的高度，不是一般意义上廉价的东西了。所以，我觉得《酒国》稍微让我满意的一点就是包含着对这种所谓强势群体的悲悯。

孙郁：这个是很高的，写作也涉及一个审美的问题，有一些作家和艺术家，他日常对写作和对自身充满了一种焦虑感，但是他创作的时候，比如说凡·高，他在焦虑，在反抗黑暗，但他在用金黄的颜色画的那一刹那之间，是有一种精神上的愉悦感的，很快乐，当然他是一种挣扎的快乐。还有的作家，他的生活也是很不愉快的，但他写得也很美啊。他不写不愉快的东西，他自己也很痛苦，但他写很美的东西。那你呢？我想你肯定也是焦虑的，你在写惨烈的现状时，获得的是一种什么样的快感？

莫言：我想这是发现的快感，是一种"痛快"，既痛又快，因痛而快。我发现了人可以在不正常的环境下，变得如此残酷。这也是鲁迅所说的人类灵魂的实验室。当然，这种极端的写法，本身也包含着狂欢的东西。

孙郁：与巴赫金关于拉伯雷研究中的广场狂欢相似，那就很有意思了，你既有鲁迅那样的一种传统，又有和鲁迅精神不完全一样的传统。鲁迅是从尼采、克尔恺郭尔、叔本华、陀思妥耶夫斯基这样的传统下来的，实际上拉伯雷是另一种传统。

莫言：其实我那时并不了解这些。

孙郁：但这两种传统在你身上兼而有之，所以就显得你的作品是声调多部的，而且很丰富很复杂。

莫言：去年，我女儿要用巴赫金复调小说理论研究拉什迪，逼得我没办法，看了巴赫金分析拉伯雷的书，我一看真是感觉相见恨晚，每句话都往我心里送。

孙郁：这是两种完全不搭档的传统，王小波也是走的这个传统的，王蒙他们基本是从苏联的现实主义过来的，那么鲁迅是从尼采、陀思妥耶夫斯基这一脉过来的，鲁迅身上没有巴赫金的这种狂欢，他有黑色幽默。但是鲁迅的传统和你身上的癫狂、戏谑，很奇妙地叠合在一起，有人从这个角度来评论你吗？

莫言：好像有人谈过吧。最早是80年代时说的酒神精神，还有很多人讲过拉伯雷的传统。

孙郁：那你当时没看关于拉伯雷的研究？

莫言：他的书没有看，《巨人传》也没看。去年就是因为女儿做论文，读了巴赫金，真是感觉到相见恨晚，精神上产生强烈的共鸣。鲁迅里面有一些调皮的东西和因素，跟狂欢差不多的，《铸剑》里面那三个头在鼎里边追逐撕咬的场面，我觉得就是属于狂欢的。我们读到这一段描写的时候，没有太多愤怒和痛苦，读者也是获得一种狂欢的快感。

孙郁：巴金在写苦难的时候，他写自己的挣扎流泪，就有很大的痛苦，但你完全没有这样，当然你会有痛苦，但你有一种戏谑在里面。

莫言：刚才你讲到沈从文跟鲁迅是两种不同传统的作家，我觉得鲁迅是用手术刀把遮盖在美丽外表下的东西剥开了。假如有一个疮疤，鲁迅会把疮疤豁开，把脓挤出来。假如是同样的一个疮疤，沈从文会用彩笔把疮疤给遮盖住，涂上一层美丽的颜色。我个人认为沈从文的小说有一种美，但那种描写是一种病态的美。他写沿江两边的妓女啊，水手啊，等等，是一种病态的美。鲁迅的小说就毫不留情，但是他的整个作品里面也有很多非常温馨、伤感的东西。他的《朝花夕拾》、早期的一些短篇、《故乡》，等等，跟沈从文确实不是一个审美方向。还有，我觉得巴金的人与文章是很一致的。

孙郁：因为他比较单一，比较简单。

莫言：后来我也发表过一个谬论，我觉得很多作家的人与作品是一致的，有很多作家的人与作品是不一致的，我觉得还是这种不一致的作家，张力更大一些。有的人，你读他的文章，想象到这个人是个什么样子，见面之后，果然就是这个样子，有的则完全不是这个样子。他的人格、内心、风格反差越大，这个作家的创造力就越大。当然我不是在说自己，但我是这么认为的。

孙郁：应该是这样。

莫言：鲁迅的文章与人有很大的反差，表现在他作品风格有很多类，他的杂文、小说、散文都属不同的类。但我觉得沈从文小说就一类，无论《边城》还是《长河》，还是别的早期晚期的作品，都是花开一朵，基本一以贯之的。

孙郁：包括老舍，也没有太大变化。

莫言：我觉得老舍的作品就是一种色彩，一个腔调一直延续到底，没有花开几朵。

孙郁：中国作家我们谈了很多，那外国作家你读得最多的是谁？

鲁迅遗风录

莫言：我是个不认真的人，这个没有办法。小时候书少，借了要马上还给人家，所以要快速阅读。后来到了80年代，很多书，读的同时自己也开始创作了，一开始创作，时间的分配上就更多地给予了创作。很多外国作家的书看的时候就感觉很冲动，然后就赶快去写，很难把书从头到尾读完。

孙郁：马尔克斯的《百年孤独》读了吗？

莫言：20年前就开始读《百年孤独》，到现在也没读完。到了目前这个年龄，更很难把一本书从头到尾读完了，我特别佩服评论家读那么多著作，有那么大的阅读量，那么认真地在读书，特别是理论著作，我读了后面就会把前面的东西都忘掉，不会像你们这样专业的评论家从头到尾读那么多理论书，然后一二三四地谈出自己的观点来。

孙郁：你对意大利的卡尔维诺好像很感兴趣？

莫言：卡尔维诺早期的小说里面，我觉得有与我的个性相符合的东西，最典型的是他的《我们的祖先》三部曲：《不存在的骑士》《分成两半的子爵》《树上的男爵》。我觉得他第一个明显特征就是在写寓言，包括他的很多短篇。

孙郁：我当时看到时说，中国作家这样写的时候就会写得很假。卡尔维诺写的不觉得假，而是很真，这很奇怪。

莫言：问题在叙事者的腔调，后来我看了卡尔维诺整理的意大利童话，他的小说从中汲取了太多的营养，你可以想一想，他的《分成两半的子爵》《树上的男爵》，都是带有很浓厚的童话色彩。第一，这两部小说都是儿童视角，是一个外甥在叙述他舅舅的故事，是一个弟弟在叙述他哥哥的故事，另外与意大利民间童话、民间故事的传统之间的血缘关系太明显了，在他整理的意大利童话里，《分成两半的子爵》《树上的男爵》故事的原型都有。童话里面经常讲一个放牛娃由于各种各样的经历突然变成了国王的女婿，一般我们中国的童话到此就结束了，他没有结束，还要加上两句，"这个小子进到皇宫享福去了，可是我，还他妈的在这儿放牛！"哈！讲故事的身份一下子点明了，这里边非常有意思。略萨在写给青年读者的信里面讲到了，一种叙事腔调一旦确立以后，实际上就建立了一种说服力，作家在读者心目当中获得了一种说服力，然后无论你编造的故事离现实多么远，也会使读者津津有味地读下去。刚才提到乡村很多口头文学家在讲一个事情的时候，讲得头头是道。比如说，邻村老张家今天发生了一个什么样的事情，你明明知道他这种讲述已经离真实的事件相去甚远了，但是你依然会津津有味地听下去，而且跟着他的讲述，被他的情绪感染，或者是忧伤，或者是捧腹大笑，讲述者的身份确定了，你已经认可了，这个人就是这样的，你不要去追究这个人讲的这个事件的真假，更重要的是，这个人在讲故事给我们听，然后我们会在他这种讲述的过程当中获得快感。马尔克斯的《百年孤独》，魔幻现实主义的作品都是一样的，包括卡夫卡的小说也是一样的。一开始就确定了讲述者的身份、腔调，无论怎么样去描写，你都不会去质疑这个故事的虚假性。卡夫卡的《变形记》在现实当中不存在，但他用这种腔调来讲述，人变成甲虫事件本身已经无关紧要，关键是他变成甲虫的过程，和变成甲虫以后的遭遇，让你感觉到细节方面、心理方面的描写是非常真的。

孙郁：我觉得苏联小说应该推荐巴别尔。

莫言：巴别尔的《骑兵军》我读完了，我很久没完整地读完一本书了，因为它很薄，随笔一样的短篇，严格意义上来说都不是小说，很多都是真实发生的事情，很像斯坦贝克写的《战地随笔》，应该是

鲁迅遗风录

31   与莫言谈鲁迅

451

真实的报道性的东西。

孙郁：但他写得真是太好了，色彩、结构都很出色，通常是长篇小说的容量，他用一千多字就表现出来了。

莫言：翻译家太了不起了，语言太好了，把巴别尔的俄语用非常好的汉语，把它对应地翻译过来，巴别尔对人的了解很深刻。真正的作家，太了解人了，才可以写好，不了解人根本就写不好的。我记得有一个短篇是写鹅的故事，讲他作为一个知识分子，进入骑兵军，这是支跟土匪差不多的部队，后来戴上了红军帽子而已。跟这么一帮人混到一块儿，要摆出小资产阶级的臭脾气来，他们会把你当外人，所以他就违心地、咬牙切齿地，把女房东一只鹅的脖子给拧断了，然后被女房东咒骂。骑兵战士就说：哥儿们，你是我们自己人，你能用这样一种方式，这么残酷地把鹅给拧死。"我们自己人"，这种说法一下子就让他融入这个群体里去了。他在拧死鹅的过程当中那种心理的痛苦，那种心灵的煎熬，激起我们心中许多的联想，它唤醒了我们人性当中普遍性的东西。我们会想在自己的生涯中有没有这样的遭遇，有没有过类似的事件，肯定有的。我马上就想到了"文革"初期的时候，我们批斗一个女老师。这个老师跟我们家很好的，我大哥当时是大学生，回家度暑假，跟老师的女儿是朋友。我觉得人的好坏不完全是后来学的，是遗传的。有的人年龄跟我差不多，我们受的教育，生活的社会环境是差不多的，但他们打起人来，折磨起人来，有一种天分，下手之狠，想象力之丰富，真是匪夷所思。我看到他们挖空心思地想出一些侮辱性的方法折磨这个老师，心中很痛苦。但作为一个中农家庭出身的孩子，我也加入了红小兵，所有人都上来打，很多人是不得已为了表现，最后剩下我打不打？大家都看着我，红小兵的头目也看着我，我也捡起了一块土坷垃，从背后投到了这个老师的背上。这个女教师一下子就回过头来，用那样一种眼神来看我，看得我无地自容，恨不得找个地缝钻进去。为了获得在群体里面生存的权利，你必须这样干。后来这个老师和校长对我成见很深。若干年后，我在路上遇到校长，向他问好，给他敬礼，那时我还当兵，但他把头一歪就过去了。我感到心中痛苦万分，当然我也不希望他能原谅我。所以，巴别尔的小说，一下子让我联想到了自己童年时期的这个事件，从这个事件一扩展，我又想到了"文革"前，反右和历次运动当中，多数人的粗暴行为，实际上就是为了保留住自己在这个群体里面的地位，或者说不被甩到这个群体之外去，他不得不这样违心地做坏事。我想，巴金《随想录》的精髓就在这个地方。

孙郁：他讲到对胡风投小石头，批判胡风的时候，他也发言了。

莫言：所以我觉得这带有普遍性，每个人都能从这部小说里发现自己。

孙郁：我发现你好像不写纯粹的知识分子。

莫言：《十三步》就是写教师的，也算是小知识分子，到了比较高层次的知识分子就没写过了，比如说大学教授之类。

孙郁：但你对这个东西很敏感，对学术对理性也是很敏感的。

莫言：对知识分子我还是有些肤浅想法的。20世纪50年代毛泽东有个形象的比喻，就是在阶级社会里面，阶级是皮，知识分子是毛，"皮之不存，毛将焉附"？知识分子不是附在地主资产阶级的皮上，就是附在无产阶级的皮上，不可能"毛"离开"皮"游离存在，这就把知识分子的依附性一下子就给讲出来了。这个论断虽霸气，但确实是一种现实。在中国社会里面，知识分子能够独立存在吗？我觉得真是不可能存在的。当然，西方有所谓的自由知识分子，但这种"自由"，并不是说他脱离了阶层或者阶级，而是他跟政治和体制保持了一种独立的姿态，知识分子可以跟体制保持一种对抗姿态。但在中国社会里面，一个知识分子如果与体制保持对抗姿态是很难生存的，大学教授能独立于体制之外吗？当然有很多写作者没有单位，但没有单位难道就能完全与体制剥离关系吗？文章要在国家的报纸刊物发表，在国家的出版社出版。

孙郁：就像鲁迅在《采薇》里写的一样，完全脱离政治是不可能的。

莫言：由此想到我们的批评家和有关部门倡导的现在比较热门的关注弱势群体的话题，要用小说为弱势群体说话，这个提法我觉得本意、出发点都非常好，而且我多年来也一直在这样做。我本人认为，我从80年代开始写作的时候，就给予了弱势群体巨大的关怀，写的时候是热泪盈眶、热血沸腾。但我们这种写作究竟能够跟弱势群体有多大的关系呢？有时也有人问我，你写这么多小说，想没想过究竟谁是你的读者呢？我写农民，但农民读我的小说吗？这个我是有发言权的，别的我不说，就说我那个村庄，按说这个村庄出了个作家，而且据说很多小说里面都以村里的人作为模特儿来写的，但我的村里面没有人读过我的书啊，我的父亲从来都不读我的书，我们村里的年轻人根本不会想到读一下同一个村里出来的作家莫言的小说。闲了看看电视多好啊，白天他要劳动，要谋生，要糊口，到了晚上回来累得筋疲力尽，能看看电视就不错了，看着电视就睡着了，谁来读我的小说？所谓为弱势群体的写作，到底是写给谁看的？到底能不能用小说改变弱势群体的命运？我们把写作当作一种改变社会、改变某些群体生存状态的工具来使用，这种想法出发点非常可贵，但实际上是一种很虚伪的写作方式，由此我又想到了70年代末80年代初的问题小说，因为某个社会问题我来写一篇小说。不可否认，这也是启发作家创作灵感的一种方式，古已有之，很多人，像司汤达的《红与黑》是因为一个案件，果戈理写《死魂灵》是普希金给他的一个故事。但它们为什么能够成为经典？就是因为它虽然是从问题出发，最后却突破了、超越了问题，没有停留在对问题的揭露、批判和阐述上。它是从这个问题进入了人生，进入了人的灵魂，最终还是在写人。只有写了人，才可以成为真正意义上的文学作品。我们仅仅关注某一个问题，仅仅停留在描述弱势群体的悲惨的生存现状上，没有对产生弱势群体的社会体制进行批评，没有对弱势群体的心理状况进行分析和揭示，那是不大可能写出好东西的。我们应该给弱势群体以巨大的同情，但也不应忽视对他们的某些方面进行批判。弱势群体也是人，并不因为他弱势，就变成了精神方面的完美无缺的花朵。这跟过去的作品把贫下中农描写得完美无缺，把地主富农丑化得无一是处，有很多类似的地方。弱势群体并不是天生的道德完美者。他灵魂深处的阴暗面，甚至一点都不比强势群体少，一点都不比那些一掷万金的暴富者头脑里的阴暗面少。而且他未必就满足于弱势群体的现状，他向往着的大概也正是强势群体的生活，向往而不得，于是就转化为仇恨，但这种仇恨经常披着正义和公理的外衣。

蒲松龄在小说里面对科举制度进行了揭露和讽刺，但内心深处，他对科举制度痛恨吗？没有啊，他非常向往，他其实是牢骚满腹。他到了晚年，人家看他这么大年纪都不忍心了，最后给他一个贡生，算是"恩贡"吧，比秀才高一点点。他留下一张珍贵的画像，穿戴着贡生的服装，是专门请人画的。说明他到了晚年，内心深处对功名的迷恋还是非常强烈的，就是因为他对这个有非常强烈的迷恋，怀才不遇，转化成创作，当时的社会又不允许他畅所欲言，只好托词鬼狐，成就了警世文章。我想，我们现在的弱势群体对财富的向往、对城市的向往、对现代物质的向往也是非常强烈的，而且他们内心深处那种阴暗面依然存在。我们不能为了给弱势群体说话，就把弱势群体的弱点给忘记了。鲁迅已经为我们提供了很好的榜样，"哀其不幸，怒其不争"，既描述他们的悲惨处境，也不忘记揭示他们的劣根性。阿Q算不算底层人物？算不算弱势群体？但他对王胡友爱吗？他不也欺负小尼姑吗？他内心向往的是什么东西？难道是无产阶级革命吗？但你能说《阿Q正传》不是关注底层的小说吗？

孙郁：周作人不同意左翼的思想。他曾经说过一句话，中国的有产阶级与无产阶级其实是一个思想，都是想升官发财，这是一种普遍的国民性。上海左翼那帮人，白天在咖啡屋，晚上在跳舞，然后写左翼文学，问题很多的。

莫言：杜荃、夏衍等人在上海都是西装革履，在物质上甚至比鲁迅还要优越。

孙郁：是的，小布尔乔亚嘛，与底层老百姓的关系不是彻骨的。

莫言：所以我觉得更多的是一种精神自慰。对弱势群体关注不应该建立在对社会贫富分配不均的道德仇恨上，应该关注对人的灵魂的发现和开掘。好像有人认为我是在反对描写底层，实际上我同意啊，我自己早就是这样写的，我只是认为，我们不应该停留在对问题的关注上，应该超越这个问题，上升到对人的关注上，从文学的意义上来关注，不是从非文学的政治的角度来关注。实际上，二十多年来的小说，绝大多数都是写底层的，作家听从良心的召唤，根本不需要你来号召。

孙郁：很多问题都是知识界提出来的，像金融方面很多问题就是一些研究人员提出来的，一些大学教授发现经济有问题，就不断写文章呼吁，最后政府就接受了。

莫言：这样的知识分子非常宝贵，千人诺诺，不如一士谔谔。但是不是每一个作家都应该扮演这样的知识分子角色呢？应该因人而异。有的人具备这方面的才华，具备这方面的知识结构，我觉得他当然可以扮演这样的角色。

孙郁：当时李立三找鲁迅谈话，要求鲁迅像法国作家巴比塞那样发表一个声明，公开抗议国民党政府。鲁迅说我不能这样，我这样的话，我就被通缉了，我就没地方住了。后来两个人不欢而散。鲁迅是用杂文、用艺术这样的方式来斗争的，而且化了各种各样的笔名。他也不是说像赤膊上阵那样，他也反对游行，他选择的是那样一种方式，不一定每个人都赤膊上阵。

莫言：社会的改变确实是一个非常复杂的问题。每个人的知识结构不同，每个人的生存状态不同，应该允许有的作家不做谔谔之士，这并不代表他没有良知和勇气。他没有这方面的知识结构，他说不到点子上，而且搞不好还要说错话，应该允许他用自己最熟悉、最擅长的方式，用文学的方式、艺术的方式，来表达自己的一些思索和看法，我觉得也是可以的。就像《青春之歌》里，应该给余永泽式的人物一线生机。抗战时期，如果西南联大的所有教授都上了战场，那也就没有杨振宁、汪曾祺这些人了吧。

人是感情动物、经济动物。当一个作家的地位改变了以后，住在别墅里，开着豪华轿车，让他去关注底层，我觉得这非常虚伪。不是说这种行为是一种虚假的沽名钓誉的行为，他的动机可能是非常真诚的，但是我觉得你关注不到点子上，为什么呢？他已经体验不到下层劳动者、弱势群体真实的想法了。他们的心理状态你已经无法体验到了，即便改头换面去体验，根本无法体验到那种处在毫无希望的绝境当中的绝望心理。只能期待着像杰克·伦敦那样的人冒出来，但冒出来之后，花天酒地，盖豪宅"狼舍"，最后也是一个"马丁·伊登"，彻底完蛋。所以像我们这些五十来岁的，80年代出了名的作家，当然可以把口号喊得震天响：我要关注底层，了解底层，为底层人民说话！出发点可能很真诚很美好，但已经写不出真正反映底层人物灵魂状态的作品，这是我的判断。首先是我本人，然后兼顾着猜测别人，也许有伟大的天才可以，那就另当别论。当然你可以说托尔斯泰是贵族，他不也写出伟大作品了吗？他也没有吃了上顿没有下顿，不也写出了了不起的作品来吗？这就谈到了什么是好的文学的问题，也是最关键的问题，也是我们这样的作家还有没有资格继续写作的问题。是不是只有写了底层的文学才算好的文学？写了贵族的文学难道就不是好的文学了吗？《战争与和平》没有写多少农奴的悲惨生活啊。普鲁斯特的《追忆似水年华》根本没写弱势群体啊，写的就是贵族生活啊。《西游记》也没有写下岗工人啊。

孙郁：它们表现的是一种智慧。

莫言：什么应该是好的文学？我还是那句老话：只要写得好，写什么并不重要。不要那么狭隘，批评作家不去关注底层。其实，那些批评别人不了解底层的人，自己了解吗？你不也是生活在大城市里，过着衣食无忧的生活吗？你说某某的作品虚假，那你必然知道真实的生活，但你是怎样了解真实生活的呢？其实，只有底层最了解底层，别的阶层，都是在想象底层。

孙郁：不能要求作家承载太多的东西。

莫言：所以，我认为我现在已经写不了那所谓的"底层文学"，但是不是我就不能写作了？

孙郁：汪曾祺写《大淖记事》和《受戒》，就是回忆早期苦难的生活。

莫言：他把苦难的生活写得很温馨啊，命运多么悲惨，他这里面是带着欢笑的。他跟他的老师沈从文是一脉相承的，所以我觉得一个写作者不管处在什么地位都可以写作，无论家产千万，还是不名一文，他都可以写作，写什么并不十分重要，关键是一个写作者必须有一种切肤之痛，有一种刻骨之爱，或者有一种不共戴天之恨（不是狭义的恨），而这些痛、爱、恨都应该转化成一种怜悯。总要有一种强烈的感情在那个地方作为一种支撑，这你就可以写下去。一个贵族，经历了灵魂炼狱的痛苦，当然可以写出深刻的作品来。歌德写《浮士德》时，日子过得很好啊，鲁迅后来也没有过得很苦啊。另外我觉得一个写作者不应该拉帮结伙，一个写作者最好的处境，应该是众叛亲离、孤军奋战。前呼后拥，门前车盖如云，不是一种好的处境。一个写作者，不管怎么样，只要在灵魂深处有深刻的痛苦，或者深刻的感悟，他就可以写出好的作品，真实的不虚伪的作品。

孙郁：我觉得你身上的特点，第一，是对自己特别清楚，第二，你的精神能量是非常旺盛的，这和一般作家不一样，比如《檀香刑》《生死疲劳》你一气写下来。汪曾祺是绝对不能这样写的，他的能量就是一碗，你是一缸。这个能量一下子下来，是很不简单的。

莫言：可不敢这么说啊，这是风格决定的。汪先生是大才子，我

鲁迅遗风录

31　与莫言谈鲁迅

459

是说书人。说书人要滔滔不绝，每天都要讲的，必须不断讲下去，然后才有饭碗。说书人的传统就是必须要有一种滔滔不绝的气势和叙事的能量，要卖力气。而大才子是风流倜傥，饮酒赋诗，兴趣所至，勾画几笔，即成杰构。

孙郁： 你早期与后期语言发生了很大变化。80年代你写《红高粱》的时候，特别是《透明的红萝卜》，语言非常的温润，有一种质感，在青年作家包括老作家中，你的语言是非常特殊的，我特别怀念那个时候的语言，实在是好。后来我估计你是故意放弃了这样的一些东西。

莫言： 越写技术越熟练，越写越注意消灭病句，考虑用规范的汉语。现在回头看《透明的红萝卜》，很多句子是不完整的，有的缺谓语，有的缺主语。

孙郁： 但是就是那种句子有魅力。鲁迅的句子要完全用主谓宾定状补也是说不通的，比如《孔乙己》当中说："大约孔乙己的确死了。"

莫言： 鲁迅那个时候，白话文还在初创时期。

孙郁： 所以一个人在不懂规范的时候，那种完全朦胧的表现有可能反而效果更好。你后来的语言也不错，但我觉得变化很大，也可能你故意用一种粗犷的、浑厚的，"咚咚咚"轰炸的东西出来，表达另一种审美态度。

莫言： 前些日子，李静跟我谈起早期作品的语言，希望我能找回来那种东西。

孙郁： 不是说你现在的语言不好，现在也是一种风格。我在读《生死疲劳》的时候，有这样的体验，如果这种语言再节制，或者在某些方面再停一下，住一下，再涵泳一下，是不是能够更好？《生死疲劳》不可能要求像知识分子那样温文尔雅，可能你就是这种狂欢的风格。在语言上你还是有各种各样的潜能的，语言天赋很好，看你55岁以后能不能写出另外一种东西。我觉得你在韵律上、在意象上得了中国传统民间很多好的东西，但我觉得在语言本身的表现方法上好像应该能够更好，在语言本身的魅力上再干练一点，这可能有点过多地要求作家了。如果这样的话，文本的意义可能更大。

莫言：干练的语言，也实验过，比如《酒国》里边《肉孩》那部分，还有一些短篇的语言。

孙郁：《酒国》的语言好。

莫言：也有很多别的披头散发狂欢式的语言。

孙郁：如果你要是过分地重视语言，走向像某些作家那样矫揉造作的路子，还不如就这样。

莫言：有个成语叫"得意忘形"，作家进入写作状态，叫"得意忘言"。

孙郁：我觉得你的语言空间还是很大的。不管怎么说，会有更多的人来研究你，而且20年来，你是中国当代小说家中仅有的几个可以让人来不断解释的存在。鲁迅是条河，你也是一条河，当然河有大有小，你的变化和你的丰富性，给我们的记忆，给20年来的文学还是提供了很有价值的文本的。

莫言：提供了批判的样本。

孙郁：不是。新中国成立以后，我们的文学怎么样？中国真正的文学转向是从80年代，从你们这拨人开始的，我想每一个读者都从其中悟到了些什么，并且是难以忘怀的。

（北京鲁迅博物馆姜异新整理，收入本书时略有改动）

鲁迅遗风录

主要参考文献

中文著作

1. 巴金:《巴金论创作》,上海文艺出版社 1983 年版。

2. 巴金:《巴金选集》,四川人民出版社 1982 年版。

3. 包子衍、袁绍发、郭丽卿等编:《冯雪峰纪念集》,人民文学出版社 2003 年版。

4. 曹聚仁:《文坛五十年》,东方出版中心 2006 年版。

5. 陈丹青:《笑谈大先生》,广西师范大学出版社 2011 年版。

6. 陈沛、晓风辑注:《阿壠致胡风书信全编》,中华书局 2014 年版。

7. 陈早春、万家骥:《冯雪峰评传》,人民文学出版社 2003 年版。

8. 废名:《冯文炳选集》,人民文学出版社 1985 年版。

9. 冯雪峰:《冯雪峰选集》,人民文学出版社 2003 年版。

10. 冯雪峰:《冯雪峰忆鲁迅》,河北教育出版社 2000 年版。

11. 冯雪峰:《回忆鲁迅》,人民文学出版社 1952 年版。

12. 顾随:《顾随全集》,河北教育出版社 2000 年版。

13. 胡风:《胡风评论集》,人民文学出版社 1984 年版。

14. 胡适:《胡适往来书信选》,中华书局 1979 年版。

15. 孔海珠:《痛别鲁迅》,上海社科院出版社 2004 年版。

16. 老舍:《老舍全集》,人民文学出版社 1999 年版。

17. 李长之、艾芜等著:《吃人与礼教——论鲁迅(一)》,河北教育出版社 2000 年版。

18. 李何林:《李何林全集》,河北教育出版社 2003 年版。

19. 梁实秋等著:《围剿集》,河北教育出版社 2001 年版。

20. 林贤治编注:《萧红十年集》,人民文学出版社 2009 年版。

21. 刘纳编选:《唐弢文论选》,人民文学出版社 2009 年版。

22. 鲁迅:《鲁迅全集》,人民文学出版社 2005 年版。

23. 鲁迅博物馆、鲁迅研究室、《鲁迅研究月刊》选编:《鲁迅回忆录》,北京出版社 1999 年版。

24. 梅志:《梅志文集》,宁夏人民出版社 2007 年版。

25. 聂绀弩:《聂绀弩全集》,武汉出版社 2004 年版。

26. 钱玄同:《钱玄同文集》,中国人民大学出版社 1999 年版。

27. 上海社会科学院文学研究所编:《上海"孤岛"文学回忆录》,中国社会科学出版社 1984 年版。

28. 舒芜:《舒芜致胡风书信全编》,东方出版中心 2010 年版。

29. 孙波:《徐梵澄传》,社会科学文献出版社 2009 年版。

30. 孙犁:《耕堂读书记》,大象出版社 2008 年版。

31. 孙犁:《曲终集》,百花文艺出版社 1995 年版。

32. 孙犁:《孙犁全集》,人民文学出版社 2004 年版。

33. 孙犁:《芸斋小说》,大象出版社 2009 年版。

34. 孙郁、李亚娜主编:《鲁迅藏明信片》,大象出版社 2011 年版。

35. 唐弢:《创作漫谈》,作家出版社 1962 年版。

36. 唐弢:《鲁迅在文学战线上》,中国青年出版社 1957 年版。

37. 唐弢:《生命册》,浙江文艺出版社 1984 年版。

38. 王风编:《废名集》,北京

鲁迅遗风录

主要参考文献

大学出版社 2009 年版。

39. 夏衍:《夏衍杂文随笔集》,生活·读书·新知三联书店 1980 年版。

40. 萧红:《萧红全集》,哈尔滨出版社 1991 年版。

41. 萧红、俞芳等:《我记忆中的鲁迅先生——女性笔下的鲁迅》,河北教育出版社 2001 年版。

42. 萧军:《萧军全集》,华夏出版社 2008 年版。

43. 徐梵澄:《孔学古微》,李文彬译,孙波校,华东师范大学出版社 2015 年版。

44. 徐梵澄:《徐梵澄随笔:古典重温》,北京大学出版社 2007 年版。

45. 许寿裳:《亡友鲁迅印象记——许寿裳回忆鲁迅全编》,上海文化出版社 2006 年版。

46. 许子东:《许子东讲稿》,人民文学出版社 2011 年版。

47. 严平:《潮起潮落:新中国文坛沉思录》,人民文学出版社 2015 年版。

48. 郁达夫:《回忆鲁迅·郁达夫谈鲁迅全编》,上海文化出版社 2006 年版。

49. 张申府:《张申府文集》,河北人民出版社 2005 年版。

50. 张中行:《负暄琐话》,黑龙江人民出版社 1994 年版。

51. 赵京华:《周氏兄弟与日本》,人民文学出版社 2011 年版。

52. 钟敬文、林语堂等:《永在的温情——文化名人忆鲁迅》,河北教育出版社 2001 年版。

53. 钟叔河编:《周作人文类编》,湖南文艺出版社 1998 年版。

译著

1. ［美］汉娜·阿伦特:《论革命》,陈周旺译,译林出版社2007年版。

2. ［日］家永三郎:《外来文化摄取史论》,靳丛林、陈泓、张福贵等译,吉林教育出版社1990年版。

3. ［日］木山英雄:《文学复古与文学革命——木山英雄中国现代文学思想论集》,赵京华编译,北京大学出版社2004年版。

4. ［日］丸山升:《鲁迅·革命·历史——丸山升现代中国文学论集》,王俊文译,北京大学出版社2005年版。

5. ［日］伊藤虎丸:《鲁迅、创造社与日本文学:中日近现代比较文学初探》,孙猛、徐江、李冬木译,北京大学出版社1995年版。

6. ［日］伊藤虎丸:《鲁迅与终末论:近代现实主义的成立》,李冬木译,生活·读书·新知三联书店2008年版。

7. ［日］竹内好:《近代的超克》,孙歌编,李冬木、赵京华、孙歌译,生活·读书·新知三联书店2005年版。

8. ［日］竹内好:《鲁迅》,李心峰译,浙江文艺出版社1986年版。

鲁迅遗风录

主要参考文献

467

人名索引

472

后记

这本书初版时，曾在北京鲁迅博物馆召开过一次座谈会，到会的多为熟悉的朋友，在讨论中，大家提出的看法都深深留在我的记忆中。这次修订，部分吸收了大家的意见和建议，有的是自己思路的延伸，其间也有对于旧文的纠正。然而对我来说，讲透鲁迅遗风这个话题，真的还不容易。在写作过程，总还有自己力所不及的地方。

　　鲁迅研究早已经成为显学，多年间不同知识背景的人介入这里，规模也渐渐壮大。关于作家的考索，大致分成几种类型：一是文本透视，像小说诠释、杂文读解，在今天依然很活跃，这涉及审美意识；二是知识构成的审视，比如作品与旧学之关系、翻译实践等，多在知识论范围；三是影响追踪，这大致在文学史领域和比较文学领域，不拘泥于边边角角。本书当属于第三种类型，主要描述的是经典的形成、衔接、转化之史。从鲁迅遗风对于后人的影响里，人们能够看到新的文脉的轨迹，以及五四以后文化的特点。鲁迅遗风与我们自己所处时代的问题意识，也不无纠葛。所以，大凡进入这类话题者，也有着与当下文化对话的意味。

　　就鲁迅思想的传播而言，既有审美的诱力使然，也含着时代思潮的作用。有一次在北京青年报社讲课，有听众提出一个看法，说鲁迅的走红乃单一的意识形态使然。我答道，这是不确的，鲁迅最初是被读者捧起来的，后来进入社会风潮，被不同语境的表述分解，政治话语里的表述只是其中一种。由此看来，要理解鲁迅，呈现他的遗产的

鲁迅遗风录

后记

传播史，是多么重要的事情。历史离我们不远，然而许多人似乎已经被错觉蒙住了眼睛。

对于前辈的理解，倘在单一的逻辑里，总会碰壁的。即如本书的题旨，要清理内中环节，不能不兼顾两方面内容：一是审视被直接影响的人们，二是看间接的影响的范围。前者要打量周边生活，后者则要梳理作家与学界的生态解构。我的办法是寻找典型的人与群落，通过具体人的文风与精神品格，透视鲁迅遗风对于新的文本生成的意义。这本书所涉作家、学人部分集中在民国时期，国外的则考察日本与韩国的知识界的情形。从鲁迅同时代的作家与鲁迅之关系，也可看出文学史上的分分合合。至于他的作品在域外的流行，或许能看出他的世界性意义。近年类似的研究增多，说明话题自身的分量。除了鲁迅，中国大约还没有一个现代作家，对于世界有如此大的影响力。像"东亚鲁迅"话题，其阐释空间日益扩大，这也成了学界特别的现象。

鲁迅遗风在各个领域的痕迹，纠缠着不同的要点，现代性的波光浪影都闪烁其间。一方面，那些开创性的书写，吸引着后人沿着其轨迹前行，实则是生存困惑引起的共鸣。另一方面，在不同的文章中，鲁迅创造了不同的格式，这不仅古人所无，今人亦难抵其深度。我们面对其书，惊异于他的深邃和广博，也自省何以不能如此正视人生与文化。在沉入这些现象中的时候，内心所得也非一两句话可以说清。

回想写的第一篇关于鲁迅传统的文章，还是30余年前。这期间类似的文章写了许多，但并未有成书的念头。直到2015年遭遇大病，忽然觉得所余时间不多，最惦记的工作之一是此书的整理。便集中修改和增写了多篇文章，成书后，似乎意犹未尽，也深知内容的不平衡。比如鲁迅对于学界的影响，也是可以深思的话题，我们在朱自清、范

478

文澜、尚钺等人的写作中，也能找到精神的回响。如此说来，可开拓的空间很多，自己所做的，还远远不够。

有个时期，人们重视的是鲁迅的意识形态的意义，后来发现忽略了其超越性的价值，超时代的语义多了起来。但当象牙塔里的人把鲁迅放入纯粹的学术话语中去认识的时候，也有遗漏其现实性的可能，于是重提战士鲁迅成为一些学者的研究重点。学界的这种摇摆，说明了对象世界的复杂性。他的遗产其实有知识论、价值论、情感论几个方面，我们这一代，还很少有人能整体驾驭它们。近几年读到几位青年朋友的研究文章，觉得起点很高，知识结构也好于我们这代人，于是隐隐地见到了一点希望。鲁迅之后，还有人不断延续着他的路走着，说明新一代总不能说都是沉落着的。

记得许多年前我在香港策划了一次鲁迅图片展，遇见了台湾来的陈映真先生和几位香港作家，发现鲁迅在港澳台作家那里的位置比较特别。后来与陈映真先生联系渐多，对他的鲁迅情结慢慢有所了解。陈映真是在台湾最灰暗的时代与鲁迅相逢的。他的文字深处，也有《呐喊》《彷徨》的影子，以及直面人生的勇气，这震动了台湾文坛。我在他那里感受到了与20世纪30年代大陆左翼作家相近的形影。几代中国人，自觉不自觉地呈现出精神色调的一致性。这些年，我多次去日本、韩国、新加坡等国，与诸多作家接触中，有了同样的感受。来自不同地区的人，因了一个伟大的名字而成为朋友。这些经验，也成为我思考这类话题的缘由之一。

确实，我们的历史不乏各类有亮度的人物。杜甫去世后，关于他的描述从未中断过，影响可谓宽而广。陆游形容杜甫的诗为"百代之法"，这是肺腑之言。鲁迅离开人世不到百年，而关于他的描述已如

鲁迅遗风录

后记

479

汗牛充栋。与古代诗人不同的是，他的现代性的意象，不仅有诗、有史，更带有思的形而上的意味，有着现代哲学家的气味。五四之后，大凡有出息的青年，多少都受到了他的启示。其间的故事，一时难以尽述。遗风所及，带来的是思想的种子，因了这种子的存在，贫瘠的土地便有了无边的绿色。

末了，感谢孙璐、张朕两位青年对于本书所做的帮助，没有他们的协助，本书的再版不知要拖到何时。在他们身上，我也学到了认真的精神。这些都会深记于心。

孙郁

2022 年 3 月 21 日

出版说明

　　高等教育出版社"稷下文库"丛书以"荟萃当代优秀成果，彰显盛世学术繁荣"为宗旨，注重历史与现实、理论与实践相结合，遴选中国当代人文社科各领域知名学者的代表作。这些著作，均是改革开放以来经过学界、读者和市场检验的高水平研究成果，是了解中国当代学术发展的必读经典。

　　丛书中的部分作品写作和初版时间较早，反映出作者当时的学术思考，其观点和表述或带有时代的印痕，与当下的习惯、认识有一定差异。随着时代发展，学术进步乃是必然。正因为学术的健康发展需要传承有绪、守正创新，学术经典的价值并不会因为时代变迁而消减，故而，我社本着充分尊重原著的原则，在保留原著观点、风貌的基础上，协同作者梳理修订文字，补充校订注释和引文，并增加了参考文献和索引，以期带给读者更好的阅读体验，让学术经典在新时代继续创造价值。

高等教育出版社

2022 年 10 月

图书在版编目（CIP）数据

鲁迅遗风录 / 孙郁著. -- 修订版. -- 北京 : 高等
教育出版社, 2023.10
ISBN 978-7-04-061114-4

Ⅰ.①鲁… Ⅱ.①孙… Ⅲ.①鲁迅（1881-1936）-
人物研究 Ⅳ.①K825.6=6

中国国家版本馆CIP数据核字(2023)第165880号

策划编辑	龙 杰 孙 璐
责任编辑	包小冰
封面设计	张志奇
版式设计	张志奇
责任校对	王 雨
责任印制	耿 轩
出版发行	高等教育出版社
社 址	北京市西城区德外大街4号
邮政编码	100120
购书热线	010-58581118
咨询电话	400-810-0598
网 址	http://www.hep.edu.cn
	http://www.hep.com.cn
网上订购	http://www.hepmall.com.cn
	http://www.hepmall.com
	http://www.hepmall.cn
印 刷	河北信瑞彩印刷有限公司
开 本	787 mm×1092 mm 1/16
印 张	30.75
字 数	360 千字
插 页	1
版 次	2023 年 10 月第 1 版
印 次	2023 年 10 月第 1 次印刷
定 价	98.00 元

鲁迅遗风录
（修订版）

LUXUN YIFENG LU
（XIUDING BAN）

本书如有缺页、倒页、脱页等质量问题，
请到所购图书销售部门联系调换
版权所有 侵权必究
物料号 61114-00

内容简介

本书为现代文学研究专著，列三十一个专题，探讨关于鲁迅"遗产"的继承和传播，在源头上寻找被误读的鲁迅。鲁迅生前亲友、弟子与此后学院派学者、政治人物，构成对其精神遗存传播、解读的主要群落。私人语境中的鲁迅、公共话语中的鲁迅，以及许寿裳、老舍、巴金、聂绀弩、唐弢、孙犁、木山英雄等中外作家、学者对鲁迅精神的解读与传播，以及他们所受的鲁迅的影响等，让我们能够探究鲁迅的"多色调"，展现出一个更立体、更全面的鲁迅。

与初版相较，本书部分吸收了专家学者对初版的意见和建议，对旧文谬误进行了纠正，并补充了作者思路的延伸，增加了《巴金的精神之塔》，对鲁迅传播史上的人和事的研究更加深入。

郑重声明

高等教育出版社依法对本书享有专有出版权。任何未经许可的复制、销售行为均违反《中华人民共和国著作权法》，其行为人将承担相应的民事责任和行政责任；构成犯罪的，将被依法追究刑事责任。为了维护市场秩序，保护读者的合法权益，避免读者误用盗版书造成不良后果，我社将配合行政执法部门和司法机关对违法犯罪的单位和个人进行严厉打击。社会各界人士如发现上述侵权行为，希望及时举报，我社将奖励举报有功人员。

反盗版举报电话

（010）58581999 58582371

反盗版举报邮箱

dd@hep.com.cn

通信地址

北京市西城区德外大街4号

高等教育出版社法律事务部

邮政编码

100120